Lermer, Kunow · Small Talk

Small Talk

Nie wieder sprachlos

Das Trainingsbuch

Stephan Lermer
Ilonka Kunow

2. aktualisierte Auflage

Haufe Gruppe
Freiburg · Berlin · München

Bibliografische Informationen Der Deutschen Nationalbibliothek
Die Deutsche Nationalbibliothek verzeichnet diese Publikation in
der Deutschen Nationalbibliografie; detaillierte bibliografische Daten
sind im Internet über http://www.d-nb.de abrufbar.

ISBN 978-3-648-02344-0   Bestell-Nr. 00803-0002
2. aktualisierte Auflage 2011

© 2003, Haufe-Lexware GmbH & Co. KG, Munzinger Straße 9, 79111 Freiburg
Redaktionsanschrift: Fraunhoferstraße 5, 82152 Planegg/München
Telefon: (0 89) 8 95 17-0
Telefax: (0 89) 8 95 17-2 50
E-Mail: online@haufe.de
Produktmanagement: Dr. Leyla Sedghi

Alle Rechte, auch die des auszugsweisen Nachdrucks, der fotomechanischen Wie-
dergabe (einschließlich Mikrokopie) sowie der Auswertung durch Datenbanken
oder ähnliche Einrichtungen, vorbehalten.

Lektorat: Claudia Nöllke
Satz + Layout: appel media, 85445 Oberding
Umschlaggestaltung: Grafikhaus, 80469 München
Druck: Schätzl Druck & Medien, 86604 Donauwörth

Zur Herstellung des Buches wurde nur alterungsbeständiges Papier verwendet.

Vorwort

Small Talk ist überall gefragt – auf Betriebsfeiern und Partys, im Vorzimmer des Vorgesetzten und beim Verkaufsgespräch, bei offiziellen Anlässen und beim Einkaufen. Aber ist die kurze Plauderei denn so bedeutend, dass man sie erlernen muss? Wir denken: Ja! Denn ein gelungener Small Talk ist *der* Türöffner. Ohne Small Talk kein Networking. Ohne Small Talk keine Mentoren. Ohne Small Talk keine Freunde. Die lockere Plauderei ist die erste Gelegenheit, einen guten Eindruck zu machen und Beziehungen aufzubauen.

Guter Small Talk schafft gute Verbindungen – deshalb ist er so wichtig für Ihre Karriere. Wer Sie als sympathischen, interessanten Menschen erlebt und sich durch Ihr Verhalten aufgewertet fühlt, wird gerne an Sie zurückdenken – und das vielleicht im entscheidenden Moment.

In diesem Trainingsbuch lernen Sie Small Talks zu führen und gewinnbringend zu nutzen. Wir zeigen Ihnen, wie Sie Hemmungen und Selbstzweifel überwinden und das kleine Gespräch aktiv beginnen: mit dem Chef im Aufzug, mit dem potenziellen Kunden im Restaurant, mit interessanten Leuten auf einer Party. Sie lernen Interesse am anderen zu zeigen; Sie erfahren, wie Sie das richtige Thema und den richtigen Ton treffen; Sie üben souverän zu bleiben, wenn's mal schwierig wird. Und wir zeigen Ihnen, wie sich mit Small Talk ein Netzwerk aufbauen lässt, vom dem Sie beruflich und privat profitieren.

Wenden Sie die Small Talk-Techniken an, wann immer sich eine Gelegenheit bietet. Schon die nächste kleine Plauderei kann Sie einen großen Schritt nach vorne bringen!

Anregende und Karriere fördernde Gespräche wünschen

Dr. Stephan Lermer
und
Dr. Ilonka Kunow

Inhalt

Wie Sie erfolgreich mit dem Buch arbeiten	8

Lektion 1
Mit Small Talk gewinnen 11
Was haben Sie von Small Talk? 12
Wann und mit wem sollten Sie locker plaudern können? 20
Die zehn häufigsten Small-Talk-Killer 26

Lektion 2
Hemmungen überwinden – Small Talk beginnen 35
Wie Sie die Schüchternheit besiegen 35
So bauen Sie Blockaden ab 46
Das Gespräch beginnen – Begrüßungstechniken 49
Das Gesprächsklima anwärmen 54
Zu einer Gruppe dazustoßen 57

Lektion 3
Mit diesen Themen kommen Sie an 59
Gut Wetter! Das Verbindende zählt 59
Die Standard-Themen richtig anpacken 66
Was im Small Talk heikel ist 88

Lektion 4
Den Small Talk sicher führen 93
Das Eis brechen 94
Mit Fragen weiterkommen 100
Zuhören will gelernt sein 110
Den Small Talk elegant beenden 114

Lektion 5

Wie Sie kritische Situationen meistern 117

Immer schön fröhlich?	117
Namen sind kein Schall und Rauch	121
Gehen Sie über Pannen hinweg!	127
Wenn der Small Talk zum Quiz wird	129
Wie Sie Vielredner loswerden	134
Sind Klatsch und Tratsch erlaubt?	137
Wie plaudert man mit seinem Chef?	139
Schlagfertig reagieren auf Angeber und Störer	144

Lektion 6

So werden Sie zum Small-Talk-Profi 149

Trennen Sie sich von „schlechten" Angewohnheiten	149
Lassen Sie Ihre Stimme klingen	158
Gesprächsstil: Fünf Regeln für gelungenen Small Talk	163
Frauen sprechen anders, Männer auch	172
Wie Sie Ihre Ausdrucksweise bereichern	177

Lektion 7

Wie Sie eine gute Figur machen 182

Der erste Eindruck zählt	182
Haltung, Abstand, Blickkontakt	186
Körpersprache – andere verstehen ohne Worte	195
Mit Gestik und Mimik bewusster umgehen	202

Lektion 8

Das Networking beginnt! 210

Was erfolgreiches Networking ausmacht	210
Kontakte aufbauen und pflegen	213

Anhang 219

Lösungen	219
Literatur	229
Anregungen für Ihren Small Talk	230

Die Autoren 232

Wie Sie erfolgreich mit dem Buch arbeiten

Vergessen Sie zwei weit verbreitete Vorurteile über Small Talk:

Vorurteil Nummer 1:
Manche Leute können Small Talk machen, andere nicht. So wie einige Menschen einfach dazu geboren sind, leicht und locker mit jedem zu plaudern, müssen andere ihr Leben lang daran scheitern.

Vorurteil Nummer 2:
Small Talk braucht man nicht, denn wer viel oberflächliche Konversation betreibt, erscheint am Ende selbst oberflächlich.

Richtig ist: Smalltalken ist zwar eine Kunst, aber eine, die sich erlernen lässt – selbst, wenn Sie sich für den schlechtesten Redner oder den gehemmtesten Unterhalter der Welt halten. Und wir beweisen Ihnen: Diese Kunst zeigt höchst nützliche Effekte.

Wie das Buch aufgebaut ist

Die erste Lektion führt Sie in die Welt des Small Talks ein: Wir erklären, was Small Talk ist, welche Vorteile er hat, wann er angebracht ist und was einen (guten) Small Talk ausmacht.
Natürlich erforschen wir auch, woran es liegen kann, wenn ein Gespräch nur schwer gelingt oder vielleicht gar nicht erst zustande kommt. Beginnen für manche die Schwierigkeiten schon mit der Angst, sie könnten sich beim Reden blamieren, scheitern andere am Gespräch selbst: Wenn sie zum Beispiel ein Tabuthema treffen oder nicht dafür sorgen, dass ein Missverständnis ausgeräumt wird. Dann kann die kleine Unterhaltung schneller vorbei sein, als den Beteiligten lieb ist. Doch trösten Sie sich: Dies sind Pannen, die selbst Profis durchaus passieren können!
Wie Sie vor Missgeschicken im Small Talk bewahrt bleiben und dabei auch noch souverän und sympathisch auftreten, erfahren Sie im Einzelnen in den weiteren Lektionen des Buchs. Sie können Ihr Training gezielt dort beginnen, wo Ihre größten Schwierigkeiten liegen. Sie

können das Trainingsbuch aber auch von der ersten bis zur letzten Seite durcharbeiten. So erwerben Sie umfassende Kenntnisse darüber, was erfolgreichen Small Talk auszeichnet.

So trainieren Sie im Alltag

Neben zahlreichen Tipps, Beispielen und Hintergrundwissen finden Sie in den Lektionen konkrete Übungen, und zwar:
- Formulierungsübungen, die Sie zuerst schriftlich machen, dann aber auch mündlich „vortragen" können,
- Anleitungen zu Rollenspielen und Partnerübungen, die Ihnen helfen sollen, Gesprächsstrategien direkt einzuüben,
- Übungen zur Selbstanalyse (etwa zu Ihrer Sprechweise) sowie
- Körperübungen zu Haltung, Atmung und Stimmbildung.

Zu vielen Übungen bieten wir Lösungsvorschläge und Lösungswege im Anhang an.

Die Übungen können Sie ganz leicht zu Hause machen, sowohl alleine als auch mit Partner. Suchen Sie sich für die Rollenspiele eine Person, zu der Sie Vertrauen haben – und geben Sie sich gegenseitig Feedback. Zu zweit macht das Ganze noch mehr Spaß!

Nutzen Sie die Gelegenheit, sich bei passenden Übungen selbst aufzunehmen. Sie erhalten dadurch einen guten Eindruck davon, wie Sie auf andere wirken. Sie brauchen kein besonderes Gerät dazu, denn schon viele MP3-Player verfügen über ein eingebautes Mikrofon.

Anfangs werden Sie sich der Aufnahme bewusst sein, was zur Folge hat, dass Sie sich vielleicht nicht ganz natürlich verhalten. Lassen Sie daher jede Aufnahme länger laufen. Irgendwann werden Sie die Aufnahmesituation vergessen haben. Nehmen Sie die in der Übung geforderte Situation nach Möglichkeit öfter auf und arbeiten Sie dann mit dem Gespräch, das nach Ihrem Empfinden am natürlichsten und lebendigsten geraten ist.

Tipp Haben Sie die Möglichkeit, bei Übungen und Rollenspielen Videoaufnahmen zu machen oder in einem Seminar gefilmt zu werden: Nehmen Sie die Gelegenheiten wahr! Dann können Sie nämlich auch den wichtigen Aspekt der Körpersprache in Ihre Analysen integrieren.

Aber mit Trockenübungen im stillen Kämmerlein bekommen Sie noch nicht die nötige Routine für das gesellschaftliche Parkett. Üben Sie also Small Talk auch und vor allem „draußen". Suchen Sie den Kontakt! Nützen Sie die günstigen Gelegenheiten! So wie der Marathonläufer eher die Treppe nimmt als den Lift, könnten Sie beim Bäcker doch ein kleines Schwätzchen mit einem anderen Kunden beginnen – anstatt stumm darauf zu warten, dass Sie endlich an die Reihe kommen.

Ein gewandter Smalltalker werden Sie dann, wenn Sie oft mit den Leuten reden – mit „Wildfremden", mit flüchtigen Bekannten, mit Kollegen, mit Vorgesetzten, mit Mitarbeitern. Gehen Sie den kurzen Gesprächen außerhalb des „Big Talks" nicht aus dem Weg, wenn Sie etwas Zeit erübrigen können. Es lohnt sich allemal. Üben Sie auf Partys, im Betrieb, in öffentlichen Verkehrsmitteln oder sonst wo – und bald schon werden Sie merken: „Es ist gar nicht so schwer."

Small Talk ist nicht immer nur nett

In jedem Kapitel finden Sie zahlreiche Beispiele für ideale Small-Talk-Gespräche und -Situationen. Da ein Small Talk aber auch einmal nicht so heiter und locker verlaufen kann, bekommen Sie Tipps für den Umgang mit gelegentlich auftretenden Problemen. Dazu zählen Missverständnisse, eine schlechte Stimmung, der berühmte Tritt ins Fettnäpfchen oder unangemessene bzw. beleidigende Angriffe von Seiten Ihres Gesprächspartners.

Eines sollten Sie bei der Lektüre immer im Hinterkopf behalten: So gut Sie auch sind – von Ihnen allein hängt das Gelingen eines Small Talks niemals ab! Denn schließlich sind daran immer (mindestens) zwei beteiligt. Und damit kommen wir auch schon zum Motto, das Ihnen den Einstieg in die Welt des Plauderns und in die plaudernde Welt erleichtern soll: Nur Mut – die anderen kochen auch nur mit Wasser!

Lektion 1: Mit Small Talk gewinnen

Vorurteile über den Small Talk gibt es viele. Höchste Zeit, sie zu widerlegen. Denn nur oberflächlich betrachtet ist Small Talk oberflächlich, in Wirklichkeit hat er wichtige soziale Funktionen, von der Kontaktanbahnung bis zum Abbau von Spannungen. In dieser Lektion erfahren Sie, wie Sie Small Talk erfolgreich nutzen. Und wo die häufigsten Ursachen liegen, die „das kleine Gespräch" zum Scheitern bringen.

Ratgeber zum Small Talk, zum rechten Benehmen in Gesellschaft und zur Kommunikation in ganz speziellen Lebenslagen gibt es wie Sand am Meer. Und nun auch noch dieses Buch, das erstmals ein umfassendes Training zum Small Talk präsentiert! Da stellt sich die Frage: Sind wir denn wirklich eine Gesellschaft von unzugänglichen, kontaktscheuen, unhöflichen oder gar mundfaulen Zeitgenossen?

Fragen Sie doch einmal ausländische Mitbürger (vielleicht aus dem englischen Sprachraum, aus Spanien oder auch aus Russland), wie sie die Möglichkeit einschätzen, in Deutschland mit anderen ins Gespräch zu kommen. Womöglich bekommen Sie ähnlich frustrierende Einschätzungen zur deutschen Gesprächskultur zu hören wie die der kanadischen Historikerin Suzanne Leduc, die in einem Interview in der „Zeit" einmal bemängelte:

„Trotz der vielen Kneipen und Cafés, die ich sehr mag, existiert in Deutschland keine öffentliche Kultur … Man muss ja nicht gleich schunkeln, aber es ist diese Unfähigkeit zum Small Talk, die die Konversation oft so zäh macht. Auf Partys muss ich ständig das Gespräch in Gang bringen: Es ist eine Tortur, die Leute sagen einfach nichts."

Nun könnte man der Kanadierin vorwerfen, sie betrachte die Sache nur aus dem Blickwinkel ihrer eigenen Kultur – in der der Small Talk eine ausgesprochene Tradition hat. Und gibt es nicht auch regionale Unterschiede? So kommen Sie in einer Kölner Kneipe wahrscheinlich leichter mit einem Fremden ins Gespräch als in einer kühlen Münchner Bar. Aber irgendwie trifft sie mit ihrer Einschätzung doch den Kern eines Phänomens. Zwar gehört das englische Wort Small Talk längst zu unserem Alltagswortschatz, wir praktizieren das leichte Gespräch dennoch kaum. Warum sonst schweigen sich Lieschen Müller und Otto Taub an der Bushaltestelle lieber hartnäckig an, anstatt die Minuten des Wartens mit ein paar belanglosen, aber netten Worten zu überbrücken? In Sachen Small-Talk-Kultur können die Deutschen von anderen sicher noch lernen.

Doch nun kommt die gute Nachricht. Leduc sucht nach einer Erklärung für die Misere und findet folgende tröstende Worte:

„Womöglich sind viele auch einfach nur schüchtern und unsicher, denn wenn man lieb zu den Deutschen ist, sind sie dafür sehr dankbar ...“

Ob wir Deutsche im Umgang mit fremden Menschen unsicher sind, darüber lässt sich sicher streiten. (Zumindest können Sie sich, wenn Ihnen Small Talk schwer fällt, damit trösten, dass Sie offensichtlich nicht der Einzige sind.) Auf jeden Fall ist es hilfreich, wenn uns Menschen aus fremden (Kultur-)Kreisen schildern, wie wir auf sie wirken. Dies ist, am Rande bemerkt, auch ein guter Grund öfter zu smalltalken: Das öffnet die Augen, für andere Menschen und andere Sitten. Und nur wer mit offenen Augen durchs Leben geht, kann auch dazulernen. Für uns jedenfalls waren Suzanne Leducs Worte ein Anreiz mehr, Ihnen mit diesem Trainingsbuch Wege aus der „Small-Talk-Wüste" zu weisen.

Was haben Sie von Small Talk?

Die Verkürzung der Wartezeit, auf die Frau Müller und Herr Taub an der Bushaltestelle verzichten, ist nur einer der vielen positiven Effekte, die eine kleine Plauderei hätte. Sammeln Sie in der folgenden Übung Ideen, welche weiteren Vorteile sich durch einen kurzen Small Talk ergeben können.

Was haben Sie von Small Talk?

Übung 1: Welche Chancen birgt ein Small Talk?
Nehmen Sie sich ein Blatt Papier und überlegen Sie, was Ihnen persönlich ein kurzer Wortwechsel in der entsprechenden Situation bringen könnte. Schreiben Sie spontan alles auf, was Ihnen einfällt, ohne sich die Situation konkreter auszumalen. Denken Sie nur an die Chancen.

Chancen eines Small Talks ...
1. ... zwischen Lieschen Müller und Otto Taub beim Warten auf den Bus:

_____

2. ... mit einem Fremden, dem Sie auf einer Party begegnen:

_____

3. ... mit einem flüchtigen Bekannten, den Sie auf der Straße treffen:

_____

4. ... mit dem Vorgesetzten Ihres Vorgesetzten, der in der Kantine neben Ihnen in der Schlange steht:

_____

(Vorschläge im Lösungsteil, Seite 219).

Betrachten Sie Small Talk positiv!

„Wir haben den ganzen Abend (nur) Small Talk gemacht." Einen Satz wie diesen haben Sie sicher nicht nur schon öfter gehört, Sie haben ihn bestimmt auch selbst schon einmal geäußert. Wenn Sie jetzt denken: „Es hängt eben davon ab, welche Einstellung oder Erwartung man hat", treffen Sie den Nagel auf den Kopf. Es ist sogar ganz entscheidend, welche Bedeutung Sie dem Small Talk beimessen und was Sie persönlich von einem Zusammentreffen mit fremden Menschen erwarten. Es kommt gar nicht so sehr darauf an, wie diese Situation im Einzelnen aussieht. Entscheidend ist allein Ihre Haltung.

Small Talk negativ gesehen	Small Talk positiv gesehen
Es war eine seichte Unterhaltung. Wir sind uns nicht näher gekommen.	Ich habe mich angenehm unterhalten.
Wir haben über nichts Wichtiges gesprochen.	Es war eine harmonische Atmosphäre.
Wir haben nicht über das Eigentliche gesprochen.	Ich habe neue Leute kennen gelernt. Es war ein entspannender Plauderabend.
Wir sind schön höflich geblieben.	Wir haben Gott sei Dank nicht über Probleme in der Arbeit gesprochen.
Alles nur schöner Schein!	Ich bin mit vielen neuen Leuten ins Gespräch gekommen.
Intellektuell war da nichts zu fischen.	Ich habe interessante Anknüpfungspunkte gefunden.
So richtig austauschen konnte ich mich mit niemandem.	Ich habe mich mit X wieder mal normal unterhalten können.
Worüber immer wir geredet haben, Spuren haben die Gespräche keine hinterlassen.	Y würde ich gerne mal näher kennen lernen.
Ich kam mir die ganze Zeit vor wie in einer Talkshow.	Jetzt konnte ich mich Z mal persönlich vorstellen.

Wie steht es mit Ihnen? Welche Einstellung haben Sie zum Small Talk? Wenn Sie ein Typ sind, der

- eine optimistische Grundhaltung hat,
- offen für neue Situationen ist und
- gerne auf Menschen zugeht,

werden Sie Small Talk vermutlich als etwas Positives betrachten. Menschen, die hingegen eine negative Grundhaltung haben oder Selbstzweifel hegen, tun sich mit dem Small Talk etwas schwerer, wie die folgende Begebenheit zeigt.

Beispiel

Hubert und Amelie aus München sind bei ihrem Freund Karl in Berlin zu Besuch. Am zweiten Abend will Karl die beiden auf eine Party bei einer Werbeagentur mitnehmen. Amelie findet die Idee toll, Hubert nicht. Er kennt niemanden außer Karl und Amelie. Er fürchtet eine Gesellschaft, in der er den ganzen Abend nur oberflächlichen Small Talk zu hören bekommt. Aber auf höfliche, aufgeblasene Konversation, in der jeder toller erscheinen will, als er ist, hat er keine Lust. Er beschließt nicht mitzugehen und erklärt Amelie: „Worüber soll ich mich unterhalten? Soll ich etwa von meinem Normalo-Job, der mir momentan ohnehin keinen Spaß macht, erzählen? Unmöglich! Wen soll das interessieren?"

Wer so denkt, der irrt. Erstens: Ein Small Talk kann zwar, muss aber nicht oberflächlich verlaufen. Nettigkeiten auszutauschen und sich anschließend über interessante Dinge zu unterhalten schließt sich nicht aus. Hubert sollte keine intellektuellen Höhenflüge oder tief schürfende Gespräche erwarten – muss aber umgekehrt auch nicht befürchten, selbst glänzen oder sich offenbaren zu müssen. Und wer sagt eigentlich, dass andere Huberts Job uninteressant finden?

Unverbindlichkeit ist kein Nachteil

Auch die Befürchtung, dass Small Talk eine unehrliche Kommunikation begünstigt, ist zunächst einmal unberechtigt. Nur weil sich Menschen höflich miteinander unterhalten oder Freundlichkeiten austauschen, heißt das noch nicht, dass sie sich gegenseitig belügen. Dass jemand umgekehrt versuchen könnte, beim Small Talk gezielt andere zu manipulieren, ist natürlich nicht ganz ausgeschlossen. Dies dürfte aber nicht ohne Weiteres gelingen, denn es ist ein ungeschriebenes Gesetz, dass man im Small Talk eher unverbindlich bleibt und unverfängliche Themen behandelt. Wenn Sie jemand beeinflussen möchte (und sei es nur zu glauben, er sei ein ganz besonders „toller Hecht"), dürften Sie das recht schnell merken.

Die Bedenken hingegen, beim Small Talk niemanden *richtig* kennen zu lernen, sind nicht ganz von der Hand zu weisen. Small Talk betreiben Sie ja mit Menschen, die Sie nur ungenügend oder gar nicht kennen. Daher werden Sie und Ihr Gegenüber auch kaum über Ihre moralischen Vorstellungen, über schwere Probleme oder Dinge sprechen, die Sie im Innersten bewegen. Sind Sie sich sympathisch und ticken ähnlich, könnte sich ein Small Talk aber durchaus zu einem tieferen Gespräch entwickeln, bei dem Sie sich näher kommen.

Was ist Small Talk?

Beim Small Talk geht es weder um einen gezielten Informationsaustausch noch um eine Problemlösung oder Entscheidungsfindung und schon gar nicht um einen Schlagabtausch. Sprachliche Äußerungen, mit denen Sie mehr oder weniger stark auf Ihr Gegenüber einwirken wollen, wie z. B. Anweisungen, Überzeugungsarbeit oder anderweitige Verpflichtungsversuche, gehören auch nicht zum Small Talk.

Es gibt außerdem keine *sachliche* Notwendigkeit für das Gespräch, keinen unmittelbaren äußeren Anlass, keine direkten Anknüpfungspunkte. Über was Sie im Einzelnen beim Small Talk reden, ist sogar eher sekundär!

Aber worum geht es dann? Ganz einfach: Darum, mit anderen freundlich zu reden und über das Gespräch den Kontakt herzustellen – selbst, wenn wir zu der betreffenden Personen eine gewisse Distanz empfinden. Im Small Talk können Sie sich „beschnuppern" und herausfinden, ob Sie Konkurrenten sind oder freundschaftlich miteinander umgehen können: Was verbindet Sie und Ihren Gesprächspartner? Worüber sind Sie sich einig?

Die beste Grundeinstellung für den Small Talk: Sie und Ihr Gesprächspartner sind ein temporäres Miniteam, das etwas Gemeinsames schaffen will. Denn Übereinstimmung schafft Harmonie und Sympathie – wenn Sie das erreichen, steht der Vertiefung Ihres Kontakts nichts mehr im Weg.

Stellen Sie Ihre Social Skills unter Beweis

Small Talk ist ein Gespräch, das Ihre sozialen Kompetenzen fordert.

- Mit diplomatischem Geschick,
- einem Gespür für Menschen und Situationen,
- der Fähigkeit, sich zurückzunehmen und den anderen aufzuwerten,
- Einfühlungsvermögen
- und „liebevoller" Neugier

werden Sie als Smalltalker weit kommen.

Was Small Talk bewirken kann

Small Talk hat viele positive Effekte. Mit seiner Hilfe können Sie:

- ein Gespräch mit Fremden eröffnen („Kaltstart"),
- in einen Kreis unbekannter Personen „eindringen" und an dem, was gerade vorgeht, teilhaben,
- sich entspannen und ablenken,
- andere und sich gut unterhalten,
- andere für sich einnehmen und Imagearbeit betreiben,
- in bestimmten (formellen) Situationen die Atmosphäre positiv beeinflussen,
- in spannungsreichen Situationen für Entspannung sorgen,
- Ihr Gesicht und/oder das des Gesprächspartners wahren (etwa bei Konflikten),
- soziale und hierarchische Distanzen überbrücken,
- networken.

Small Talk ist „demokratisch"

Small Talk ist nie zweckfrei. Small Talk hilft Distanz zu anderen Menschen ab- und eine persönliche Beziehung aufzubauen – eine sehr wichtige Funktion, gerade da in unserer Gesellschaft soziale Schichten immer durchlässiger werden. Sie werden in Ihrem Leben immer wieder auf Menschen aus anderen Kreisen stoßen. Für das Zustandekommen eines Small Talks spielt es jedoch keine Rolle, ob Sie mit dem obersten Chef der Firma oder dem Mann von der Müllabfuhr reden. Salopp formuliert: So wie die Häppchen am Buffet, so ist auch der Small Talk für alle da.

Allerdings dürfen Sie sich keiner Illusion hingeben: Bestehende Abhängigkeits- oder hierarchische Verhältnisse sind im Small Talk zwar für den Moment ausgehebelt, jedoch nicht aufgehoben. Und außerdem werden Sie mit Ihrem Chef sicher anders smalltalken als mit dem Mann von der Straße.

Ein weiterer positiver Effekt des Small Talks: Weil er so unverfänglich ist, können Sie auch Kontakt zu Menschen unterhalten, mit denen Sie eigentlich nicht viel anfangen können oder zu denen Sie gar eine gestörte Beziehung haben. So lässt sich mit einem unverfänglichen Gespräch also „gute Miene zum bösen Spiel machen".

Beispiel

Wenn Sie mit den Methoden von Herrn Huber aus dem Controlling so gar nicht einverstanden sind und es als höchst unangenehm empfinden, wie er Ihnen mit seinen Zahlenreihen täglich auf die Nerven geht, hindert Sie das noch lange nicht daran, mit ihm auf der Weihnachtsfeier des Betriebs ein paar nette Worte auszutauschen. Denn Sie wollen in so einer Situation weder sich noch anderen die gute Stimmung verderben.

Small Talk für Beruf und Karriere

Small Talk ist nicht nur etwas für Ihr Privatleben. Small Talk fördert Ihre Karriere. Wann und warum ist es richtig klug, im Beruf die lockere Plauderei zu pflegen?

- Small Talk ist unerlässlich bei Geschäftskontakten. Und zwar dann, wenn Sie noch nicht oder nicht mehr über das Geschäft reden wollen. Anlässe sind z. B. Geschäftsessen, der Besuch von (ausländischen) Geschäftspartnern, Verkaufsgespräche, Verhandlungen mit Lieferanten, Projektbesprechungen u. v. m.
- Small Talk ist das „Warm-up vor dem Warm-up", zum Beispiel in Seminaren, Workshops oder Projekten; im Small Talk lernen sich die Beteiligten völlig ungezwungen und vor allem ohne Lenkung durch Dritte kennen.
- Small Talk lockert formelle, anstrengende Gesprächssituationen auf. Gerade wenn sehr viel auf dem Spiel steht, erleben die Teilnehmer eine kleine Plauderei als sehr entspannend und Vertrauen fördernd.

Tipp Nutzen Sie Pausen in Seminaren, Workshops, Arbeitsgruppen etc. zum Small Talk. Lassen Sie los – und gönnen Sie sich nach dem Konzentrationsmarathon eine kleine Ablenkung. Belästigen Sie die anderen Kollegen jedenfalls nicht mit fachlichen Fragen oder Vorträgen, dazu ist später in der Runde wieder Zeit. Wenn Sie sich bei der kurzen Kaffeepause noch den Kopf darüber zerbrechen, ob die Vorgaben für Projekt X nicht doch am Kundennutzen vorbeizielen, bringen Sie sich um die für Ihre Kreativität notwendige Denkpause.

- Bei der Personalauswahl wird Small Talk ganz bewusst als Gesprächseinstieg eingesetzt, um den Druck bei den Kandidaten abzubauen. Aber auch, um den Bewerber auf einer anderen Ebene kennen zu lernen, ist Small Talk nützlich.
- Small Talk ist ein Signal der Aufmerksamkeit und Zuwendung und hilft so, den Kontakt zu Vorgesetzten, Kollegen oder Mitarbeitern aufrechtzuerhalten. Dies gilt insbesondere, wenn Konflikte oder Spannungen das Arbeitsklima stören. Dann signalisiert ein Small Talk: „Ich ignoriere dich nicht" oder: „Du gehörst weiter dazu". Allerdings hebt Small Talk den Konflikt nicht auf – der muss auf andere Weise gelöst werden.

Beispiel

Herr Teufel hat sich Ärger mit seinem Abteilungsleiter, Herrn Engelhart, eingehandelt. Der ist unzufrieden mit seinem Ingenieur, weil im letzten Projekt die Entwicklungskosten explodiert sind und Teufel weder Rechenschaft darüber abgelegt noch Verbesserungsvorschläge für zukünftige Projekte unterbreitet hat. Engelhart stellte Teufel deswegen bereits bei Projektabschluss zur Rede, doch Teufel blieb bei seiner Blockadehaltung. Eine Woche später, bei einem kleinen Empfang zum Geburtstag der Chefsekretärin, unterhält sich Engelhart jedoch nett mit Teufel. Nun glaubt der Ingenieur, der Konflikt sei vergessen. Doch beim nächsten Mitarbeitergespräch kommt Engelhart wieder auf die Sache zu sprechen und hält auch mit seinem Ärger über Teufels Verhalten nicht zurück.

Small Talk wirkt längerfristig

Wenn Sie heute smalltalken, können Sie morgen davon profitieren. Vorausgesetzt natürlich, dass Sie den Boden gut bereitet haben. Längerfristige Effekte des Small Talks sollten Sie vor allem beim Aufbau von Beziehungen und bei Ihrem Networking im Auge behalten:
- Small Talk ist eine Chance, Geschäftskontakte zu knüpfen, Freundschaften zu schließen oder eine/n Partner/in kennen zu lernen.
- Umgekehrt können Sie im Small Talk Ihre Fähigkeiten als Vermittler ausspielen (Sie bringen andere zusammen).
- Andere erinnern sich an Sie, wenn Sie im Small Talk entsprechende „Anker" setzen (siehe Kapitel „Wie sich andere Ihren Namen merken", Seite 124).

Lektion 1: Mit Small Talk gewinnen

- Sie schaffen es, in einem gesellschaftlichen Kreis aufgenommen zu werden.
- Als gekonnter Smalltalker haben Sie es leicht, viele neue Menschen kennen zu lernen und ein umfassendes *social networking* zu betreiben. (Aufbau eines Netzwerks, eines Freundes- oder neuen Bekanntenkreises; hierzu mehr in Lektion 8).
- Im Small Talk können Sie Ihre sozialen Kompetenzen unter Beweis stellen, zum Beispiel indem Sie sich als einfühlsamer Zuhörer erweisen oder als jemand, der andere selbstverständlich an seinem Wissen teilhaben lässt.

Sie haben nun viele positive Effekte des Small Talks kennen gelernt. Überprüfen Sie Ihr Wissen, indem Sie einmal die folgende kleine Übung machen.

Übung 2: Vorurteile entkräften
Entkräften Sie folgende Vorurteile über Small Talk:

1. „Small Talk ist oberflächlich!"

2. „Small Talk ist nur höfliche Konversation, die andere Absichten verdeckt."

3. „Mit Small Talk lernt man niemanden wirklich kennen."

4. „Small Talk ist vertane Zeit."

(Vorschläge im Lösungsteil.)

Wann und mit wem sollten Sie locker plaudern können?

Small Talk betreiben Sie in der Regel nicht mit Menschen, die Ihnen persönlich sehr nahe stehen. Oder würden Sie ein Gespräch mit Ihrem Partner als Small Talk bezeichnen? Das bezeichnen Fachleute dann auch als „Alltagsgespräch". Das Besondere des Small Talks ist: Es herrscht eine gewisse Distanz zwischen den Sprechern, d. h. eine persönliche Beziehung besteht noch nicht oder nur oberflächlich.

Sie machen Small Talk also vorwiegend mit Leuten,
- die Sie nicht kennen,
- die Sie kennen lernen möchten oder müssen,
- die Sie nur selten treffen,
- die Sie überwiegend im beruflichen Kontext treffen,
- die Sie zwar kennen, an deren näherer Bekanntschaft Ihnen aber nicht viel liegt.

Tipp Prinzipiell sollten Sie bereit sein, mit jedem, der Ihnen begegnet, ein kurzes Gespräch zu führen. Zumindest einmal. Danach wissen Sie, ob es sich lohnt, das Gespräch erneut zu suchen, oder ob Sie es besser meiden.

Potenzielle Small-Talk-Kandidaten sind die Ihnen unbekannten Gäste auf einer Party oder auf einer anderen Veranstaltung; alle Ihnen eher unbekannten Mitarbeiter des Unternehmens, in dem Sie arbeiten, sowie dessen Führungskräfte, Kunden und Dienstleister; Ihr Sitznachbar in der Oper, im Konzert, im Theater; der Postbote, Ihre Putzfrau, der Lottoladenbesitzer und seine Frau von nebenan sowie andere Verkäufer/innen, Fahrgäste in der U-Bahn, Mitreisende im Zug, Urlaubsbekanntschaften, entfernte Verwandte, Vereinskollegen, Bekannte und Freunde von Freunden usw.

Die typischen Small-Talk-Situationen

Es gibt Situationen, in denen Sie einem Small Talk nicht ausweichen können. Dazu zählen bestimmte geschäftliche Anlässe wie das bereits genannte Geschäftsessen, aber auch Zusammentreffen mit Dienstleistern bzw. Auftraggebern, darüber hinaus Verkaufsgespräche, Bewerbungsgespräche, Assessment Center, Seminare, Betriebsfeiern, Einladungen etc.
Es gibt aber Situationen, in denen Sie sich vor einem Small Talk durchaus „drücken" können: Auf einer Party mit hundert Leuten dürfte es kaum jemandem auffallen, wenn Sie sich ausschließlich dem Buffet widmen, in der CD-Sammlung des Gastgebers stöbern oder nur mit Ihrem Partner oder mit Ihrer besten Freundin sprechen.

Tipp Weichen Sie dem Small Talk bei offiziellen Veranstaltung oder Einladung nicht aus. Nehmen Sie sich vor, mindestens einen unbekannten Menschen anzusprechen und mit ihm einige Worte auszutauschen. Sie müssen mit niemandem länger reden, der Ihnen nicht sympathisch ist.

Wenn das Schweigen zur Last wird

Manchmal ist es geradezu unmöglich, einem Small Talk auszuweichen. Dies gilt:
- je kleiner der Kreis der anwesenden Personen ist,
- je weniger sich die Anwesenden untereinander kennen,
- je kleiner der Raum ist, der ihnen zur Verfügung steht,
- je länger das Zusammentreffen andauert.

Ganz eindeutig haben die Raumgröße und die Dauer eines Zusammentreffens entscheidenden Einfluss darauf, ob ein Gespräch zustande kommt oder nicht. Offensichtlich empfinden wir ein längeres Schweigen dann als belastend, wenn die Diskrepanz zwischen empfundener Distanz (man ist sich fremd) und räumlicher Nähe (zu wenig Abstand zum anderen) unverhältnismäßig groß wird. (Lesen Sie dazu mehr im Kapitel „Wie Sie den richtigen Abstand zum Gesprächspartner finden", Seite 191.)

Beispiel

Sie fahren mit einem Kollegen aus einer anderen Abteilung, den Sie kaum kennen, im Aufzug. Der Zeitraum des Zusammenseins ist relativ kurz. Platz haben Sie beide wenig, da der Aufzug eng ist. In so einer Situation drängt sich der Blickkontakt geradezu auf. Stattdessen starren jedoch viele Leute auf ihre Schuhe oder die Knöpfe am Schalter. Wenn das Schweigen über einen längeren Zeitraum anhält, steigt der Druck es zu brechen, zumindest subjektiv.

Das Schweigen empfinden wir in einer Aufzugssituation als belastend. Wir können den anderen aufgrund der Enge nicht ignorieren, tun es aber. Wir verhalten uns unnatürlich und empfinden eine gewisse Anspannung. Ein Lächeln würde die Situation sofort entspannen. Lächeln wir den anderen an – und er reagiert nicht abweisend – merken wir, dass sich die Spannung auflöst. Das Lächeln ließe sich z. B. so deuten: „Hallo, ich bin hier, ich nehme dich wahr, ich will dir nicht zu nahe treten, auch wenn es eng ist, denn ich bin dir freundlich gesonnen." Mit einem Small Talk wird die Situation noch lockerer. Unter Umständen genügen schon ein paar Worte über das Wetter, um die Spannung abzubauen.

Sehen wir uns nun aber einmal an, was passiert, wenn sich noch mehr Leute im Aufzug befinden, der Kreis der Beteiligten also größer wird.

Beispiel

Sie fahren Aufzug mit einer Person, die Sie nur flüchtig kennen. Sie schweigen. Nach zwei Stockwerken steigen drei Leute zu, die sich offensichtlich näher kennen. Sie müssen jetzt schon etwas zusammenrücken – eine Situation, die Sie nicht besonders lieben. Doch da beginnt einer das Gespräch:

„Brrh, man merkt, dass es Herbst wird."

„Allerdings. Bist du mit dem Fahrrad da?"

„Ja, klar."

„Und du, Hans?"

„Ich bin mit dem Auto unterwegs. Heute ist bei mir noch Einkaufstag."

„Ach, ja, Donnerstag! Wie sieht es eigentlich aus mit Badminton nächste Woche, habt ihr Lust?"

Was ist passiert? Je weniger Personen sich im Aufzug befinden, umso größer ist die Verantwortung des Einzelnen, für die Auflösung der Spannung zu sorgen. Zu zweit stellt sich nämlich die Frage: Wer macht den Anfang, du oder ich? Bei fünf Leuten wird dieser Druck auf mehrere Schultern verteilt. Sie als Einzelner sind (vermeintlich) nicht mehr so stark verpflichtet, die Situation angenehmer zu gestalten. Und so empfindet es vielleicht auch Ihr Kollege. Kommen wir noch einmal auf unser Beispiel zurück: Als die Zugestiegenen ein Gespräch beginnen, entspannt sich die Situation sofort.

Aber verlassen Sie sich nicht auf die anderen! Verabschieden Sie sich von der Vorstellung, dass zuhören genügt, weil andere schon für die Unterhaltung sorgen werden.

Lektion 1: Mit Small Talk gewinnen

 Tipp Wenn Sie große Schwierigkeiten haben, in einen Gesprächskreis mit Small Talk einzusteigen, dürfen Sie natürlich erst einmal nur zuhören – das ist ohnehin notwendig, um herauszufinden, um was es gerade geht. Irgendwann kommt aber Zeitpunkt, an dem Sie etwas sagen sollten. Warten Sie nicht zu lange damit! Erfahrungsgemäß werden die Hemmungen nämlich größer, je länger Sie schweigen.

Die Rahmenbedingungen müssen stimmen

Ganz anders würde es wiederum aussehen, wenn Sie im Aufzug Folgendes erleben:

Beispiel

Frau Schneider fährt mit Herrn Wagner, einem Kollegen aus der technischen Abteilung, den sie persönlich nicht näher kennt, in den sechsten Stock. Die beiden schweigen sich an. Plötzlich bleibt der Aufzug stecken. Nach einer kurzen Schrecksekunde entfährt es Frau Schneider: „Oh, verflixt. Jetzt hängen wir fest."
Herr Wagner: „Ausgerechnet, ich hab gleich eine Besprechung. Aber hier gibt's doch sicher einen Hilfeknopf oder so was."
Frau Schneider: „Ja, hier: ‚Alarm'. Was steht denn auf dem Schild?"
Beide lesen das Schild.
Herr Wagner: „Aha. Dann drück ich jetzt mal."
Es meldet sich die Stimme des Hausmeisters. Er verspricht, die beiden in fünf Minuten herauszuholen.
Frau Schneider: „Na, Gott sei Dank. Das ist mir ja noch nie passiert – wie im Film. Kennen Sie den berühmten Film noir..."
Herr Wagner lächelt: „...'Fahrstuhl zum Schafott', ja klar. Mit der Musik von Miles Davis. Die Platte ist toll. Ein Meilenstein des Jazz, kann man sagen."
Frau Schneider: „Sind Sie Jazzfan?"
Und auf einmal sind die beiden mitten in einem angeregten Gespräch. Nachdem sie vom Hausmeister befreit wurden, verabreden sie sich zu einem Mittagessen. Frau Schneider denkt sich: „Na, am Anfang schien er so schweigsam und unzugänglich; fast ein Glück, dass der Aufzug stecken blieb!"

So einfach kann es gehen! Frau Schneider und Herr Wagner hatten von dem Moment an, als der Lift stecken blieb, ein gemeinsames Ziel: herauszukommen aus ihrem Gefängnis. Das Eis war in dem Moment gebrochen, als eine Problemlösung erforderlich wurde. (In solchen Krisensituationen lernen Sie übrigens den Charakter der anderen Beteiligten recht schnell kennen.) Damit beginnt auch die gemeinsame Geschichte der beiden. Wenn es auch noch so kurz und unbedeutend ist, das Erlebnis im Aufzug wird sie in Zukunft verbinden.

Fazit: Sie können Small Talk nicht nach bestimmten Regeln praktizieren. Ob der Small Talks gelingt, hängt von den Rahmenbedingungen ab:

- von dem guten Willen aller Beteiligten (Kontakt- und Gesprächsbereitschaft),
- von ihrer Aufmerksamkeit;
- vom Grad der Übereinstimmung bzw. Harmonie;
- von den Umständen und wie sie sich entwickeln.

Vielleicht haben Sie im ersten Fall (lastendes Schweigen im Aufzug) einfach kein Signal des anderen wahrgenommen, das Sie ermutigt hätte, den ersten Schritt zu tun und ein paar Worte zu sprechen. Oder selbst keines ausgesendet. Vielleicht hat Ihr Gegenüber Sie kurz angelächelt, als Sie eingestiegen sind, Sie aber haben an ihm vorbeigeblickt, ihn nicht wahrgenommen. Und dann hat er es aufgegeben. Es kann aber auch sein, dass Ihr Mitfahrer nicht in Redelaune war. Mag sein, dass er selbst das Schweigen nicht so belastend empfunden hat wie Sie oder dass er mit seinen Gedanken woanders war.

Im letzten Beispiel hingegen hat sich alles einfach von selbst ergeben: Die Beteiligten hatten auf einmal einen zwingenden Grund, in Kontakt zu treten. Und haben selbst die beste Möglichkeit gewählt: sich die Zeit mit einem netten Gespräch vertrieben.

Tipp Es ist eine Frage der Aufmerksamkeit und des guten Willens, mit einem Small Talk für eine gute Atmosphäre zu sorgen. Versuchen Sie es: Denn Small Talk macht das Leben leichter.

Die zehn häufigsten Small-Talk-Killer

Killer Nummer 1: Sie trauen sich nicht

Vielleicht kennen Sie solche Gedanken:

- „Ich sage lieber gar nichts, bevor ich mich wieder blamiere."
- „Gut, wenn die anderen reden, dann muss ich nicht auch noch was Schlaues sagen."
- „Am besten, ich höre nur zu, dann mache ich nichts falsch."
- „Hoffentlich spricht mich niemand hier an, was soll ich denn zu dem Thema zu sagen haben?"
- „Für mich kleines Licht interessiert sich sowieso niemand."

Hemmungen, die aus einem mangelnden Selbstbewusstsein oder Selbstwertgefühl resultieren, sind für den Small Talk ebenso schädlich wie eine übersteigerte Erwartungshaltung. Wer sich selbst unter Druck setzt, wer nicht an sich glaubt oder nur mit negativen Vorstellungen an die Sache herangeht, wer ein Scheitern gedanklich vorwegnimmt oder im schlimmsten Fall durch Erwartungsängste völlig blockiert ist, kann nicht natürlich und locker sein. Aber gerade ein unverkrampftes Zugehen auf andere ist beim Small Talk sehr wichtig.

Doch keine Sorge! Ihre Hemmungen können Sie überwinden! Tipps und Übungen hierzu finden Sie in Lektion 2: „Hemmungen überwinden – Small Talk beginnen".

Für den Anfang jedes Small Talks ist auch Ihr Auftreten wichtig. Wissen Sie, wie Sie sich „halten"? Und worauf Sie bei der Körpersprache achten sollten? Hier können die meisten Menschen etwas verbessern. Lesen Sie dazu Lektion 7: „Wie Sie eine gute Figur machen". Darin finden Sie ganz praktische Körperübungen, mit deren Hilfe Sie entspannen und sich „erden" können. Und schließlich geben wir Ihnen darin auch Hinweise, was Sie rein äußerlich für einen gelungenen Small-Talk-Auftritt tun können.

Killer Nummer 2: Sie finden keinen Einstieg

Wenn ein Gespräch erst einmal läuft, ist es oft gar nicht mehr schwierig. Aber wie bringt man es überhaupt zum Laufen? Alles, was Ihnen gerade einfällt, kommt Ihnen furchtbar konventionell und banal vor. Das ist nicht schlimm – auch der erfahrene Smalltalker wird sich in vielen Situationen auf Allerweltsthemen verlassen.

Einige einfache Methoden für den Gesprächseinstieg stellen wir Ihnen zu Beginn der 4. Lektion vor (Icebreaker-Floskeln und Aufhänger, ab Seite 94). Aber auch die Art, wie Sie einander begrüßen und sich vorstellen, kann Ihnen schon den Anfang erleichtern. Hierzu mehr in Lektion 2: „Das Gespräch beginnen – Begrüßungstechniken" (ab Seite 49).

Der umgekehrte Fall, dass Sie eigentlich gerne das Gespräch beenden möchten, Ihr Gegenüber Ihnen dazu aber keine Gelegenheit gibt, kommt nicht minder selten vor. Zwar haben Sie ein Gespräch geführt, doch wie beenden Sie es, ohne dass ein schaler Geschmack zurückbleibt? Dazu erfahren Sie mehr im Kapitel „Den Small Talk elegant beenden" in der Lektion 4 sowie im Kapitel „Wie Sie Vielredner loswerden" in Lektion 5.

Killer Nummer 3: Sie treffen das falsche Thema

Worüber reden? Es ist nicht leicht, beim Small Talk ein passendes Thema aufzubringen. Am besten fängt man mit etwas Unverfänglichem an. Doch was ist unverfänglich? Da machen es sich manche einfach und werfen ihr Hobby in die Runde. Zum Beispiel die Gartenarbeit. Denn nur Banausen dürfte ein schöner Garten kalt lassen. Vielleicht kommt man damit tatsächlich auch drei Mal bei seinen Zuhörern an, beim vierten Mal aber nicht mehr.

Die Sache wird auch schief gehen, wenn der Gesprächspartner überhaupt keinen Bezug zum Thema „Garten" hat. Was soll an Rosenpflege spannend sein für jemanden, der in einer Stadtwohnung ohne Balkon wohnt? Leider können Sie sich auch nicht darauf verlassen, dass bestimmte Standardthemen *immer* funktionieren. So können Sie selbst mit dem beliebten Wetterthema mal danebenliegen, wie das folgende Beispiel zeigt.

Beispiel

Anne sitzt in einer Bar und wartet auf ihre Freundin. Ihr gegenüber steht der Barkeeper und trocknet Gläser ab. Sie will mit ihm ins Gespräch kommen und beginnt:

„Es ist so schön warm geworden. Die Leute sitzen jetzt abends schon draußen, man kann auf der Straße flanieren ..."

„Tja, das ist schön für sie; fürs Geschäft aber gar nicht gut", erwidert der Barkeeper.

Hätte Anne kurz nachgedacht, wäre ihr eingefallen, dass das Thema „laue Nächte" für den Barkeeper eine ganz andere Bedeutung hat als für sie. Denn er muss nicht nur fünf Nächte in der Woche hinter der Theke stehen, sein Geschäft ist auch vom Wetter abhängig. Vielleicht hätte Anne besser über das sich ankündigende Badewetter reden sollen, das ein Nachtarbeiter besser nutzen kann.

Nun ist ein falscher Einstieg sicher noch keine Katastrophe, denn er lässt sich meist noch korrigieren. Hier heißt es mit Gespür vorzugehen und herauszufinden, was den Gesprächspartner wirklich interessieren könnte. Dazu lesen Sie die Lektion 3 „Mit diesen Themen kommen Sie an" und Lektion 4 „Den Small Talk sicher führen", insbesondere das Kapitel zu den Fragetechniken (ab Seite 100).

Killer Nummer 4: Sie finden keine gemeinsame Basis

Wenn ein munter begonnenes Gespräch nach dem ersten Wortwechsel stockt und schließlich erstirbt, liegt es meist daran, dass Sie und Ihr Gesprächspartner nicht herausgefunden haben, was Sie verbindet bzw. beide interessiert. Das mag daran liegen, dass Sie sich unsympathisch sind und denken: „Mit dem/der? Auf keinen Fall!" Dann sollten Sie das Gespräch bald höflich beenden.

Aber was, wenn Sie es eben gerade nicht beenden wollen? Wenn Ihnen nur die Idee fehlt, wie Sie Ihr Gegenüber aus der Reserve locken oder mit einer Unterhaltung fesseln können? Lesen Sie hierzu ebenfalls die Lektion 3 sowie aus Lektion 4 die Kapitel „Das Eis brechen" und „Mit Fragen weiterkommen".

Oft hat man aber auch nicht die gleiche Wellenlänge, glaubt man. Vielleicht ist aber Ihr Vortrag über neueste Kniffe im Projektmanagement schlicht „zu hoch" für Ihr Gegenüber? Oder Sie überfordern einen Nicht-Akademiker mit Ihren detaillierten Ausführungen zum Verständnis des Klassikbegriffs?

Vorsicht ist auch dann geboten, wenn Sie auf einmal ins Monologisieren geraten – schnell einmal verbreitet man sich über ein Thema zu lange, wenn man davon begeistert ist. Mag ja sein, dass sich jemand dafür interessiert, wo und wie Sie wohnen; aber schildern Sie besser nicht im Detail, was für eine Arbeit es war, die fünf Wandschränke ein- und die alte Heizung auszubauen. Das führt einfach zu weit und verletzt die Regel, auf die Bedürfnisse der Zuhörer einzugehen.

Auch hier hilft Ihnen die Themenlektion weiter. Daneben sollten Sie sich die Kapitel der Lektion 6 ansehen, insbesondere die Hinweise, mit welchem Gesprächsstil Sie bei Ihrem Gegenüber besser ankommen (ab Seite 163).

Killer Nummer 5: Es strengt an, Ihnen zuzuhören

Wenn Sie das Gefühl bekommen, Ihr Gesprächpartner hört Ihnen nicht (mehr) richtig zu, kann das verschiedene Ursachen haben. Vielleicht lenkt Ihr Gegenüber irgendetwas vom Gespräch ab. Auch Müdigkeit und Konzentrationsschwierigkeiten können Gründe für fehlende Aufmerksamkeit sein. Und langweilige Themen dürften die Zuhörer ebenfalls sehr anstrengen.

Woran merken Sie, dass Ihr Gesprächspartner nicht mehr beteiligt ist?

- Er gibt Ihnen keine Rückmeldungen mehr, beginnt zu gähnen, schweift mit dem Blick ab, starrt in sein Glas etc.
- Er wird ungeduldig und unterbricht Sie häufig.
- Er verabschiedet sich abrupt von Ihnen.
- Er fragt dauernd nach, weil er Sie akustisch nicht versteht, und gibt deshalb irgendwann auf.

Störungen der Kommunikation können ganz einfach auch daran liegen, dass Sie zu leise, zu schnell oder zu undeutlich sprechen. Vielleicht reden Sie monoton, kommen nicht zum Punkt, erklären zu ausführlich, schweifen dauernd ab. Auch wenn einer der Gesprächspartner „Fachchinesisch" oder einen Dialekt spricht, kann das die Unterhaltung behindern, vor allem, wenn sich der Gesprächspartner nicht darüber beklagt.

Wir geben Ihnen insbesondere in Lektion 6 Tipps, wie Sie solche Pannen verhindern. Hier lesen Sie unter anderem, wie Sie an Ihrer Sprache und an Ihrer Ausdrucksweise feilen und mit welchen Übungen Sie Ihre Artikulation verbessern können (s. Kapitel „Trennen Sie sich von schlechten Angewohnheiten", Seite 149 und „Lassen Sie Ihre Stimme klingen", Seite 158).

Killer Nummer 6: Sie wollen um jeden Preis glänzen

Wir wollen Ihnen nicht unterstellen, dass Sie sich im Small Talk produzieren wollen. Aber was, wenn Sie im Beruf sehr erfolgreich sind – und Sie das einfach mit Stolz erfüllt? Da fällt es natürlich schwer, nicht darüber zu reden. Tun Sie es ruhig – aber mit dem nötigen Understatement. Denn es kommt einfach nicht so gut an, sich selbst zu loben oder als herausragende Persönlichkeit zu präsentieren.

Beispiel

„Ach, Sie haben auch BWL studiert? Also, als ich in Marburg promovierte, habe ich auch gleich meinen MBA gemacht. Während meines Studiums konnte ich ihn einfach nicht mehr unterbringen, ich war nämlich zwei Semester in Frankreich und Italien. Die beiden Stipendien wollte ich natürlich nicht sausen lassen. In Marburg hat mir mein Professor – ich war natürlich bei Friedemann –, auch eine Forschungsstelle angeboten. Aber ich wollte dann doch lieber in die Wirtschaft – vor Angeboten konnte ich mich ja kaum retten."

Kommen wir zu einem anderen Thema, nämlich den gerne erzählten unglaublichen Geschichten. Wenn Sie eine solche Geschichte parat haben, ist das schön für Sie und amüsant für die anderen. Aber das sollte Sie nicht dazu verleiten, es mit der Wahrheit nicht so genau zu nehmen. Ein wenig Ausschmückung darf schon sein, aber die Fakten sollten stimmen.

Menschen, die viel erlebt haben in ihrem Leben, sind oft gute Unterhalter. Problematisch wird es jedoch, wenn über das Schwelgen in Erinnerungen und Erzählungen die anderen gar nicht mehr zum Zuge kommen. Achten Sie also darauf, dass Sie nicht irgendwann die Rolle des Alleinunterhalters spielen.

Auch Prahlerei, die zum Beispiel auf Reichtum und/oder einen verschwenderischen Lebensstil hinweist, zeugt nicht gerade von Stil. Anfangs mag es ja noch ganz lustig sein, wenn jemand von den verrückten Partys in New York schwärmt, auf denen der Champagner nur so geflossen ist. Aber wenn es dann in diesem Stil weitergeht („Und dann diese Nacht auf meiner Yacht in Biarritz ... aber viel besser noch waren die Feten in Barcelona, wo ich jedes vierte Wochenende hinfliege ... Aber letztlich geht doch nichts über Paris, und drum habe ich da auch ein Appartement ..."), vergeht bestimmt nicht nur Ihnen irgendwann die Lust auf das Gespräch.

Und noch ein Tipp in diesem Zusammenhang: Mit Angebern sollten Sie auf keinen Fall mitziehen. Im Small Talk gilt es nicht sich, sondern den Gesprächspartner in den Mittelpunkt zu stellen. Sie kommen sympathisch rüber, wenn Sie die Bedürfnisse der anderen erkennen, sie zum Zuge kommen lassen und sich selbst zurücknehmen können, ohne sich dabei allerdings klein zu machen. Machen Sie es wie die Profis: Stellen Sie die anderen in den Mittelpunkt, wird das Gespräch gelingen. Hierzu finden Sie immer wieder Hinweise im Text. Insbesondere die Regeln für einen gelungenen Small Talk sollten Sie sich dazu ansehen (ab Seite 163).

Killer Nummer 7: Sie lassen sich das Heft aus der Hand nehmen

Sie können einen Small Talk zwar locker beginnen, lassen sich aber zu schnell von anderen einschüchtern oder überfahren. Denn Sie sind ja ein netter Mensch, der den anderen nicht zu nahe treten möchte. Und merken dabei nicht, dass die anderen Ihre Grenzen verletzen. Und wenn Sie dann jemand überrumpelt, unterbricht oder gar angreift, ziehen Sie sich zurück, anstatt sich auf elegante Weise zur Wehr zu setzen – und ärgern sich hinterher umso mehr, dass Sie dem unfairen Gesprächspartner das Feld überlassen haben.

Beispiel

Herr Fuchs unterhält sich auf dem Flur mit seiner Vorgesetzten, Frau Meise. Er erläutert gerade, wie das neue Programm läuft, und will auf einige Schwächen hinweisen. Da stößt Herr Kuhn dazu und unterbricht ihn: „Entschuldigung, Frau Meise, ich höre gerade, da geht's um das neue Programm. Also ich muss sagen, unsere Gruppe arbeitet gut damit. Aber eigentlich wollte ich mit Ihnen über das Projekt sprechen, haben Sie kurz Zeit?" „Entschuldigung", wagt Herr Fuchs noch einzuwenden, doch Herr Kuhn unterbricht ihn von oben herab: „Das ist doch jetzt nicht so wichtig, oder?"

Was Sie in solchen und anderen unangenehmen Situationen tun können, lesen Sie in Lektion 5 „In schwierigen Situationen das Gesicht wahren".

Killer Nummer 8: Sie missverstehen sich

Zu Missverständnissen kommt es meistens dann, wenn sich die Leute gegenseitig nicht richtig zuhören oder Dinge unterschiedlich interpretieren. Sie reden aneinander vorbei. Da beim Small Talk meist sehr höflich miteinander umgegangen wird, was bedeutet, dass man nicht sehr direkt spricht, kann es leichter zu Missverständnissen kommen. Darunter leidet meist auch die Beziehung der Gesprächspartner.

Beispiel

Frieda Mauch ist neu im Unternehmen. In der Kantine setzt sich ein Kollege neben sie. Es entspinnt sich ein Gespräch.

„Sind Sie neu hier im Unternehmen? Ich hab Sie noch nie gesehen."

„Ja, ich habe im Januar angefangen, Frieda Mauch ist mein Name. Ich arbeite in der Personalabteilung."

„Henri Neubert, angenehm. Und, wie gefällt's Ihnen so bei uns?"

„Gut bisher. Bis auf die Gehaltsabrechnungen."

„Wieso? Ist es zu viel?", scherzt Neubert.

„Nein, eher zu wenig! Das bin ich nicht gewohnt", antwortet Frieda Mauch und lächelt unsicher. Nach kurzem Schweigen verabschiedet sie sich: „Jetzt muss ich mal los."

Henri Neubert ist irritiert. Man beschwert sich doch nicht gleich bei fremden Kollegen über sein Gehalt, wenn man neu ist, das ist ja schon ein bisschen arrogant. Na, was er von der Mitarbeiterin halten soll? Erst später stellt sich heraus, dass Frau Mauch nicht die eigene Gehaltsabrechnung meinte, sondern ihre Aufgabe in der Personalabteilung. Sie wollte nur zum Ausdruck bringen, dass sie sich unterfordert fühlt.

In Lektion 4 nennen wir Ihnen die wichtigste präventive Strategie gegen Missverständnisse: Zuhören (ab Seite 110).

Missverständnisse sind auch häufig darauf zurückzuführen, dass man eine unterschiedliche Sprache spricht – und wo wird dies sichtbarer als in der Kommunikation zwischen Mann und Frau? Was den männlichen und weiblichen Gesprächsstil unterscheidet, wollen wir Ihnen daher nicht verschweigen. Lesen Sie mehr dazu im Kapitel „Frauen sprechen anders, Männer auch" ab Seite 172. Schließlich kommt es im Verstehensprozess aber nicht nur auf die verbale Verständigung an, auch die nonverbalen Signale gilt es richtig zu deuten. Hierzu mehr in den Kapiteln „Körpersprache – andere verstehen ohne Worte" und „Mit Gestik und Mimik bewusster umgehen" aus der Lektion 7.

Nicht immer übrigens sind die Folgen eines Missverständnisses unmittelbar zu spüren. Wenn jemand von seinem Gesprächspartner aufgrund eines Missverständnisses ein falsches Bild gewinnt, wird dies auch in Zukunft die Beziehung beeinflussen. So spielt es für das Networking eine entscheidende Rolle, ob Sie aus einem Gespräch mit dem Gefühl gegangen sind: „Wir haben uns gut verstanden." Die letzte Lektion gibt Ihnen einen Ausblick, was der Small Talk für Ihr Networking bedeutet und wie Sie es richtig anpacken.

Killer Nummer 9: Das Gespräch wird kontrovers

Beispiel

> Auf einem Empfang unterhalten sich Herr Metzner und Frau Baum über Opern. Da kommt Herr Liebig hinzu und lässt in einer Gesprächspause fallen: „Ich gehe liebend gern in Mozartopern – wenn sie nicht zu modern inszeniert werden. Das passt irgendwie nicht."
> Herr Metzner: „Ach, ich finde das kommt darauf an. Modern muss ja nicht heißen, dass es nicht zum Stoff passt."
> Frau Baum: „Vor einem halben Jahr habe ich hier am Staatstheater den Don Giovanni in einer Neuinszenierung gesehen. Kostüme und Bühne waren sehr modern, die ganze Szenerie hat eher unterkühlt gewirkt."
> Herr Liebig: „O je, darüber hab ich damals eine Kritik gelesen. Wie kann man nur! Gut, dass ich mir das Geld gespart habe."
> Frau Baum: „Da haben Sie aber schon etwas verpasst, denn musikalisch war es ein Höhepunkt."
> Herr Liebig: „Das können Sie doch gar nicht beurteilen, ob ich was verpasst habe."

Ist das noch Small Talk? Unverfängliche, höfliche Konversation? Hier fühlt sich offensichtlich jemand auf den Schlips getreten. Was Sie tun können, um zu verhindern, dass eine lockere Unterhaltung schleichend oder plötzlich eine negative Färbung bekommt oder gar in Streit ausartet, erfahren Sie in einzelnen Kapiteln der Lektion 5. Außerdem sollten Sie hierzu auch das Kapitel „Was im Small Talk heikel ist" in der Lektion 3 lesen (Seite 88).

Killer Nummer 10: Sie reden nur mit Personen, die Ihnen sympathisch sind

Wer so vorgeht, hat den Sinn des Small Talks nicht verstanden. Beim Small Talk müssen Sie Ihre Antipathien gegenüber bestimmten Personen oder Typen vergessen und ganz „demokratisch" denken.

Beispiel

Das Weihnachtsessen der Firma. Gegenüber von Ihnen sitzt – Ihr liebster Feind. Ausgerechnet. Jetzt eine nette, zwanglose Unterhaltung führen? Sie haben Ihre Zweifel. Die Chemie zwischen Ihnen stimmt einfach nicht. Und selbst wenn Sie ein gemeinsames Thema fänden – nur weil es diese Feier gibt, müssen Sie sich doch nicht mit dieser unmöglichen Person unterhalten. Schließlich wollen Sie sich heute Abend amüsieren. Sie wollen nicht mit diesem Menschen reden, Punktum.

Natürlich kann Sie niemand zwingen, sich mit Leuten zu unterhalten, die Ihnen nicht sympathisch sind. Aber wechseln Sie mit Ihrem liebsten Feind einfach anderen zuliebe ein paar Worte – bevor Ihr Schweigen die Harmonie der Stunde zerstört. Denn wenn Sie eine Person in einer Gruppe meiden, fällt das anderen meist auf. Und das trübt die gute Stimmung.

Wie gesagt, der unverfängliche Small Talk ist ideal, um Menschen einzubeziehen, mit denen man sonst nicht „kann". Mit Small Talk können Sie Brücken bauen, Wogen glätten und eine schlechte Stimmung vertreiben. Small Talk ist daher unerlässlich im diplomatischen Umgang miteinander. Manchmal muss sogar der Schein gewahrt bleiben, will man sich gegenseitig nicht verletzen. Wenn im obigen Beispiel Ihr Lieblingsfeind die Gesprächsinitiative ergreifen würde und Sie wüssten, dass er beispielsweise mit gesundheitlichen Problemen zu kämpfen hat, würden Sie sich sicher nicht verschließen – Empathie, also Einfühlungsvermögen ist hier gefragt. Welche Rolle Empathie beim Small Talk spielt, darauf kommen wir im Kapitel „Gesprächsstil: Fünf Regeln für gelungenen Small Talk" in Lektion 6 zu sprechen. Denn oft kann es vernünftige Gründe geben, warum ein Small Talk besser ist, als sich anzuschweigen oder aus dem Weg zu gehen – zum Beispiel, weil Sie mit der betreffenden Person (auch weiterhin) zusammenarbeiten müssen.

Lektion 2: Hemmungen überwinden – Small Talk beginnen

Was für eine Gelegenheit: Da steht nun der oberste Chef des Unternehmens mit Ihnen im Aufzug, aber Sie bringen kein Wort heraus. Wer erfolgreich kontakten möchte, muss seine Schüchternheit überwinden. Lesen Sie in dieser Lektion, wie Sie mehr Selbstvertrauen gewinnen, Blockaden abbauen und das Gespräch mit einer gelungenen Begrüßung eröffnen.

Wie Sie die Schüchternheit besiegen

„Schüchternheit wird allgemein für Dummheit gehalten, was sie in den meisten Fällen nicht ist. Vielmehr stellt sie sich ein, wo eine Erziehung in guter Gesellschaft fehlt." So schrieb der adelige Bildungs- und Benimmverfechter Lord Chesterfield einst an seinen Sohn.

Nun leben wir nicht mehr im 18. Jahrhundert und seit Lord Chesterfields seine „Briefe über die anstrengende Kunst, ein Gentleman zu werden" verfasste, hat sich einiges verändert: Was unsere Erziehung betrifft, so sind die Unterschiede zwischen einer „guten" und einer „schlechten Gesellschaft" weitgehend aufgehoben. In Sachen Umgangsformen und (Herzens-)Bildung kann man zumindest vieles von dem, was einem im Elternhaus oder in der schulischen Erziehung womöglich entgangen ist, nachholen bzw. woanders erlernen. Wenn das überhaupt nötig ist: Denn ist es heute nicht vielmehr so, dass gerade der Dreiste oft sehr weit kommt – ohne Bildung und Manieren? Und der Schüchterne bleibt zurück und ist der Dumme? Beispiele dafür gibt es jedenfalls mehr als genug, wovon sich jeder überzeugen kann, der sich durch die Unterhaltungssendungen diverser TV-Kanäle zappt.

Was sich seit Lord Chesterfield aber nicht geändert hat, ist das offensichtliche Dilemma der Schüchternen: Sie werden nach wie vor von den meisten Menschen verkannt (wenn auch nicht zwangsweise für Dummköpfe gehalten). Warum?

Lektion 2: Hemmungen überwinden – Small Talk beginnen

Das Dilemma der Schüchternen

Wir alle bewerten fremde Menschen nach dem ersten Eindruck, und der ist in der Regel ein flüchtiger. Eine zweite Chance gibt es nur selten. Wenn Sie auf einer Party den ganzen Abend schweigen, werden Sie schnell für einen Langweiler, einen Stoffel oder schlichtweg uninteressanten Menschen gehalten, der nichts zu sagen hat. Oft wird Schüchternheit auch mit Arroganz verwechselt. Das ist schade, denn in Wirklichkeit sind schüchterne Menschen oft die Bescheideneren, diejenigen, die sich zurücknehmen und nicht viel Aufhebens machen von sich, ihr Können und ihren Erfolg in den Dienst der (gemeinsamen) Sache stellen. Was ja eigentlich ein sympathischer Zug ist!

Kein Makel, aber ein Bremsklotz

Schüchterne haben es nicht nur im Privatleben, sondern auch im Beruf schwerer. In unserer Dienstleistungsgesellschaft ist es unabdingbar, auf andere Menschen zugehen zu können: Neben der fachlichen Qualifikation werden schon bei der Auswahl der Bewerber die *social skills*, also kommunikative Fähigkeiten verlangt. Je nach Position müssen Sie andere informieren, überzeugen, motivieren, integrieren, anleiten können; Sie müssen mit anderen verhandeln, sie zur Zusammenarbeit bringen, ihnen Ergebnisse präsentieren oder sich selbst verkaufen können. Angeber und Großmäuler mögen die wenigsten Menschen. Aber sich *immer* nur zurückzuhalten – ob aufgrund von Schüchternheit oder Bescheidenheit –, ist weder erstrebenswert noch vorteilhaft. Ständige Bescheidenheit empfinden viele Menschen sogar als unangenehm. Und spätestens dann, wenn andere zum Zug kommen, die es womöglich gar nicht verdient haben – nur, weil Sie Ihre Sache nicht vertreten haben –, wird Schüchternheit zum Stolperstein für Ihre Karriere. Halten Sie sich im entscheidenden Moment zurück, geben Sie den anderen keine Gelegenheit, den Wert Ihrer Arbeit und Persönlichkeit zu erkennen.

Tipp Suchen Sie einen Mittelweg. Lernen Sie, auf andere Menschen zuzugehen. Ihre bescheidene Art müssen Sie dabei prinzipiell nicht aufgeben; denn man kann auch mit Ruhe und Gelassenheit auf sich aufmerksam machen. Achten Sie eigene Erfolge nicht gering und weisen Sie andere im richtigen Moment darauf hin. Stehen Sie zu sich und zu Ihren Werten und Zielen. Übernehmen Sie Eigenverantwortung! Letztlich geht es auch um Ihr seelisches Gleichgewicht.

Machen Sie den Test!

Wie sieht es mit der Schüchternheit in Ihrem Alltag aus? Wir haben – ohne Anspruch auf Wissenschaftlichkeit – einen kleinen Test entworfen, mit dem Sie Ihre prinzipielle Kontaktbereitschaft abprüfen können. Schätzen Sie Ihr (mögliches) Verhalten bitte realistisch ein.

Test: Sind Sie eher schüchtern?

So verhalten Sie sich ...	nie/ nein	manch- mal	oft/ ja
Sie sind in einer fremden Stadt und müssen öffentlich von A nach B fahren. Bevor Sie die Übersichten über das Fahrbahnnetz studieren, fragen Sie den nächsten Passanten nach einer günstigen Verbindung.	0	1	2
Sie übernehmen bei Sitzungen und Besprechungen gerne das Protokoll, aber freiwillig nie eine Präsentation.	2	1	0
Samstag. Vor dem Joggen gehen Sie in Trainingsklamotten einkaufen. Da sehen Sie von hinten eine höher gestellte Person aus Ihrem Unternehmen, die an der Käsetheke ansteht. Sie gehen hin, um sie zu begrüßen.	0	1	2
Sie gehen manchmal allein ins Kino.	0	1	1
Sie ignorieren es, wenn Sie auf der Straße eine unbekannte Person anspricht, die etwas verwahrlost aussieht.	2	1	0
Auf einer Party sehen Sie eine/n Bekannten, der/die sich mit einer ausgesprochen hübschen Frau oder mit einem unverschämt gut aussehenden Mann unterhält. Sie steuern auf die beiden zu.	0	1	2
Sie sind in der Stadt und sehen Straßenkomödianten zu. Als diese beginnen, einzelne Leute aus dem Publikum in ihr Spiel einzubeziehen, gehen Sie schnell weiter.	2	1	0
Sie gewinnen auf einer Tombola zwei Probestunden in einer Tanzschule und dürfen sich die Richtung (Standard, Salsa, Tap Dance u. a.) aussuchen. Natürlich gehen Sie hin.	0		2

Lektion 2: Hemmungen überwinden – Small Talk beginnen

So verhalten Sie sich ...	nie/ nein	manch- mal	oft/ ja
Freitagnachmittag in einer fremden Stadt. Sie sitzen alleine im Café und erkundigen sich bei der Bedienung, wo man abends hingehen kann.	0	1	1
Eine befreundete Person leitet einen privaten Kreis, in dem auf lockere Weise Wissen ausgetauscht wird. Sie nehmen teil.	0	1	2
Diese Person bittet Sie, einen Vortrag über Ihr Hobby/ Ihr Fachgebiet zu halten. Sie sagen sofort zu.	0		2
Sie besuchen privat gerade einen VHS-Kurs o. Ä. oder planen, demnächst einen zu besuchen.	0		2
Sie essen manchmal allein in einem Restaurant.	0	1	2
Sie kennen das Alter oder den Beruf Ihrer direkten Nachbarn. (von keinem, von wenigen, von allen)	0	1	2
Sie wissen, aus welchem Land die Putzfrau kommt, die abends das Büro putzt und/oder kennen ihren Namen.	0		2

Auswertung:

Über 20 Punkte: Gratulation! Viele Ihrer Antworten lassen darauf schließen, dass Sie ein kontaktfreudiger Mensch sind.

10 bis 19 Punkte: In bestimmten Situationen fällt es Ihnen schwer, auf andere zuzugehen. Sie denken oft, dass Sie alleine gut durchkommen. Überlegen Sie bitte bei allen Fragen, bei denen Sie 0 Punkte haben, warum Sie sich so verhalten.

0 bis 9 Punkte: Sie gehören offenbar zu den eher schüchternen Menschen. Überlegen Sie bei allen Fragen, bei denen Sie 0 Punkte haben, warum Sie sich so verhalten. Steckt womöglich immer ein ähnliches Motiv dahinter?

Ein wenig Schüchternheit ist kein Problem. Immerhin halten sich nach einer Studie vierzig Prozent der Bundesbürger für schüchtern oder leicht ängstlich – und befinden sich damit in bester Gesellschaft. So bekannte der amerikanische Schauspieler Nicolas Cage einmal in einem Interview: „Große Menschenansammlungen mag ich nicht. Am wohlsten fühle ich mich allein oder mit meinen alten Kumpels." Der TV-Kommissar Robert Atzorn, der nach eigenen Angaben in der

Schule „aus Schüchternheit frech" war, beschloss Schauspieler zu werden, um seine Schüchternheit zu überwinden.

Sie müssen nun nicht gleich eine Schauspielkarriere ins Auge fassen, um selbstsicherer zu werden. (Wenn auch ein paar Stunden Schauspielunterricht durchaus hilfreich sind.) Es gibt andere Möglichkeiten, wie Sie Hemmungen überwinden und einen Small Talk leichter beginnen können (dazu gleich mehr). Wann aber wird Schüchternheit wirklich zum Problem?

Schüchternheit als Hindernis

Manche Menschen finden sich damit ab, schüchtern zu sein. Doch viele empfinden ihre Schüchternheit als Hemmschuh und leiden unter der typischen Folge: einer zunehmenden Kontaktarmut. Solange sie am Schreibtisch sitzen und ihre Arbeit erledigen, läuft alles problemlos. Sobald sie aber in einer Gruppe sind und sich die Aufmerksamkeit auf sie richtet, schlägt die Angst zu; die Angst, etwas Dummes zu sagen oder anderweitig zu versagen. Dahinter steckt wiederum die Befürchtung, an Ansehen zu verlieren. Schließlich möchten sie bei anderen einen guten Eindruck machen. Doch ein gewisses Maß an Angst ist ganz natürlich. Viele Menschen haben zum Beispiel Lampenfieber, wenn sie eine Rede halten sollen oder vor einer Prüfung stehen. Das ist in angemessenem Maß sogar nützlich, weil es die Konzentration fördert.

Psychologen nennen die Furcht vor dem Kontakt mit fremden Menschen oder vor Gruppen, in denen man einer Bewertung durch andere ausgesetzt ist, „soziale Angst" oder „soziale Phobie" (z. B. Redeangst, Prüfungsangst). Solche über das natürliche Maß hinausgehenden sozialen Ängste kommen gar nicht mal so selten vor: Jeder siebte bis zehnte Bundesbürger leidet nach Angabe von Experten einmal in seinem Leben unter einer behandlungsbedürftigen sozialen Phobie.

Richtig kritisch wird es dann, wenn sich Schüchternheit oder Ängstlichkeit zu einer solchen Störung auswächst. Da wird es zum Beispiel schwierig, an Besprechungen überhaupt teilzunehmen, auf Partys zu gehen oder einen Partner zu finden. Die Hürden, mit anderen in Kontakt zu kommen, sind dann unüberwindlich.

Tipp Ausschlaggebend ist, ob die Angst zur Belastung wird und Sie beginnen, angstbesetzte Situationen gezielt zu vermeiden. Damit schränken Sie sich nämlich in Ihrer Handlungsfreiheit erheblich ein. Wenn Sie glauben betroffen zu sein, sollten Sie sich psychologischen Rat holen. In einer Psychotherapie können Sie lernen, mit sozialen Ängsten umzugehen. Ziel ist, dass Sie sich der Angst besetzten Situation stellen und sie durchstehen, was z. B. durch mentales Training und Entspannungstechniken erreicht wird. Wenn Sie sich dabei erfolgreich erleben, können Sie negative Erwartungsängste ab- und ein positives Selbstbild aufbauen.

Um Ihre Schüchternheit zu überwinden, probieren Sie folgende mentale Übung, die sich in der Coachingpraxis bewährt hat. Wiederholen Sie sie anfangs regelmäßig und setzen Sie sie dann nach Bedarf vor einer Situation ein, die Sie unsicher macht.

Übung 3: Positive Bilder schaffen

Sie brauchen einen ruhigen Raum und eventuell etwas zu schreiben. Nehmen Sie sich etwa zehn bis 15 Minuten Zeit für diese Übung. Sie können auch eine längere Entspannungsphase vorschalten, etwa mit autogenem Training, der progressiven Muskelrelaxation oder mit meiner Audio-CD „Power-Relaxx 2.0" – Entspannung als Kraftquelle (siehe Anhang).

Setzen oder legen Sie sich bequem hin. Schließen Sie die Augen. Achten Sie zunächst nur auf Ihren Atem, ohne ihn zu beeinflussen, bis er ruhig und tief fließt.

Richten Sie dann Ihre Gedanken auf eine konkrete Situation, in der Sie mit anderen Menschen eine lockere Unterhaltung führen. Malen Sie sich die Situation genau aus: Mit wem reden Sie? Über was reden Sie? Stellen Sie sich vor, wie Sie souverän und locker auftreten. Die Unterhaltung läuft gut. Sie spüren, dass Ihnen die anderen Anerkennung entgegenbringen. Eine Ihnen wichtige Person sagt, dass sie sich sehr gefreut hat, Sie kennen gelernt zu haben. Genießen Sie diesen Moment des Erfolgs.

Öffnen Sie anschließend wieder Ihre Augen. Sie können nun aufschreiben, was Sie empfunden und wahrgenommen haben.

Tipp Übrigens, wenn Sie sich selbst als schüchternen Menschen annehmen, stellen Sie unter Beweis, dass Sie integrative Fähigkeiten haben – ein wichtiger weicher Faktor im Anforderungsprofil für Manager. Gehen Sie aber mit Fingerspitzengefühl vor. Verlangen Sie von schüchternen Personen zum Beispiel nicht, sich in einer Runde zu einem Thema zu äußern – das bringt sie eventuell noch mehr in Verlegenheit. Gewinnen Sie lieber zunächst im Dialog zu zweit ihr Vertrauen. Integrieren Sie sie immer auf eine lockere, unverfängliche Art.

Selbstwertgefühl und Selbstvertrauen stärken

Die Ursachen für Schüchternheit sind vielfältig. Viele Menschen leiden an Minderwertigkeitsgefühlen. Typisch dafür ist, dass sie ihre eigenen Stärken zu wenig (an-)erkennen und sich ihre Schwächen vorwerfen. Small Talk ist aber nur dann erfolgreich, wenn man sich seiner Persönlichkeit bewusst ist und auf seine Stärken vertraut. Das verschafft die Souveränität, auch die Schwächen anderer zu respektieren.

Übung 4: Erfolge reflektieren

Stärken Sie Ihr Selbstvertrauen, indem Sie sich die eigenen Stärken und Erfolge bewusst machen. Beantworten Sie die folgenden Fragen sowohl bezogen auf Ihr Privatleben als auch auf Ihre Karriere.
Was kann ich gut?

___

Worin erhalte ich Bestätigung durch andere? Was schätzen andere an mir?

___

Was habe ich erreicht? Wo stehe ich heute im Gegensatz zu vor fünf oder zehn Jahren?

___

Was habe ich dazugelernt?

___

Was gefällt mir an mir selbst?

___

Lektion 2: Hemmungen überwinden – Small Talk beginnen

 Tipp Halten Sie sich Ihre Stärken öfter vor Augen – niemand kann sie Ihnen wegnehmen!

Die Basis für ein stabiles Selbstvertrauen ist eine gute Selbstkenntnis und Selbsteinschätzung. Nehmen Sie sich die Aufforderung „Erkenne dich selbst" zu Herzen, die die Griechen am Apollotempel von Delphi vor rund 2500 Jahren anbrachten. „Erkenne dich selbst" heißt, Einsicht in seinen Charakter und sein Wollen zu erlangen.
Um zu wissen, wer Sie sind und was Sie wollen, müssen Sie Ihren Standpunkt finden:
- Wo stehen Sie?
- Für was stehen Sie?
- Wofür können Sie einstehen?
- Was wollen Sie wirklich?

Nur wer einen festen Stand hat, kann sein Ziel ruhig anvisieren. Körperarbeit kann Sie dabei übrigens unterstützen (dazu mehr im Kapitel „Haltung, Abstand, Blickkontakt", ab Seite 186).
Im nächsten Schritt sollten Sie sich bewusst machen, wie Sie mit den eigenen Wünschen, Bedürfnissen und Zielen umgehen:
- Nehmen Sie sich selbst ernst?
- Können Sie Ihre Ziele artikulieren?
- Können Sie sie vor anderen vertreten?
- Wenn nicht, was hindert Sie daran?

Die folgende Übung arbeitet mit einer bewährten Selbstmanagement-Technik, die sich auch für die Formulierung langfristiger, persönlicher Ziele eignet.

 Übung 5: Ziele formulieren
Reservieren Sie sich etwa eine Stunde Zeit für diese Übung. Nehmen Sie sich etwas zu schreiben.
Sammeln Sie Ihre Ziele und formulieren Sie sie so konkret wie möglich aus. Überlegen Sie sich dann, wie Sie diese Ziele erreichen können. Setzen Sie sich Termine, bis wann Sie etwas erreichen wollen.

Meine Ziele	Maßnahmen	Termin
1.		
2.		
3.		
4.		
5.		

Wenn Sie ein konkretes Ziel konsequent verfolgen und erreichen, ist das ein Erfolgserlebnis, das Ihnen Bestätigung und Anerkennung verschafft – die ideale Nahrung für Ihr Selbstbewusstsein.

Suchen Sie sich leichte Situationen zum Üben

Nicht nur Minderwertigkeitsgefühle und fehlendes Selbstbewusstsein, auch mangelndes Selbstvertrauen kann sich hinter Schüchternheit verbergen: Man traut sich nicht zu, bestimmte Situationen zu bewältigen. Man glaubt nicht, dass man andere überzeugen, beeindrucken, beeinflussen oder eben im Small Talk auch nur nett unterhalten kann. Dieses Gefühl kann dadurch verursacht sein oder verstärkt werden, dass man zu wenig positive Erfahrung mit entsprechenden Situationen gemacht hat. Die folgende Übung hilft Ihnen, dieses Problem in den Griff zu bekommen.

Übung 6: Small Talk im privaten Alltag
Probieren Sie Small Talk in alltäglichen Situationen aus, in denen es auf nichts ankommt. Setzen Sie sich dabei nicht unter Erfolgsdruck. Stellen Sie sich lieber vor, dass andere für Ihre Aufmerksamkeit dankbar sind.

1. Schritt: Suchen Sie sich eine anstehende Aktion aus, in der Sie ohnehin ein Gespräch führen müssen (und sei es auch ein noch so kurzes, z. B. in der Bäckerei). Einzige Voraussetzung: Sie kennen den Small-Talk-Partner nicht oder höchstens vom Sehen. Gut geeignet sind etwa Situationen wie:
– ein Einkauf im Einzelhandelsgeschäft, wo Sie jemand aus dem Verkauf berät, z. B. in einem Schuh- oder Bekleidungsgeschäft;

- eine Begegnung mit dem Postboten auf dem Hausflur/Bürgersteig;
- eine Besorgung, bei der Sie in der Schlange stehen,
- der Aufenthalt in einem Wartezimmer oder auf einem Amt,
- eine Taxifahrt.

Dies sind nur einige Beispiele. Ein ganz ungezwungener Small Talk ist selbstverständlich auch in vielen anderen Alltagssituationen möglich.

2. Schritt: Überlegen Sie noch zu Hause und halten Sie eventuell schriftlich fest, welche Einstiegsfrage(n) oder Aussage(n) in der entsprechenden Situation sinnvoll sein könnte(n). Nehmen Sie als Aufhänger z. B.:
- das Wetter (in fast jeder Situation geeignet und für den Postboten zum Beispiel besonders wichtig);
- im Einzelhandel die aktuelle Mode (beim Schuhkauf die Kleider- und beim Kleiderkauf die Schuhmode) und was Ihnen daran gefällt oder aufgefallen ist;
- ein Kompliment: Was fällt Ihnen positiv an Ihrem Gegenüber auf?
- in der Warteschlange: die Stoßzeiten beim Einkauf, die Qualität von Automatenkaffee auf Ämtern, die Zuverlässigkeit der Bahn oder bestimmter Fluglinien ...
- im Wartezimmer: die Wartezeit und wie schnell man einen Termin bekommt.
- im Taxi: Verkehr, Wetter, Auftragslage des Taxifahrers, seine Herkunft u. v. a. (Formulierungsvorschläge finden Sie im Lösungsteil.)

3. Schritt: Nun geht's ans Ausprobieren. Damit es auch klappt, sollten Sie in der aktuellen Situation folgende Punkte prüfen:
- Erscheint Ihnen die in Frage kommende Person grundsätzlich sympathisch?
- Hat sie etwas Zeit?
- Wirkt sie so offen und freundlich, dass Sie keine „Abfuhr" befürchten müssen? Eine Verkäuferin etwa, die gerade sehr im Stress ist, ist für diese Übung vielleicht nur bedingt geeignet.
- Schließlich sollten Sie selbst in der Laune sein, ein paar Worte außerhalb des „Handlungskerns" der Erledigung zu führen. Fällt es Ihnen nämlich schon schwer, Ihr „Opfer" anzulächeln, wenn Sie ein Pfund Brot verlangen, vergessen Sie die Sache für dieses Mal besser.

Wenn Sie bis zum eigentlichen Gespräch etwas Vorlauf haben (z. B. sich die Auslage im Schuhgeschäft ansehen), können Sie Ihren Small Talk – falls nötig – auch in der Situation noch planen. Überlegen Sie aber nicht zu lange, was Sie sagen wollen. Warten Sie besser gelassen auf den Zeitpunkt, wo sich ein Gespräch leicht ergibt.

Die Übung können Sie erweitern, indem Sie anschließend aufschreiben, was gut und was schlecht gelaufen ist. Sie können sich dazu ein kleines Small-Talk-Tagebuch anlegen. So merken Sie sich besser, was Erfolg hatte und was nicht.

Tipp Führen Sie das Gespräch ohne Druck. Achten Sie auf Ihr Gefühl nach dem Small Talk: Er sollte Ihre Laune heben und Sie nicht deprimieren. Falls Sie unzufrieden sind, überlegen Sie, woran es wohl liegen könnte. Lassen Sie sich durch weniger gut gelaufene Gespräche nicht entmutigen. Denken Sie daran: Für das Gelingen eines Small Talks sind Sie nie allein verantwortlich.

Wenn der Anfang gemacht ist

Vielleicht ist Ihnen diese Übung auf Anhieb leicht gefallen. Sind Sie sogar ein bisschen stolz auf sich? Das dürfen Sie sein, den Sie haben etwas getan, was viele in solchen Situationen fürchten: Sie sind mit fremden Menschen in Kontakt getreten und haben einen ganz unverbindlichen Small Talk angefangen!

Probieren Sie es nun auch so oft wie möglich in Ihrem beruflichen Umfeld aus – in der Kantine, vor Besprechungen, auf dem Gang, bei Telefonaten. Je mehr Sie üben, umso einfacher wird es Ihnen vorkommen, Kontakt aufzunehmen und ein paar Worte auszutauschen, bevor es zum Eigentlichen geht. Dann wird es auch irgendwann selbstverständlich, mit Personen, vor denen Sie „Ehrfurcht" haben, oder in Situationen mit offiziellem Charakter das Gespräch zu suchen.

Wenn ein Small Talk einmal schief gegangen ist, ist es auch keine Katastrophe. Sicher können Sie dies bei einer anderen Gelegenheit wieder ausbügeln. Und überhaupt: Wer sagt denn, ob das, was Sie als schief gelaufen bewerten, auch in den Augen Ihres Gesprächspartners schief gelaufen ist?

Tipp Ein lockerer Small Talk wird Ihnen kaum gelingen, wenn Sie zu hohe Erwartungen haben. Wer von sich eine Glanzleistung erwartet oder eine unerreichbare Idealvorstellung vom perfekten Gespräch hat, wird an der Umsetzung scheitern. Bleiben Sie also gelassen!

Lektion 2: Hemmungen überwinden – Small Talk beginnen

So bauen Sie Blockaden ab

Gehemmte Menschen neigen dazu, sich selbst zu beobachten und mit anderen zu vergleichen. Doch leider ist es fatal, wenn Ihre Gedanken nur darum kreisen, welchen Eindruck Sie wohl bei den anderen hinterlassen. Denn erst, wenn Sie mit dieser Selbstbeobachtung beginnen, werden Sie sich auch des Risikos bewusst, dass andere Sie auch bewerten könnten.

Beispiel

Der Partyabend ist für Ralf eine Qual: Während sich die anderen scheinbar prächtig amüsieren, steht er am Rand, fühlt sich ängstlich und einsam. Er gehört doch nicht hierher! Alle um ihn herum sind so viel besser als er selbst: Wie gewandt und selbstbewusst X auftritt, wie interessant und amüsant Y reden kann, wie schlagfertig Z ist. „Ich komme mir vor wie ein Versager", denkt sich Ralf.

Dass wir uns häufig mit anderen vergleichen, ist eine Folge der Evolution. Genauso wie die Tatsache, dass wir die anderen als Konkurrenten erleben: Wer es zu etwas bringen möchte in unserer Gesellschaft, steht unter Leistungsdruck und muss sich immer wieder in offenen oder verdeckten Wettbewerben beweisen.

Tipp Machen Sie sich Folgendes bewusst: Anders als z. B. in einem Bewerbungsgespräch, wo Sie als Kandidat nach mehr oder weniger objektiven Maßstäben bewertet werden, sind Selbstvergleiche in einer Small-Talk-Situation ziemlich fruchtlos. Denn weder fußen sie auf einer objektiven Grundlage (oder woher wissen Sie, wie gut Menschen, die Sie nicht kennen, in irgendetwas sind?), noch hängt etwas davon ab, wie Sie dabei abschneiden. Innere Selbstvergleiche blockieren Sie unnötig.

Solche Selbstblockaden können Sie verhindern. Zunächst einmal überprüfen Sie, ob Ihre Erwartungshaltung realistisch und vernünftig ist. Wann immer Sie sich bei Gedanken ertappen, die nicht auf einer realen Erfahrung beruhen, versuchen Sie umzudenken. Hierbei helfen Ihnen kritische Selbstfragen, zum Beispiel:

- Glauben Sie wirklich, dass Sie der Einzige sind, der Hemmungen hat? (Denken Sie an die vierzig Prozent!)

46

So bauen Sie Blockaden ab

- Warum sollte dies anderen eigentlich gleich negativ auffallen?
- Wer erwartet denn etwas von Ihnen?
- Ist Ihre Vorstellung von einem gelungenen Small Talk realistisch?
- Wie wichtig ist ein Erfolg?
- Hängen Sie die ganze Sache vielleicht zu hoch? Um was geht es denn überhaupt?
- Sollte der Small Talk wirklich ein Anlass für andere sein, Sie bewusst auszustechen?

Außerdem: Wenn Sie nur mit sich beschäftigt sind, können Sie andere nicht wirklich wahrnehmen. Und das ist eine wichtige Voraussetzung, damit ein Gespräch mit anderen gelingt.

Tipp Hemmungen sind oft das Produkt einer falschen Einstellung. Ändern Sie Ihre Einstellung und sie verschwinden!

Entwickeln Sie Optimismus

Um sich von negativen Vorstellungen zu verabschieden, die um die Gesprächssituation kreisen, hilft Ihnen die folgende Übung.

Übung 7: Negative Erwartungen durch positive Vorstellungen ersetzen

Ersetzen Sie negative Gedanken durch positive oder neutrale Vorstellungen, wie in den ersten beiden Sätzen demonstriert:

„X ist viel redegewandter als ich."	„Ich gehe die Dinge eben anders an als X."
	„Hier kocht auch jeder nur mit Wasser."
„Ich weiß nicht, was ich mit den anderen reden soll."	„Ich rede mit, wenn ich etwas zu sagen habe."
	„Ich bin gespannt, wer da ist und über was geredet wird."
„Alle schauen mich an, wenn ich etwas sage."	
„Wenn ich nicht brilliere, werde ich sicher nicht mehr eingeladen."	

Lektion 2: Hemmungen überwinden – Small Talk beginnen

„Man wird gleich merken, dass ich von Kunst/Oper/... keine Ahnung habe."	
„Niemand wird mich ansprechen."	
„Ich werde sicher steckenbleiben, wenn ich etwas erzähle."	
„Wenn ich etwas sage, entsteht eine peinliche Gesprächspause."	
„Später wird mir wieder peinlich sein, was ich alles erzählt habe."	
„Ich kann nicht mitreden, weil ich niemanden kenne, über den geredet wird."	
„Ich werde mich blamieren."	

(Vorschläge finden Sie im Lösungsteil.)

Das Ziel ist nicht, sich mit Motivationsfloskeln innerlich „umzuprogrammieren". Ihre Strategie besteht darin, die Situation von verschiedenen Seiten zu betrachten. Das hält Sie davon ab, nur um sich selbst zu kreisen, und bringt Sie gleichzeitig zu einer realistischeren Einschätzung. Wenn Sie eine offene Haltung haben, können Sie in jeder Situation viel flexibler reagieren.

Tipp Zerbrechen Sie sich nicht schon Stunden vor einer Small-Talk-Situation den Kopf, wie Sie wohl auf andere wirken werden. Je mehr Sie sich mit sich selbst beschäftigen, umso gehemmter werden Sie sein.

Lassen Sie Ihren inneren Kritiker verstummen

Verabschieden Sie sich nicht nur von Ihrer negativen Erwartungshaltung, sondern auch von Ihrem „inneren Kritiker". Wenn sich beim Gespräch dauernd Ihre innere Stimme meldet mit Bewertungen wie „Was redest du denn da für einen Unsinn!" oder „Jetzt hast du dich ja mal wieder super ausgedrückt!", verderben Sie sich nicht nur den Small Talk, sondern bauen zusätzliche Blockaden auf. Bewerten Sie sich nicht. Richten Sie stattdessen Ihre Aufmerksamkeit darauf, was für ein Mensch Ihnen da gegenübersteht oder welche Person interessant sein könnte. Aufmerksamkeit und Interesse sind die besten Mittel gegen Hemmungen und Blockaden. Darauf gehen wir später noch einmal näher ein.

Doch nun wollen wir Ihnen zeigen, wie Sie erfolgreich den ersten Kontakt knüpfen.

Das Gespräch beginnen – Begrüßungstechniken

Mit souveräner Selbstverständlichkeit grüßen

Wann grüßen Sie heutzutage noch fremde Personen? Wenn Sie in einem kleinen Dorf aufgewachsen sind, ist für Sie das Grüßen selbstverständlich. In der Großstadt grüßen viele Menschen nicht einmal mehr ihre Nachbarn, nach dem Motto: „Der grüßt auch nicht, warum soll ich?" Ein ziemlich trauriger Kulturverfall!

Es gibt allerdings Situationen, da grüßen (und begrüßen) sich fremde Menschen ganz selbstverständlich, zum Beispiel, wenn sich zwei Bergsteiger auf einem einsamen Berggipfel begegnen. Die Kombination von Einsamkeit und gleichen Interessen verbindet.

Grüßen verbindet aber nicht nur, es gehört in vielen Situationen schlicht zum guten Ton. Daher sollten Sie sich zu offiziellen wie inoffiziellen Anlässen angewöhnen, Menschen von sich aus zu grüßen. Außerdem ist eine freundliche Begrüßung für den Small Talk der beste Einstieg, um das Eis zu brechen.

Je kleiner die Runde der Anwesenden ist, umso unhöflicher wirkt es, die anderen zu ignorieren. Und das tun Sie, wenn Sie nicht grüßen.

Doch was, wenn die Gesellschaft aus hundert Leuten besteht? Hier ist es kaum möglich, alle einzeln zu begrüßen – und auch gar nicht sinnvoll. Wenn Sie hingegen auf einer kleinen Party oder zu einem anderen privaten Anlass eingeladen sind und weniger als 20 Gäste anwesend sind, sollten Sie möglichst alle begrüßen. Sind es mehr, gilt es möglichst viele der Anwesenden zu grüßen – auf jeden Fall alle, mit denen Sie sich unterhalten.

Andere taktvoll begrüßen

Je offizieller der Anlass, umso mehr kommt es auf Taktgefühl und „Benimm" an. Merken Sie sich folgende Regeln für die Begrüßung:

- Wenn Sie in einen Raum eintreten, ist es an Ihnen, die Begrüßung zu initiieren.
- Vergessen Sie nie, Gastgeber oder Initiatoren der Veranstaltung zu begrüßen. Bedanken Sie sich dabei gleich für die Einladung.
- Bei einer kleinen Runde begrüßen Sie möglichst alle mit Handschlag. Lieber einen zu viel, als einen zu wenig!
- Der Händedruck darf bestimmt, aber nicht zu stark sein. Sehen Sie dabei Ihrem Gegenüber in die Augen. Achtung: Bei Menschen aus anderen Kulturen, in denen kein Händedruck üblich ist (z. B. aus Asien), kommt es nur zu einem leichten kurzen Händedruck – oder Sie begrüßen die Anwesenden auf die jeweils landesübliche Art.
- Falls Sie sitzen: Erheben Sie sich, wenn eine Person auf Sie zukommt, Ihnen die Hand reicht oder Ihnen vorgestellt wird.
- Wen grüßen Sie zuerst? Hier gilt: Damen vor Herren, ältere Personen vor jüngeren, ranghöhere Personen vor rangniedrigeren. Wenn diese „Hierarchien" aus der Situation nicht klar hervorgehen und Sie nicht wissen, wo Sie anfangen sollen: Begrüßen Sie die nächststehende Person zuerst.
- Wenn Ihr Gegenüber einen Titel hat, sollten Sie ihn bei der Begrüßung nennen, zum Beispiel „Guten Morgen, Herr Professor Riebel." Personen mit öffentlichen Ämtern sprechen Sie mit Ihrer Funktionsbezeichnung an: „Guten Abend, Herr Bürgermeister/ Frau Ministerin."

Gewinnen mit der vierteiligen Begrüßung

In beruflichen Situationen begrüßen Sie unbekannte Personen selbstverständlich und stellen sich kurz vor. Ideal ist es, wenn Sie vor Beginn einer Veranstaltung die Gelegenheit dazu haben, ansonsten spätestens in der ersten Pause, falls es in der Veranstaltung selbst keine Vorstellungsrunde gab.

So einfach stellen Sie sich vor:

„Hallo, ich bin Regina Schröder aus der Marketingabteilung."

„Guten Tag, (Regina) Schröder (ist) mein Name. Sind Sie auch gleich bei der Besprechung dabei?"

„Hallo, ich glaube, wir kennen uns noch nicht. Regina Schröder ist mein Name; ich bin hier, um die Ideen aus der Marketingabteilung einzubringen."

Im Idealfall werden Sie die Begrüßung mit einer namentlichen Vorstellung verbinden, auch bei privaten Anlässen. Nach der Namensnennung bietet es sich eventuell an, eine kurze Erklärung zu Ihrer Person anzuhängen. Was Sie hier sagen, hängt von der Situation ab. So nennen Sie im beruflichen Umfeld Ihre Funktion oder Ihre Stellung im Unternehmen. Am besten ist es, wenn Sie einen Bezug zwischen Ihrem Erscheinen und dem Anlass herstellen können. Auf einer Party sprechen Sie vielleicht Ihre Beziehung zum Gastgeber an: „Ich bin die Nachbarin", oder: „Ich bin ein Freund von Amelie." Übrigens: Auf die altmodische Floskel „Darf ich mich vorstellen?" dürfen Sie verzichten. Wenn, dann stellen Sie damit andere vor: „Darf ich vorstellen? Das ist ..."

Gesprächstechnik: Die vierteilige Begrüßung

Eine für den Small Talk ideale Begrüßung besteht aus vier Elementen:

1. dem Gruß („Hallo", „Guten Tag" etc.),
2. einem höflichen Aufmerksamkeitssignal („ich glaube, wir kennen uns noch nicht"), das der Gesichtswahrung dient und in etwa besagt: „Begreife meine Anrede nicht als Grenzüberschreitung/Unhöflichkeit";
3. der Nennung des Namens und u. U. einigen Angaben zu Ihrer Person (z. B. Wohnort, Beruf, Stellung/Funktion im Unternehmen, Abteilung)
4. einer Bezugnahme zum Anlass, die wir „Situationsbrücke" nennen wollen („Ich bin hier, um ...", „Ich bin ein Freund/eine Bekannte von ...").

Mit der vierteiligen Begrüßung inklusive Situationsbrücke geben Sie Ihrem Gegenüber Gelegenheit:

- einen ersten Eindruck von Ihnen zu bekommen,
- sich Ihren Namen leichter zu merken,
- einen Anknüpfungspunkt für ein Gespräch zu finden.

Lektion 2: Hemmungen überwinden – Small Talk beginnen

Übung 8: Begrüßung und Vorstellung

Überlegen Sie sich Standardformulierungen für die ersten drei Elemente der vierteiligen Begrüßung und formulieren Sie sie schriftlich aus. Wie würden Sie sich in einem Satz selbst präsentieren, sodass es in möglichst vielen Situationen passt? Wie würden Sie sich in rein beruflichen Situationen vorstellen? Wie würden Sie sich auf einer Party vorstellen?

Machen Sie die Übung vor dem Spiegel oder mit einem Partner. Achten Sie darauf, dass Sie deutlich und nicht zu schnell sprechen sowie Blickkontakt zu Ihrem Gegenüber aufnehmen. Und dann probieren Sie es im Alltag und vor allem bei den „besonderen" Anlässen aus!

1. Meine Standardbegrüßung und Vorstellung für jede Situation:

_____

2. Meine Standardbegrüßung und Vorstellung für berufliche Anlässe:

_____

3. Meine Standardbegrüßung und Vorstellung bei einer privaten Einladung:

_____

Beim vierten Teil, der Situationsbrücke, können Sie natürlich nicht auf Standardformulierungen zurückgreifen. Hier müssen Sie spontan reagieren und rasch einen Bezug zur Situation herstellen. Trainieren Sie das Bilden von Situationsbrücken mit den folgenden zwei Übungen.

Übung 9: Situationsbrücke I

Diese Übung können Sie allein oder noch besser zu zweit durchführen. Überlegen Sie sich verschiedene Brücken für die folgenden Situationen, aus denen sich ein kleiner Small Talk entwickeln sollte (noch vor dem Fachgespräch). Ihr Partner übernimmt die Rolle des Vorgestellten.

1. Ein neuer Mitarbeiter aus einer anderen Abteilung stellt sich vor.

Situationsbrücke: _____

2. Ihr Chef führt einen Kunden, den Sie bisher nur vom Telefon kannten, in der Abteilung herum.

Situationsbrücke: _____

3. Sie sollen einem Praktikanten erklären, was in Ihrer Abteilung gemacht wird.

Situationsbrücke: _____

Überlegen Sie anschließend, welche Situationen in nächster Zeit auf Sie zukommen, bei denen Sie mit fremden Personen in Kontakt kommen (beruflich wie privat). Haben Sie zum Beispiel einen Termin mit neuen Lieferanten oder Kunden? Steht eine Besprechung mit Kollegen aus einer anderen Abteilung an? Führen Sie demnächst ein Gespräch mit einem Bewerber? Welche Situationsbrücke wäre in der jeweiligen Situation geeignet?
(Beispiele im Lösungsteil.)

Übung 10: Situationsbrücke II

Zu dieser Übung brauchen Sie einen Partner. Sie rufen sich abwechselnd verschiedene Begriffe zu, die einen Ort bezeichnen, zum Beispiel: „Bahnhof", „Mallorca", „zu Hause". An diesem Ort findet eine beliebige Begegnung statt, die der Partner ganz knapp thematisiert. Entwickeln Sie nun einen Gesprächsbeitrag mit Begrüßung, einer Vorstellung und einer passenden Situationsbrücke.
(Beispiele im Lösungsteil.)

Tipp Standardsätze, die Sie vorher einüben, geben Ihnen Sicherheit. Doch nicht immer können Sie die Situation so steuern, dass Sie das Eingeübte anbringen können, wie Sie es geplant haben. Bleiben Sie flexibel. Sie müssen weder alle Bestandteile hintereinander herunterrattern, noch sich an einzelne Formulierungen klammern. Merken Sie sich vor allem das inhaltliche Schema: begrüßen, eine höfliche, freundliche Formulierung verwenden, Ihren Namen und Ihre Funktion nennen, die Situationsbrücke bauen.

Beispiel: Small Talk mit vierteiliger Begrüßung

„Hallo, Regina Schröder mein Name, ich arbeite in der Marketingabteilung."
„Angenehm. Ich bin Paul Kuhn, von Forschung & Entwicklung."
„Freut mich, Herr Kuhn."
„Ach schön, dass ich mal jemanden vom Marketing kennen lerne. Denn leider habe ich selbst sehr wenig mit Ihrer Abteilung zu tun."
„Vielleicht haben wir uns deswegen noch nie gesehen. Werden Sie auch in das Projekt einsteigen?"
„Ja, ich arbeite im Prinzip schon an der Entwicklung der neuen Tischgeräte-Generation."
„Na, dann werden wir uns ja jetzt öfter sehen. Aber jetzt geht's hier wohl gleich los."

Das Gesprächsklima anwärmen

Bei der Begrüßung senden wir eine Menge Signale aus, die unserem Gegenüber zeigen, wie wir zu ihm stehen. Zur gleichen Zeit sagen diese Signale auch etwas über uns aus. Solche Signale sind zum Beispiel:

- ein Lächeln,
- Blickkontakt,
- Zuwendung mit dem Körper,
- ein Händedruck oder eine Umarmung.

Höflichkeit, Aufmerksamkeit und Zuwendung können Sie aber auch mit ein paar freundlichen Worten signalisieren. Einige Wendungen stellen wir Ihnen jetzt vor.

Gesprächstechnik: Mit höflichen Redewendungen andere begrüßen und kennen lernen

Wenn Sie als Erster grüßen, also die Initiative ergreifen, können Sie zum Beispiel so formulieren:

„Ich glaube, wir haben uns noch nicht begrüßt. Guten Tag, mein Name ist …"

„Ich glaube, wir kennen uns noch nicht? Hallo, mein Name ist …"

Wenn Sie von jemandem begrüßt werden, der Ihren Namen nicht nennt, können Sie so reagieren:

„Guten Tag. Ich glaube, wir kennen uns noch nicht."

Wenn sich Ihr Gegenüber dann immer noch nicht namentlich vorstellt, fahren Sie eventuell fort mit:

„Mein Name ist …"

Etwas lockerer: „Ich bin (jedenfalls) die/der …"

Bei dieser Technik kann sich Ihr Gegenüber allerdings kaum der gegenseitigen Vorstellung entziehen.

Wenn sich Ihr Gegenüber als Erster vorstellt, reagieren Sie darauf zum Beispiel folgendermaßen:

„Angenehm. Ich bin …"

„Freut mich, XY mein Name …"

„Schön/nett, Sie kennen zu lernen, Herr/Frau …, ich bin …"

Wenn Sie sich nicht vom Sehen her, aber durch telefonischen Kontakt oder über Erzählungen kennen, können Sie anfügen:

„Ach, wie schön/Freut mich, Sie einmal persönlich kennen zu lernen, Herr …/Frau …. Ich bin …."

Sie brauchen nicht zu befürchten, dass Redewendungen dieser Art abgedroschen klingen. Sie sind Elemente einer Konvention und wir benutzen sie als Signal der Höflichkeit und Freundlichkeit. Allerdings spielt der Tonfall eine entscheidende Rolle. Kommt ein „Freut mich" nicht von Herzen, wird die Begrüßung als Ganzes auch nicht freundlich klingen – und der Gesprächspartner merkt dies sofort.

Achten Sie auf Angemessenheit!

Sie können sich nicht darauf verlassen, dass Höflichkeitsfloskeln immer gut ankommen. Je nach Gesellschaft und Umgebung gelten nämlich andere Konventionen der Begrüßung und des Umgangs miteinander. Was zum Beispiel auf einem Empfang gut ankommt, kann auf einer Party völlig befremdlich wirken oder zur Lachnummer werden. So dürfte, wenn Sie in lockerer Atmosphäre unter lauter Gleichaltrigen sind, die Reaktion „Angenehm, Paul Müller" auf die Begrüßung: „Hi, ich bin Speedy" eher deplaziert wirken (es sei denn, Sie wollen sich bewusst schräg positionieren).

Beobachten Sie, welchen Umgang die Anwesenden miteinander pflegen. In der Regel werden Sie den vorherrschenden Ton dann automatisch „erspüren". Wenn Sie trotzdem Anhaltspunkte brauchen, in welcher Art von Gesellschaft (eher locker, eher konventionell etc.) Sie sich bewegen, achten Sie auf folgende konkrete Signale:

- Duzen oder siezen sich die Anwesenden prinzipiell?
- Wie begrüßen sich die anderen Personen, vor allem die, die sich offensichtlich nicht kennen?
- Gibt es erkennbare Hierarchien oder reden hier alle von Gleich zu Gleich?
- Welches Alter haben die Anwesenden (Ihr Alter, jünger, älter) und fallen eventuell vorhandene Altersunterschiede ins Gewicht?
- Über was wird geredet und wie?

Tipp Vielleicht möchten Sie nach der Begrüßung gleich ein kurzes Gespräch starten. Suchen Sie dafür nach einem Gesprächsaufhänger, der sich aus der Situation ergibt. Das mag zwar oft relativ belanglos sein, ist aber am unverfänglichsten.

Gesprächsaufhänger nach der Begrüßung

Selbst wenn Sie die Anwesenden nicht kennen, gibt es eine Reihe von Gesprächsaufhängern, die Sie im Zuge der Begrüßung einsetzen können. Je nach Situation sind zum Beispiel folgende Aufhänger geeignet:
Party/Einladung:
„Woher kennen Sie … (den Gastgeber)?"
Wenn Sie jemanden mit Teller sehen:
„Wo finde ich denn das Buffet hier …?"
„Auch unterwegs zum Buffet?"
„Wissen Sie, wo ich so ein schönes kühles Bier bekommen kann?"
„Wer hat denn all die leckeren Sachen gemacht?"
Immer ein guter Aufhänger: Ihr Gegenüber kommt Ihnen bekannt vor. Fragen Sie:
„Kennen wir uns nicht vom letzten Fest?"
„Haben wir uns nicht auf der Buchmesse getroffen?"
„Kann es sein, dass wir uns schon mal begegnet sind?"
Bei Veranstaltungen:
„Kennen Sie den Ablauf?"
„Wissen Sie, wer als nächstes redet?"
„Haben Sie eine Ahnung, wie lange das heute dauern wird?"
Weitere Hinweise für Gesprächsaufhänger finden Sie im Kapitel „Den richtigen Aufhänger finden" (Seite 98). Zum Abschluss machen Sie noch folgende Übung zur Begrüßung.

Übung 11: Begrüßungssituationen trainieren
Trainieren Sie Begrüßungssituationen im Rollenspiel mit Partner/in.
Wir nennen Ihnen fünf verschiedene Anlässe. Tauschen Sie die Rollen, verändern Sie die Situationen oder denken Sie sich neue aus. Versuchen Sie dann, in vergleichbaren Situationen mit Menschen in Kontakt zu kommen. Benutzen Sie dazu die vierteilige Begrüßung.
Situation 1: In der Oper/im Konzert/im Theater, 10 Minuten vor Beginn. Ein junger Mann ohne Begleitung setzt sich neben Sie.
Situation 2: Die Besprechung beginnt in zwei Minuten. Neben Sie setzt sich ein Herr, der offensichtlich von der eingeladenen Firma kommt, und kramt seine Unterlagen hervor.
Situation 3: Betriebsfeier. Sie kommen etwas später und es ist nur noch ein Platz frei. Am Tisch sitzen zwei junge Frauen, die Sie kaum kennen. Vielleicht aus der Buchhaltung? Das Essen hat noch nicht begonnen, Getränke stehen bereits auf dem Tisch. Die beiden Damen lächeln Ihnen zu und begrüßen Sie.

Situation 4: Partyeinladung. Sie stehen vor der Tür und klingeln. Sie kennen die Verhältnisse des Gastgebers nicht, da Sie als Freund eines Freundes eingeladen sind. Eine Frau macht auf und begrüßt Sie mit den Worten: „Hallo, nur herein. Ich bin Britta."

Situation 5: Vertriebsmeeting, es ist gerade Pause. Ein neuer Außendienstmitarbeiter, dessen Namen Sie wieder vergessen haben, gesellt sich am Getränkeautomat zu Ihnen.

Zu einer Gruppe dazustoßen

Wie gehen Sie vor, wenn Sie in eine Gesellschaft kommen, in der sich alle angeregt unterhalten? Sie werden sich hüten hereinzuplatzen, Ihren Namen laut zu verkünden und die ganze Runde aufhorchen zu lassen.

> **Tipp** Wenn Sie sich zu einer Gruppe gesellen, gilt: Erst zuhören, die Situation erkennen, dann bei passender Gelegenheit unaufdringlich Einzelne begrüßen und sich vorstellen.

Weitere Hinweise, wie Sie Situationen besser einschätzen können, finden Sie in Lektion 6 (Situationsanalyse, Seite 165).
Wenn Sie Schwierigkeiten haben, an Personen heranzukommen, um sie zu begrüßen, versuchen Sie Folgendes:

- Sie suchen die Nähe des Gastgebers/Initiators und warten eine Gelegenheit ab, ihn/sie zu begrüßen. Hier ergibt sich vielleicht die Gelegenheit, andere kennen zu lernen.
- Auf Personen, die aufblicken, wenn Sie den Raum betreten, reagieren Sie sofort mit „Hallo/Guten Tag ..." oder nicken ihnen kurz zu.
- Gesellen Sie sich zu Personen, die erkennbar allein oder verloren herumstehen, vielleicht sind sie dankbar für ein Gespräch.
- Am Buffet oder an der Bar ergibt sich in der Regel immer Gelegenheit, jemanden zu treffen. Begrüßen Sie Ihre Nachbarn, während Sie sich gemeinsam bedienen.
- Stellen Sie sich zu einer Gruppe, in der Sie jemanden kennen, und versuchen Sie Blickkontakt zu dieser Person aufzunehmen. Sagen Sie in einer Gesprächspause „Hallo, XY". Wenn Sie Glück haben, wird Ihr/e Bekannte/r Sie jetzt den anderen vorstellen. Falls nicht, sollten Sie dies selbst tun.

Lektion 2: Hemmungen überwinden – Small Talk beginnen

- Achten Sie auf die Körperhaltung der Anwesenden. Wenn eine Gruppe erkennbar abgeschlossen erscheint und es rein räumlich schwierig wird, sich dazuzustellen und wahrgenommen zu werden, suchen Sie lieber eine Gruppe auf, die offener ist. (Dazu mehr Hinweise auf Seite 200.)

- Wenn in einer Gruppe das Gespräch in vollem Gange ist, hören Sie zuerst nur zu. Ergreifen Sie in der nächsten Gesprächspause, vor der ein Thema erkennbar abgehandelt wurde, das Wort, begrüßen Sie die anderen und stellen Sie sich kurz vor. Auch hier sind höfliche Floskeln angebracht: „Hallo allerseits, Ines Makowski. Störe ich?"

- Sie können auch zuerst etwas zum Thema beitragen, wenn es sich ergibt, und sich anschließend vorstellen, zum Beispiel: „Ach, der Umbau im dritten Stock ist immer noch nicht abgeschlossen? Wir vom Marketing sind ja jetzt im Nebengebäude und bekommen das gar nicht mehr so mit. Ich bin übrigens Ines Makowski, hallo/guten Tag."

Lektion 3: Mit diesen Themen kommen Sie an

Hier erfahren Sie, worüber Sie im Small Talk sprechen können, ohne sich in die Nesseln zu setzen. Gut Wetter macht ein Gespräch übers Wetter – doch Politik ist tabu. Entscheidend bleibt letztlich das Wie: Wenn Sie sich geschickt anstellen, kann sogar die Briefmarkensammlung zum Renner werden.

Gut Wetter! Das Verbindende zählt

Nach der Begrüßung geht der Small Talk los. Jetzt will das Gespräch in Gang gebracht werden, sprich, jemand sollte ein Thema aufbringen. Hier gibt es drei klassische Möglichkeiten:

- Sie warten darauf, dass jemand den Anfang macht.
- Sie schneiden selbst das erste Thema an und prüfen, ob Ihr Gegenüber oder die anderen Anwesenden darauf anspringen und einsteigen.
- Sie tasten sich mit Fragen vor, bis Sie ein gemeinsames Thema gefunden haben (dazu mehr in Lektion 4).

Wenn Sie noch nicht „warm" sind und in einer größeren Runde stehen, hat es sich bewährt, anderen den Vortritt zu lassen. Es kommt jedoch gut an, wenn Sie selbst aktiv werden und ein Thema beginnen. Verschiedene aktuelle Themen sollten Sie daher immer parat haben.

Worüber reden Sie, wenn Sie die Anwesenden kaum kennen? Eine echte Herausforderung, denn Ihnen fehlt eine gemeinsame Kommunikationsgeschichte, auf der Sie aufbauen könnten. Sie wissen nicht,

- wer die Person gegenüber ist,
- welchen Hintergrund sie hat (Bildung, Erfahrung, beruflicher Werdegang)
- was sie interessiert,
- was sie mag und was nicht,
- und was Sie mit ihr verbinden könnte.

Die Kunst besteht darin, ein Thema zu finden, das Sie beide interessiert. Das Verbindende in einem Gespräch wird nämlich über gemeinsame Interessen und über Sympathie geschaffen (darauf werden wir noch öfter zu sprechen kommen). Themen, die für Kontroversen sorgen, sind für die Phase des Kennenlernens ungeeignet (siehe Tabuthemen, Seite 88).

Das Wetter passt fast immer

Über das Wetter können Sie mit jedem Menschen und in fast allen Situationen reden. Aus gutem Grund: Schon immer waren Wetter und Witterung von kollektivem Interesse. Der bäuerliche Tagesablauf und das Auskommen ganzer Dörfer waren einst stark von Wetter und Witterung abhängig. Kein Wunder, dass die Bauern früher als Wetterexperten galten.

Heute sind es die Meteorologen, deren Urteil wir vertrauen. Letztlich jedoch fühlen wir uns beim Thema „Wetter" alle mehr oder weniger kompetent: Schließlich hat jeder Gelegenheit, das Wetter ein Leben lang zu beobachten.

> **Tipp** Bemerkungen zum aktuellen Wetter sind besonders unmittelbar nach der Begrüßung und bei der Verabschiedung zu empfehlen.

Das Schöne an einem Wettergespräch: Die Menschen sind sich dabei meist einig. Alle freuen sich über sonnige Tage, über Schnee zu Weihnachten und die erste Wärme an Ostern. Und alle ärgern sich über Dauerregen und fürchten sich vor Glatteis. Ob Sie sich also anerkennend über den wunderschönen blauen Herbsthimmel oder bedauernd über die frühe Kälte äußern, Sie werden in der Regel Zustimmung erhalten. Soll jedoch beurteilt werden, ob ein Sommer verregnet war oder ob der späte Dauerfrost die Blüte beeinträchtigt hat, gibt es schon wieder unterschiedliche Meinungen – bei diesem harmlosen Thema ist das freilich nicht weiter schlimm.

Beispiel

Herr Krause sagt nach der Mittagspause zu seiner Kollegin: „Oh, Sie sind aber nass geworden, Sie Ärmste! Regnet es immer noch so stark?"

Frau Link: „Ja, und wie, es schüttet – da hilft kein Schirm mehr. Wirklich blöd!"

Herr Krause: „Das ist ein furchtbares Wetter! Und es sieht auch so richtig nach Dauerregen aus."

Frau Link: „Stimmt, es soll so bleiben. Heute Morgen habe ich den Wetterbericht gehört; erst am Sonntag wird der Regen nachlassen."
Herr Krause: „Mal wieder typisch. Am Montag, wenn wir im Büro sitzen, haben wir dann wahrscheinlich den schönsten Sonnenschein."
Frau Link: „Tja, das wäre ärgerlich. Aber Hauptsache, es regnet nicht wochenlang. Und um diese Jahreszeit hat man ja nach Büroschluss auch noch etwas von der Sonne."
Herr Krause: „Das stimmt. Außerdem ist der Regen für die Bauern ganz gut."
Frau Link: „Ja? Na, dann wollen wir nicht weiter jammern – der Sommer war ja bisher wirklich schön."
Herr Krause: „Stimmt. Ich kann Sie um halb sechs zur U-Bahn mitnehmen, weil ich heute noch kurz zum Baumarkt fahre."
Frau Link: „Das ist ja prima, dann bis später!"

Tipp Sie können selbst in einem scheinbar belanglosen Gespräch über das Wetter viel über den anderen erfahren. Etwa, ob er eher zu einer pessimistischen oder eher zu einer optimistischen Haltung neigt. Sie selbst geben auch etwas von sich preis. Lamentieren Sie also nicht zu viel über schlechtes Wetter.

Bauernregeln, Siebenschläfer und Co.

Die Prognosen des Wetterberichts können Sie in einem Small Talk immer anbringen, besonders für das Wochenende. Interessanter gestalten können Sie Ihren Wettertalk mit Wetterregeln. Als „Wetterspezialist" werden Sie bestimmt interessierte Zuhörer haben.

Wetterregeln

Schon im Altertum brachten die Menschen in volkstümlichen Sprüchen, den Bauernregeln, ihre Wetterbeobachtungen und -prognosen auf den Punkt. Nicht alle kennen heute noch deren Bedeutung. Vielleicht können Sie bei nächster Gelegenheit einen passenden Spruch anbringen.
„Abendrot – Gutwetterbot'."
„Morgenrot – Schlechtwetter droht."
„Nordwind, der bei Nacht entsteht, bis zum dritten Tag vergeht." (Aus einer griechischen Schrift, 3. Jh. vor Chr.)

„Winterstaub und Frühjahrsregen bringt, Camill, dir Erntesegen."
(Altrömische Bauernregel)
Zum 1. Mai (Walpurgisnacht): „Ist die Hexennacht voll Regen, wird's ein Jahr mit reichlich Segen."

Bauernregeln für jeden Monat

(Vorsicht: Nicht alle sind ernst zu nehmen!)
„Januar muss vor Kälte knacken, wenn die Ernte gut soll sacken."
„Ist es zu Dreikönig hell und still, der Winter vor Ostern nicht weichen will."
„Mücken, die im Februar summen, gar oft auf lange Zeit verstummen."
„Ein feuchter, fauler März ist des Bauern Schmerz."
„Bleibt der April recht sonnig und warm, macht er den Bauern auch nicht arm."
„Ist der Mai kühl und nass, füllt's dem Bauern Scheune und Fass."
„Bleibt der Juni kühl, wird dem Bauern schwül."
„Einer Reb' und einer Geiß ist's im Juli nie zu heiß."
„Wenn's im August stark tauen tut, bleibt das Wetter meistens gut."
„Viel Eicheln im September, viel Schnee im Dezember."
„Oktobermück' bringt keinen Sommer zurück."
„Allerheiligen feucht, wird der Schnee nicht leicht."
„Dezemberwärme hat Eis dahinter."
Und für alle, die es nicht glauben wollen: „Mitte Mai ist der Winter vorbei."

Siebenschläfer

Der 27. Juni ist ein sogenannter Lostag, an dem das künftige Wetter sichtbar werden soll. Regnet es an Siebenschläfer, soll es angeblich auch die folgenden sieben Wochen regnen. Diese Bauernregel leitet sich von einer Legende ab: Danach flohen sieben Brüder während der Christenverfolgung in eine Höhle. Doch wurden sie darin eingemauert und sanken in Schlaf. Nach rund 200 Jahren erwachten sie schließlich wieder, bezeugten ihren Glauben und wurden Heilige. In anderen Ländern übrigens ist der Siebenschläfer genau einen Monat später. Da im Mittelalter ein anderer Kalender eingeführt wurde, ist schwer zu entscheiden, ob heute die Lostage überhaupt auf den „richtigen" Daten liegen.

Die Eisheiligen

Gibt es über die Tage Mitte Mai einen Kälteeinbruch, liegt es an den „Eisheiligen". Dabei sollen die Patrone – Pankratius (12. Mai), Servatius (13. Mai), Bonifatius (14. Mai) und Sophia (15. Mai) – eigentlich die Ernte schützen: Die „Kalte Sophie" ist zuständig für das Wachsen der Feldfrüchte und soll Spätfröste abhalten. Auch Pankratius kann sich nicht aus der Verantwortung ziehen, ist er doch Schutzpatron der jungen Saat und Blüte, während Bonifatius' (von Tarsus) Aufgabe im Dunkeln bleibt. Die Bayern warnen in wenig respektvollem Ton vor den Gedenktagen der Heiligen:

> „Pankrazi, Servazi, Bonifazi
> sind drei frostige Bazi,
> und am Schluss fehlt nie
> die kalte Sophie."

Hundstage

Das ist der Zeitraum zwischen dem 23. Juli und 24. August. Dann steht die Sonne in der Nähe des Hundssterns (Sirius). Die Schönwetterperiode mit besonders heißen Tagen, die die alten Griechen dabei im Sinn hatten, hat sich inzwischen etwas nach vorne verschoben – in der Regel beginnt die intensive Sommerhitzewelle schon Mitte Juli oder sogar noch früher.

Übung 12: Über das Wetter sprechen

Über das Wetter können Sie immer reden. Damit das Ganze nicht langweilig wird, überlegen Sie sich ein paar nicht alltägliche Bemerkungen zum Wetter.

1. Tagelang hat die Sonne geschienen, aber am Nachmittag des Gartenfests gibt es ein kräftiges Gewitter. Als Sie etwas später kommen, lugt die Sonne schon wieder hervor.

---

2. Nach einem verregneten Frühling wollen Sie eine/n Kollegen/in aufmuntern, der/die unter dem Dauerregen recht leidet.

---

3. Der Frost ist zurückgekehrt, aber die Eisheiligen sind noch weit entfernt.

---

4. Heute ist Siebenschläfer. Spielen Sie Wetterbericht.

Überlegen Sie sich außerdem ein paar originelle Wetteranalysen, suchen Sie im Internet nach Wetterregeln oder erfinden Sie eigene nach dem Motto: „Kräht der Hahn früh auf dem Mist, ändert sich das Wetter oder es bleibt, wie es ist." (Vorschläge finden Sie im Lösungsteil.)

Angrenzende Themen

Das Wetter hat großen Einfluss, nicht nur auf Landwirtschaft und Tourismus, sondern auch auf den Verkehr, unsere Freizeitgestaltung und unser Wohlbefinden. Sie können daher vom Wetter spielend leicht zu diesen angrenzenden Themen überleiten, die in der Regel auch für einen Small Talk geeignet sind.

Das Wetter und angrenzende Themen:

- Wetterlage
- Wettervorhersage
- Wetterhistorie
- Wetterphänomene
- Lichtverhältnisse
- Gesundheit
- Landwirtschaft
- Verkehr
- Freizeitgestaltung
- Urlaub
- Garten

Gesprächstechnik: Übers Wetter zu anderen Themen kommen

Vom Wetter zur Arbeit: „Müssen Sie bei diesem schönen Wetter auch den ganzen Tag im Büro sitzen?" Oder: „Das macht keinen Spaß, bei diesem Nebel Auto zu fahren. Haben Sie einen weiten Heimweg?"

Vom Wetter zum Urlaub: „So ein trockenes Wetter hatte ich bei meinem Urlaub an Pfingsten – waren Sie auch weg in den Ferien?"

Vom Wetter zu Freizeit, Hobbys und Sport: „Bei diesem Wetter fällt mein Wochenend-Programm wohl aus – es ist viel zu heiß zum Joggen." Oder: „Was planen Sie bei diesem schönen Wetter am Wochenende?"

Vom Wetter zum Familienleben: „Wenn es so schön bleibt, freut sich mein Sohn Leo, denn dann gibt's ein schönes Gartenfest zu seinem Geburtstag."
Vom Wetter zum Ort: „Oben schönstes Wetter, unten Nebel. Diese Inversionslage kenne ich von Freiburg, da war letzten Herbst der Kongress." „Heute ist angeblich Föhn. Woran erkennt man das eigentlich? Kennen Sie sich als Münchner da aus?"
Vom Wetter zu Straßenverhältnissen, Verkehr, Autos: „Von Dortmund bis Frankfurt hat es ordentlich geschüttet. Hatten Sie auch so schlechtes Wetter bei Ihrer Anreise?" Oder: „Jetzt kommt man um die Winterreifen wohl nicht mehr herum." Oder: „Haben Sie ein Auto mit Klimaanlage? Das kann man ja zurzeit gut gebrauchen."

Übung 13: Themenwechsel üben
Üben Sie nach diesem Muster elegante Themenwechsel.
Sprechen Sie über Schnee und wechseln Sie dann zu Ihrem Hobby/Ihrem Lieblingssport;
über Frost – dann über Autofahren;
Dauerregen – Sport;
schönes Wetter – Wochenendplanung,
Wassertemperaturen – Urlaubsplanung,
Herbstlicht – Fotografie/Malerei.
Sie können diese Übung auch mit einem Partner machen. Er gibt Ihnen Stichworte zum aktuellen Wetter und zum neuen Themenbereich vor. Sie formulieren dann einen passenden Übergang.

Die Klimakatastrophe ist heikel!

Anders müssen Sie mit Wetterkatastrophen im Small Talk umgehen. Ausführungen zu Überschwemmungen, der Klimaerwärmung und dem Treibhauseffekt sollten Sie eher vermeiden, da dies zu negativ für einen Small Talk ist.
Wenn über ein solches Thema geredet wird und Sie merken, dass sich die Stimmung verschlechtert, sollten Sie umgehend das Thema wechseln.

Beispiel

Herr Meier auf einer Party. Er schaut betroffen aus dem Fenster und wendet sich dann wieder, sichtlich erregt, seinen Gesprächspartnern zu: „Können Sie sich noch an die Flutkatastrophe von 2001 erinnern? Jetzt regnet es schon wieder so heftig – diese Mengen sind doch nicht normal, oder? Jedes Jahr haben wir jetzt fast irgendwo eine Überschwemmung. Alle reden von Klimapolitik, aber was passiert? Nichts!"

Da wendet Herr Hilbig sanft ein: „Da haben Sie Recht, es wird immer noch zu wenig getan. Und wir werden weiter mit solchen Katastrophen rechnen müssen. Was mich aber in solchen Ausnahmesituationen immer wieder überrascht, ist die Riesensolidarität über weite Bevölkerungskreise hinweg."

Hier erhält Hilbig Zustimmung aus der Runde. Dann fährt er fort: „Apropos Spenden – gestern habe ich im Fernsehen diese Gala gesehen mit einer ganz jungen Moderatorin – hat das jemand von Ihnen zufällig auch angeschaut?"

Die Standard-Themen richtig anpacken

Irgendwann hat sich das Wetterthema erschöpft. Wollen Sie auf einer Gesellschaft gewinnbringende Kontakte knüpfen, müssen Sie auch mit anderen Themen aufwarten können.

Du sollst unterhalten!

Entscheidend ist, wie Sie über Ihr Thema sprechen. Die oberste Maxime ist: Sie müssen Ihre Zuhörer unterhalten! (Siehe auch Regeln zum Gesprächsstil, ab Seite 163). Lassen Sie Ihr Thema nicht trocken daherkommen. Suchen Sie nach den amüsanten, überraschenden, unerwarteten Momenten.

Beliebt sind etwa:

● Hintergrundinformationen,
● für den Alltag nützliche Ratschläge und Warnungen,
● Pleiten und Pannen, die das „Menschliche" betonen,
● Geheimtipps,
● Anekdoten und witzige Geschichten,
● Gerüchte und Branchengeflüster.

Welches Thema passt, hängt natürlich immer von den Vorlieben Ihres Gegenübers und vom gesellschaftlichen Rahmen ab. Sicher können Sie auch mit dem harmlosesten Thema richtig danebenliegen: Es nützt Ihnen nichts, von Ihrer Katze zu erzählen, wenn Sie einem Allergiker gegenüberstehen, für den Katzenhaare ein Graus sind.

Was ein gutes Thema ausmacht

Aber es gibt Themen, mit denen Sie so gut wie immer landen. Wie muss ein solches Thema beschaffen sein?

- Es spricht viele Menschen an,
- setzt weder hohe Bildung noch Spezialwissen voraus,
- entstammt dem Alltagsleben,
- ist positiv besetzt,
- diskriminiert keinen der Anwesenden
- und ist auch sonst nicht konfliktträchtig.

Hier eine Auswahl, die keinen Anspruch auf Vollständigkeit erhebt:

- Beruf und Ausbildung
- Partnerschaft und Familie
- Orte
- Urlaub und Reisen
- Freizeitaktivitäten
- Wohnen und Lebensstil
- Einkaufen und Preise
- Gesundheit und Wellness
- Natur und Landschaften
- Tiere
- Wetter
- Sehnsüchte und Träume
- bekannte Künstler und Prominente
- sportliche, kulturelle und andere öffentliche Ereignisse

Im Folgenden stellen wir Ihnen einige ausgewählte Themenkomplexe näher vor. Wir sagen Ihnen auch, wie Sie über die Themen sprechen, denn das ist mindestens so wichtig wie der Inhalt. Sie finden hier also Gesprächstechniken – ein Thema, das wir in der nächsten Lektion vertiefen. Und damit Sie Ihr Wissen auch gleich ausprobieren können, gibt es natürlich auch wieder Übungen dazu.

Über Beruf und Ausbildung reden

Ihr Beruf interessiert die meisten Menschen. Voraussetzung ist, dass Sie spannend davon erzählen. Sie können alles Mögliche über Ihren Job berichten – solange es von *allgemeinem Interesse* ist. Ähnlich ist es mit der Ausbildung. Auch hier zählt nicht das Fachwissen, sondern das, was andere, die mit diesem Gebiet noch nie etwas zu tun hatten, daran interessieren könnte.

Beispiele

Wenn Sie etwa Germanistik studiert haben, erzählen Sie im Small Talk natürlich nicht, welche wissenschaftliche Methodik Sie bei der Analyse von Günter Grass' „Blechtrommel" angewendet haben. Schildern Sie lieber, was für Sie die Literatur bedeutet. Oder berichten Sie davon, welche Kenntnisse aus dem Studium Ihnen heute helfen, Ihren Job gut zu machen. Ein gutes Werk zu empfehlen käme in diesem Zusammenhang sicher auch gut an.

Als Softwareentwickler sprechen Sie nicht über Programmiersprachen und wie schwer es ist, die verschiedenartigen Anforderungen Ihrer Kunden unter einen Hut zu bringen. Erklären Sie Ihren Zuhörern, was Sie von der Sicherheit des Internets halten und empfehlen Sie ein gutes Antivirenprogramm.

In Gesprächen sollten wir immer das Verbindende suchen. Kein Wunder, dass die Schulzeit daher ein geeignetes Thema ist. Vor allem unter Gleichaltrigen tauscht man gerne Erinnerungen an die Schul- oder Studentenjahre aus: „Was war das für eine Aufregung, als die gesammelte Mannschaft hinter dem Schultor rauchte und plötzlich der Müller kam und Verweise erteilte. Da gab's zu Hause ja auch noch mal mächtig Ärger!"

Lehrer beurteilen wir im Rückblick meist anders als früher, wesentlich milder und positiver. Dennoch hat es dieser Berufsstand in der öffentlichen Meinung oft schwer. Auch wenn es bei vielen beliebt ist: Hüten Sie sich davor, in einem Small Talk abfällig über bestimmte Berufsstände zu sprechen. Man weiß nie, wer in der Runde steht.

Vorsicht ist auch geboten, wenn der Kreis der Anwesenden auf ein sehr heterogenes Bildungsniveau schließen lässt. Schließen Sie andere nicht durch literarische, philosophische oder sonstige Anspielungen vom Gespräch aus.

Berufliche Erfolgsstorys jedoch sind meist beliebt – so lange niemand damit prahlt. Viele finden es beispielsweise interessant, etwas über die Vor- und Nachteile der Selbstständigkeit zu erfahren. Viele Angestellte bewundern den Mut von Freiberuflern oder Selbstständigen und können sich nur schwer vorstellen, wie man „aus dem Nichts heraus" Fuß fassen kann.

> **Tipp** Vorsicht, wenn jemand abwehrend auf das Berufsthema reagiert: Für Menschen in einer schwierigen wirtschaftlichen Lage oder für Arbeitslose kann ein Gespräch darüber sehr unangenehm sein. Sensibilität für die Situation des Gesprächspartners ist immer gefragt – auch bei scheinbar unverfänglichen Themen!

Tabus im Berufstalk

Beim Thema „Beruf" sollten Sie Folgendes vermeiden:
- das Verbreiten von Unternehmensinterna und Berufsgeheimnissen,
- Klagen über schlechte Arbeitsbedingungen,
- Lamentieren über die schlechte Auftragslage oder schlechte Gewinne bei Selbstständigen,
- das Schlechtmachen eines Berufsstandes,
- fachliche Streitgespräche,
- Fragen nach dem Gehalt.

Gesprächspsychologie: Berufstalk

Erforschen Sie Gemeinsamkeiten: „Ich bin zwar in einer ganz anderen Branche, aber auch bei uns sollen jetzt so mobile Arbeitsplätze entstehen. Wie sind denn Ihre Erfahrungen?"

Erwähnen Sie nachahmenswerte Beispiele: „Bei mir um die Ecke wurde auch vor ein paar Jahren so ein kleiner Laden gegründet – er hatte ein ganz interessantes Konzept ..."

Sprechen Sie über Seminare oder Kurse, die für den anderen interessant sein könnten, oder fragen Sie danach: „Kennen Sie einen guten Teamcoach? Wir suchen nämlich gerade ..."

Tauschen Sie sich mit Managern über Vorbilder aus; lesen Sie hin und wieder mal eine Biographie herausragender Wirtschaftspersönlichkeiten, die Sie persönlich ansprechen – und erzählen Sie, was Ihnen gefallen hat: „Letztens habe ich die hochinteressante Biographie von ...

gelesen." Noch besser, Sie merken sich aus dieser Lektüre gute Leitsätze und Zitate, die zum Austausch anregen.

Wecken Sie den Berufsstolz der Menschen: „Wie viele Bäder, glauben Sie, haben Sie wohl schon so eingebaut in Ihrem Leben?"

Zeigen Sie Verständnis für die speziellen Anforderungen: „Das ist sicher auch anstrengend, den ganzen Tag nur stehen ..."

Zeigen Sie Anerkennung, indem Sie die Kompetenz des anderen herausheben: „Sie haben da ja schon Erfahrung – glauben Sie, dass ich mit dem neuen Powerpoint leicht zurechtkomme?"

Vermeiden Sie Vorurteile: „Sicher gibt es auch bei den Stadtwerken nicht mehr die beamtenähnlichen Zustände. Man wird dort auch immer mehr an wirtschaftlichen Kriterien gemessen, oder?"

Vermengen Sie Privates und Berufliches nicht!

Interesse an der Tätigkeit des anderen zu zeigen ist etwas anderes, als den Gesprächspartner als „Ratgeber" zu missbrauchen. Eitle Menschen fühlen sich dadurch vielleicht geschmeichelt, aber die wenigsten Fachleute schätzen es, wenn sie im privaten Rahmen umsonst Auskünfte erteilen sollen. Bitten Sie also z. B. Anwälte niemals direkt um einen rechtlichen Rat nach dem Motto: „Mein Vermieter will die Heizungsreparatur nicht bezahlen – was mache ich jetzt?" (Lieber bitten Sie um einen Termin.) Nutzen Sie die Gelegenheit eines lockeren Talks in angenehmer Umgebung vielmehr dazu, eine gute persönliche Beziehung aufzubauen. Die kann dann Basis für einen Geschäftskontakt sein.

Übung 14: Andere vom beruflichen Know-how profitieren lassen
Überlegen Sie, was Sie anderen von Ihrem Beruf erzählen können. Worin sind Sie Spezialist? Was haben Sie durch tägliche Routine perfektioniert, wovon andere in ihrem Alltag profitieren könnten? Vielleicht haben Sie besonders oft Umgang mit Behörden und wissen, wie man gute Beziehungen zu Ämtern aufbaut? Oder Sie telefonieren viel und haben ein paar Tipps parat, wie man unangenehme Gespräche (etwa Reklamationen) souverän führt? Überlegen Sie, wie Sie Ihre Ratschläge formulieren und bei welchen Themen Sie sie anbringen könnten.

Wer mit wem? Partnerschaft und Familienleben

„Haben Sie auch Kinder?" „Sind Sie alleine hier?" Solche Fragen sind im Small Talk keineswegs zu intim. Denn ob man eine Familie hat, verheiratet, geschieden oder Single ist, das interessiert die meisten Menschen. Daher können Sie sich immer nach den Lebensverhältnissen Ihres Gegenübers erkundigen.

Aber Vorsicht: Erstens dürfen Sie nicht zu intim werden; stellen Sie nur Fragen, die Sie selbst auch zulassen würden. Und zweitens: Der Small Talk ist kein Verhör. Lassen Sie nicht eine persönliche Frage nach der anderen los nach dem Motto: „Wo wohnen Sie? Was machen Sie? Sind Sie verheiratet? Wie viele Kinder?" Das weckt nicht nur Misstrauen, so kann auch kein echter Dialog aufkommen.

Wenn Sie aufmerksam zuhören, erfahren Sie auch nebenbei viel über die Lebensverhältnisse Ihres Gesprächspartners: So lassen sich etwa von bestimmten Lebensgewohnheiten meist auch Rückschlüsse auf die Familienverhältnisse der betreffenden Person ziehen.

Im Folgenden einige elegante Lösungen, wie Sie im Gespräch Ihre Neugier befriedigen können.

Gesprächstechnik: Lebensverhältnisse erkunden

Technik 1: Sie setzen – ganz ohne Wertung – bestimmte Lebensverhältnisse voraus und warten ab, wie der andere darauf reagiert.

Ihr Gegenüber spricht gerade über seine Hobbys: „Ich spiele Handball und zurzeit haben wir jeden Samstag ein Spiel."

Sie fragen: „Und das toleriert Ihre Partnerin?"

Ist Ihr Gegenüber liiert, wird er z. B. antworten: „Ach, meine Freundin ist natürlich nicht so glücklich darüber, aber sie weiß, dass es mir wichtig ist."

Ist er Single, sagt er etwas wie: „Ich bin im Moment Single, da muss ich mich Gott sei Dank nach niemandem richten."

Technik 2: Sie erwähnen Ihre eigenen Lebensverhältnisse und fragen den anderen nach den seinen, nach dem Motto: Erst ich, dann du.

„Es war wieder schwierig einen Babysitter zu bekommen für heute Abend. (Pause) Haben Sie auch Kinder? Dann kennen Sie das Problem vielleicht …"

Oder: „Auch mal ganz schön, allein auf einer Party zu sein. Ich bin nämlich gerade Strohwitwer. Sind Sie mit Partnerin da?"

Technik 3: Sie stellen eine direkte Frage, die Sie begründen:

„Sind Sie alleine da? Ich frage nur, weil ich hier so wenig Frauen sehe; dabei hieß es doch, dass die Partnerinnen mitkommen sollten."

Lektion 3: Mit diesen Themen kommen Sie an

Übung 15: Lebensverhältnisse erkunden

Was könnten Sie auf die folgenden Äußerungen erwidern, um das Thema unaufdringlich auf die persönlichen Lebensverhältnisse Ihres Gegenübers oder auf Ihre eigenen (und dann auf seine) zu lenken? Formulieren Sie Ihre Reaktion schriftlich.

1. „Wissen Sie, ich mache gerade ein berufsbegleitendes Fernstudium als Wirtschaftsingenieur."

___

2. „Ich gehe jetzt immer morgens joggen, denn am Abend finde ich es noch viel zu heiß. Da versuche ich lieber, noch schnell nach der Arbeit zum Schwimmen zu gehen."

___

3. „Ich gehe ab und zu ins Museum. Am liebsten unter der Woche, wenn es nicht so überfüllt ist."

___

4. „Ach, Sie kommen aus Tölz? Da habe ich mal Urlaub gemacht, mit meiner damaligen Freundin. Wir waren in einer sehr süßen Pension."

___

5. „Ich überlege, ob ich nächstes Jahr wieder auf die Messe komme. Diesmal hat es nicht so viel gebracht – und die Hotels sind ja auch immer sehr teuer!"

___

(Vorschläge im Lösungsteil.)

Im Small Talk reden Sie über nette und amüsante Dinge aus Ihrem Privatleben, nicht über Intimes. Sex und Seitensprünge sind immer tabu. Erwarten Sie auch nicht, dass auf einer lustigen Party Ihre familiären oder ehelichen Probleme die Themen sind, auf die die anderen nur gewartet haben. Die sind bei Vertrauten einfach besser aufgehoben.

Beispiel: Themen rund um Partnerschaft und Familie

Haben Sie eine würzige Anekdote auf Lager aus Ihrer Ehe, Ihrer Partnerschaft, Ihrer Familie oder von Ihren Kindern? Gibt es etwas Auffälliges in Ihrer Familie, zum Beispiel Zwillinge in jeder Generation? Haben Sie eine besonders große Familie? Sind Sie ein leidenschaftlicher Familienmensch?

Beim Thema „Kinder" läuft ein Gespräch (unter Eltern) meistens auf einen Erfahrungsaustausch hinaus. Ganz egal, in welchem Alter die Kinder sind – damit sind die Gesprächsthemen Legion!

Beispiele

Wie schnell hat Ihr Kind durchgeschlafen? Läuft es schon, spricht es schon? Wann hat die erste Trotzphase eingesetzt? Wie lief es mit dem Kindergarten? Hat es schon alle Kinderkrankheiten durch? Wie hat das erste Kind reagiert, als das zweite kam? Darf Ihr Kind schon fernsehen? Wie lange dürfen Ihre Kinder täglich vor dem Computer sitzen und wie halten Sie es mit Facebook und Co.? Können Sie die städtische Musikschule empfehlen? Kennen Sie einen guten Mathe-Nachhilfelehrer? Wie halten Sie es mit dem Taschengeld? Erlauben Sie Ihren Kindern schon auf Partys zu gehen?

Allerdings gibt es sehr unterschiedliche Vorstellungen darüber, wie Kinder zu erziehen sind. Über Erziehungsmethoden sollten Sie sich während eines Small Talks nicht streiten, schon allein deshalb, weil Kinder als Symbole unserer Zukunft einen spannenden Gesprächsstoff bieten.

Überstrapazieren Sie das Kinderthema auf keinen Fall, wenn nicht alle Anwesenden mitreden können. Wer keine Kinder hat, den werden lange Gespräche über Säuglingspflege und Schulsorgen langweilen. Vorsicht ist auch geboten, wenn sich ein nicht mehr ganz junges Paar auffallend zurückhält, sobald die Sprache auf Kinder oder auf das Thema Schwangerschaft kommt. Vielleicht blieb das Paar ungewollt kinderlos. Abgesehen davon sind auch Eltern meistens ganz froh, wenn sie sich endlich mal über andere Dinge als Windeln, Kindergarten oder Hausaufgaben austauschen können.

Wie sieht es eigentlich aus mit den Partnerschaften anderer? Natürlich sind Liebespaare, die sich neu gefunden haben, aber auch Trennungen und Ehescheidungen ein gefundenes Fressen für Partytalker. Solange Sie wohlwollend über die neuesten Ereignisse im Beziehungsreigen sprechen, wird Ihnen dies niemand übel nehmen. Aber im geschäftlichen Kontext ist das „Wer mit wem"-Thema unpassend. Ziehen Sie also nicht über den jungen Chef her, der sich bei der letzten Betriebsfeier an die neue Sekretärin rangemacht hat. Auch im Privatbereich gilt: Klatsch über Beziehungskisten, -krisen und -krimis genießt man in niedriger Dosis – und vor allem ohne Moralin.

Orte verbinden und laden zum Träumen ein

Über Orte lässt sich jederzeit mit anderen gut plaudern. Da ist zum einen unser Heimatort, den wir gut kennen. Dann gibt es aber auch Orte, die immer wieder unsere Sehnsucht wecken und mit denen wir in besonderer Weise verbunden sind. Und über Sehnsüchte lässt es sich im Small Talk immer gut reden.

Zunächst brauchen Sie gar nicht weit in die Ferne zu schweifen: Allein Ihr Wohnort bietet schon eine Reihe von Gesprächsthemen, erst recht wenn Sie mit anderen aus Ihrem Ort sprechen. Was wissen Sie, was der andere noch nicht weiß? Gibt es spannende Neuigkeiten „öffentlichen Interesses", die man unverfänglich diskutieren kann? Oder können Sie etwas persönlich empfehlen? All dies sind Informationen, die Sie als kompetenten Insider ausweisen.

Beispiele

Kennen Sie zum Beispiel den schönsten Konzertsaal, den heimeligsten Biergarten, das kleinste Theater, das älteste indische Restaurant? Vielleicht wissen Sie aber auch Näheres über die neuesten U-Bahn-Pläne, haben Hintergrundinfos zu städtebaulichen Maßnahmen oder kennen ein Lokal, das hauptsächlich von Einheimischen besucht wird und sehr gut ist?

Tipp Wenn Sie im Alltag regelmäßig auf Veränderungen in Ihrem Dorf, Ihrem Viertel, Ihrer Stadt oder Region achten und deren Hintergründe etwas erkunden, haben Sie garantiert genügend Stoff für Ihren nächsten Small Talk parat. Als Informationsquellen können Sie zum Beispiel die Internet-Seiten der Gemeinde/Stadt/Landesregierung oder von Verbänden und Institutionen nutzen. Reden Sie außerdem mit Menschen, die durch ihren Beruf oder sonstige Tätigkeiten viel mitbekommen. Typische Informanten sind z. B. der Friseur, der Hausmeister, der hier geboren ist, der kommunalpolitisch engagierte Bekannte oder auch der Rentner von nebenan, der genug Zeit hat, das öffentliche Leben im engen Umkreis zu verfolgen. Werfen Sie außerdem regelmäßig einen Blick in die Lokalzeitung(en) und Stadtteilanzeiger.

Übung 16: Insiderwissen rund um Ihren Wohnort sammeln
Nehmen Sie sich für diese Übung eine halbe Stunde Zeit. Sie benötigen einen Stift und einen Bogen Papier.
Sammeln Sie aktuelle News, die Sie über Ihren Wohnort haben, die andere auch interessieren könnten oder ein gutes Small-Talk-Thema wären. Zur Not nutzen Sie Quellen wie die Lokalzeitung. Hier einige Anregungen zu möglichen Themen:
Verkehr: Blitzlichtampeln, Verkehrsbaustellen, Schleichwege und Abkürzungen, Parkmöglichkeiten und Abschleppfallen; die beste Verbindung von A nach B mit öffentlichen Verkehrsmitteln, Tarifänderungen im öffentlichen Nahverkehr;
Kommunales Bauen: Umweltprojekte, ehrgeizige öffentliche Neubauten, Wohnungsbau (wo entstehen neue Wohnungen?);
Restaurants: Das Ihrer Meinung nach beste/originellste/authentischste ... italienische/indische/thailändische ... Restaurant, die nettesten Bars, Kneipen, Cafés; Geheimtipps, wo man preiswert und gut essen kann?
Wohnen: Mietpreise und Angebotslage; welches Viertel entwickelt sich gerade zum In-Viertel, welches ist noch Geheimtipp? Was ist das Besondere an Ihrem Stadtviertel?
Kultur: Neueröffnungen oder drohende Schließungen von Theatern und anderen kulturellen Stätten, anstehende Festivals und Ihre Erfahrungen bei der Besorgung von Karten (siehe dazu auch „Kultur", ab Seite 85);
Behörden und Institutionen: Ihre persönlichen Erfahrungen mit Ämtern; wo bekommt man was? Worauf sollte man bei welchem Behördengang achten?

Für Personen, die von außerhalb kommen, und besonders für ausländische Gäste ist interessant, was Ihre Stadt an Kulturellem zu bieten hat. Erzählen Sie beim informellen Teil Ihrer Geschäftskontakte etwas über Ihren Wohnort und typische Bräuche. Außerdem sollten Sie einige Empfehlungen parat haben, was man in Ihrer Stadt gesehen haben muss. Praktische Tipps dazu sind oft hilfreich: Öffnungszeiten, die beste Besuchszeit und wie der Ort mit öffentlichen Verkehrsmitteln zu erreichen ist. Vielleicht haben Sie darüber hinaus einen Tipp, der in keinem Reiseführer steht? Auch die Stadtgeschichte ist ein spannendes Thema: Wovon lebten die Menschen in dieser Gegend früher, was wurde hergestellt oder angebaut? Was passiert heute wirtschaftlich und kulturell in der Region?

In die Ferne schweifen – Urlaub und Reisen

Mit Geschäftskollegen, die viel reisen, können Sie über Orte sprechen, die Sie beide kennen bzw. noch nicht kennen. Geschäftsleute sehen oft nicht viel mehr von einer Stadt als ihr Hotel oder das Seminargebäude. Für einen Tipp, welches Restaurant, welche Bar oder Kneipe man besuchen könnte, ist daher sicher jeder dankbar. Ansonsten können Sie über die beste Zugverbindung, die komfortabelste Fluglinie, das angenehmste Tagungshotel etc. sprechen.

Beispiele

„Ach, Sie waren gerade in Berlin? Da hat sich ja viel verändert in der letzten Zeit. Wo haben Sie denn gewohnt?"

„In New York bucht unsere Firma immer ein Hotel in Manhattan. Es ist angenehm klein und liegt sehr gut. Wenn Sie möchten, kann ich Ihnen mal die Adresse mailen."

„Kennen Sie vielleicht ein gutes Hotel in Leipzig? Ich war dort nämlich noch nie und muss in vier Wochen auf eine Messe."

„Kennen Sie Freiburg schon ein wenig? Ich hab dort einige Zeit gewohnt; eine wirklich schöne Stadt. Wenn Ihre Familie Lust hat und das Wetter schön ist, sollten Sie mal auf den Schauinsland fahren. Das ist ein kleiner Schwarzwaldgipfel südlich der Stadt, von dem aus man einen wunderbaren Blick auf die Gipfel der Schweizer Alpen hat."

Der letzte oder geplante Urlaub ist im geschäftlichen wie privaten Kontext immer ein guter Anlass für eine kleine Plauderei. Aber halten Sie keine stundenlangen Vorträge, Sie sind schließlich kein Reiseführer. Jemand, der noch nie in Rom war, kann Ihre Begeisterung für die vielen Kirchen nur theoretisch nachvollziehen. Auch das Lamentieren über den schlechten Hotelservice, das ungewohnte Essen oder die Haken an der letzten Billig-Pauschalreise ist nicht gerade das, was alle spannend finden (wenn es bei manchen auch recht beliebt ist). Auf mehr Interesse stoßen Sie mit einer richtig gut erzählten Geschichte.

Gesprächspsychologie: Über Menschen sprechen!

In Ihrer Urlaubsgeschichte sollten immer Menschen die Hauptrolle spielen. Der Fischer im Dorf, in dem Sie gewohnt haben, die lustige Weltenbummlerin aus Australien, mit der Sie eine Dschungeltour gemacht haben, oder die italienische Familie, deren kleine Tochter mit

Ihrer Tochter in einem lustigen Italienisch-Deutsch-Kauderwelsch geplappert hat. Wenn Sie eine richtig gute Story zum Besten geben wollen, beachten Sie folgende Punkte:
- Ein guter Einstieg sollte die Aufmerksamkeit der Zuhörer fesseln.
- Bauen Sie die Spannung langsam auf. Die Geschichte kann z. B. ganz harmlos beginnen, zum Schluss hin dürfen sich die Ereignisse überschlagen.
- Dramatische oder lustige Verwicklungen ergeben sich z. B. durch Missgeschicke, kulturelle Missverständnisse, eigene Fehlplanungen oder Ähnliches.
- Die Pointe muss gut sitzen: Ist das Ende witzig, überraschend, erlösend?

Was aber machen Sie, wenn Sie einen Bildungsurlaub gemacht haben und am liebsten über die einzigartigen Kunstschätze reden würden, die Sie besichtigt haben? Auch hier sollten Sie so erzählen, dass es „menschelt": Beschreiben Sie nicht nur die Besonderheiten des Renaissancestils in Portugal oder wie stark Sie die Kathedrale von Alcobaça beeindruckt hat. Erzählen Sie eine Geschichte dazu. Die traurige Liebesstory zwischen Dom Pedro und Inês de Castro ist zum Beispiel mindestens so spektakulär wie die Prunksärge, die in eben dieser Kathedrale liegen.

Übung 17: Meine beste Urlaubsstory
Erinnern Sie sich an eine bemerkenswerte Urlaubsgeschichte, die es immer wieder wert ist, erzählt zu werden? Oder kennen Sie die Eckdaten einer guten historischen Geschichte? Schreiben Sie die Geschichte auf. Beachten Sie die Punkte, die oben genannt wurden. Überlegen Sie sich auch, wie Sie Ihre Geschichte ausschmücken könnten, ohne sie zu verfälschen.
Wenn Sie mit Ihrem schriftlichen Entwurf fertig sind, tragen Sie die Geschichte am besten einmal Ihrem Partner oder einem Bekannten vor. Lassen Sie sich Feedback geben. Achten Sie beim Vortrag darauf, dass Sie viel Gefühl in Ihre Erzählung hineinlegen. Erzählen Sie dann die Geschichte bei der nächsten passenden Gelegenheit.

Konsum und Lebensstil – von Abnehmen bis Wellness
Alles, was unseren Lebensstil und unseren Geschmack betrifft, ist für den Small Talk bestens geeignet. Angeblich hören sich sehr viele Menschen gerne an, wie sich andere einrichten, nach dem Motto: Erzähle

mir über deine Wohnung und ich sage dir, wer du bist! Ganz allgemein bietet Konsum viel Gesprächsstoff. Was Sie jüngst erworben haben und wie gut oder schlecht es ist – vom Auto bis zum Fernsehapparat –, darüber können Sie sprechen. Nur das Geld, das Sie dafür ausgegeben haben, kann unter Umständen ein heikles Thema sein. Protzen ist wiederum tabu. Wenn sich das Gespräch nur noch um luxuriösen Konsum dreht, dürfte so mancher Beteiligte bald schweigsam werden. Wenn Sie in einer Gesellschaft, in der eher betuchte Personen verkehren, über die Preispolitik der Billigketten sprechen, kann das genauso befremdlich wirken.

Halten Sie also beim Thema Konsum und Preise besonders den sozialen Status Ihrer Gesprächspartner im Blick. Für einen heißen Tipp, welcher Laden gerade Ausverkauf hat, sind jedoch Schnäppchenjäger – die es in jeder Einkommensklasse gibt – immer dankbar.

> **Tipp** Lebensstil ist Geschmacksache – daher dürfen Sie also weder über den postmodernen Einrichtungsstil an sich noch über die gedrechselten Einbauschränke des Gastgebers streiten oder gar lästern. Billigen Sie jedem seinen eigenen Geschmack zu und erheben Sie den Ihren nicht zum Nonplusultra.

Beim Stichwort Geschmack denkt manch einer natürlich sofort ans Essen – und hier haben Sie ein ideales Small-Talk-Thema, das sich fast unbegrenzt ausschlachten lässt. Geht es ans Buffet oder zu Tisch, animiert schon das Essen selbst, übers Essen zu sprechen: Da sitzt oder steht man nun vor feinen Speisen und trinkt ein gutes Tröpfchen – und unterhält sich stundenlang darüber, wann, wo und wie man letztens gut geschmaust und einen vorzüglichen Prosecco getrunken hat.

> **Tipp** Einer der einfachsten Gesprächseinstiege auf einem geschäftlichen Empfang oder auf einer privaten Party ist, wenn Sie eine Leckerei des Buffets preisen oder den guten Wein loben.

Themen rund ums Essen & Trinken

Essen hier und im Ausland; Rezepte; Einkauf; Fragen rund um Ernährungs- und Geschmacksgewohnheiten. Bio oder nicht? Wie lebt es sich vegetarisch? Fast Food bei Kindern, wie kann man das eindämmen? Wie würzt man Sauce Bolognese? Ist das Französische Restaurant an der Ecke noch so gut wie früher? Welcher Wein passt wozu? Sogar das Mineralwasser bleibt nicht ausgespart!

Wellness

Ein beliebtes Thema ist auch das Abnehmen. Aber Vorsicht: Hier kann es auch schnell peinlich werden, beispielsweise wenn ein stark übergewichtiger Mensch in der Runde steht. Auch das Thema „Mit dem Rauchen aufhören" sorgt immer wieder für Gesprächsstoff. Und hier sind wir schon beim Thema „Gesundheit und Wellness". Ob die „Gesundheit mit Genuss" nur eine Modeerscheinung ist oder tatsächlich sinnstiftend wirkt, klar ist jedenfalls, dass der Wunsch nach Wohlfühlen, Gesundheit und Fitness schon lange eine breite Mittelschicht bewegt.

Tipp Reden Sie über die wohltuende Wirkung des grünen Tees, über die Geheimnisse des Ayurveda oder einen Yogakurs auf Mallorca, werden Sie mit Sicherheit Zuhörerinnen gewinnen. Denn: Wellness ist eine Domäne des weiblichen Geschlechts. Frauen glauben viel stärker als Männer daran, dass man auf seine gesundheitliche Verfassung selbst Einfluss nehmen kann. Doch inzwischen kommen auch Männer immer mehr auf den Wellness-Geschmack, wenn sie dabei auch mehr an das Training in Sportstätten denken. (Quelle: Hoesch Wellness-Studie 2010, Hoesch Design, Düren)

Übrigens: Auch im Urlaub setzen immer mehr Menschen auf Wellness. Nach einer Studie des Deutschen Wellnessverbands aus dem Jahr 2011 interessiert sich jeder zweite Deutsche, der im eigenen Land Urlaub macht, für Fitness- und Wellnessangebote. Auch hier drängen sich Small-Talk-Themen geradezu auf: Vielleicht kennen Sie ein Reiseziel für einen Aktivurlaub oder ein Wellness-Hotel, in dem sich die ganze Familie wohlfühlt. Oder Sie empfehlen genau das Gegenteil: die kleine altmodische Pension, in der das Wort „Wellness" ein Fremdwort geblieben ist, die Wirtin dafür so gut kocht, dass man immer zu viel isst.

Freizeit und Urlaub – das führt uns zum Stichwort Life-Work-Balance – im beruflichen Kontext ein heißes Thema, gerade für stark eingespannte Manager/innen. Es geht dabei nicht einfach nur um mehr Freizeit oder ein gutes Zeitmanagement, sondern darum, wie man seine verschiedenen Lebensbereiche in Einklang bringen kann, um fit und leistungsfähig zu bleiben und zu mehr Zufriedenheit zu gelangen.

Die Life-Work-Balance ist somit auch ein schönes Small Talk-Thema. Vielleicht sollten Sie nicht gerade mit Ihrem Chef darüber sprechen.

Sport und andere Leidenschaften

Auch wenn wir zum Thema Sport und Freizeit selten Neues hören, können Sie sich doch nach den Aktivitäten Ihres Gegenübers erkundigen bzw. von den Ihren sprechen. Selbst wer viel arbeitet, wird irgendein Steckenpferd, eine Leidenschaft haben, über die er gerne etwas erzählt.

Worauf müssen Sie achten? Small Talk macht erst dann Sinn, wenn sich ein Dialog entwickelt. Reden Sie nur weiter, wenn den Gesprächspartner Ihr Hobby auch wirklich interessiert. Fragt er nach, so können Sie gerne ins Detail gehen. Das gilt genauso, wenn Ihr Gesprächspartner über seine Lieblingsbeschäftigung spricht: Lassen Sie sich keinen Fachvortrag halten, sondern gestalten Sie selbst das Gespräch mit, entwickeln Sie es zum Dialog! Dies gilt für alle Themen, nicht nur für die Plauderei über Hobbys.

Gesprächstechnik: Suchen Sie nach dem Ähnlichkeitsfaktor

Es gibt Themen, über die der Gesprächspartner gerne mehr wissen will, die aber schwer zu vermitteln sind. In diesem Fall beenden Sie das Gespräch nicht, sondern versuchen ihm das Thema mit einem Vergleich näher zu bringen. Gibt es in der Lebens- und Arbeitswelt des Gesprächspartners vielleicht etwas, das sich mit Ihrer Sache vergleichen lässt? Gibt es etwas Ähnliches, was er kennt?

Beispiel

Was kann ein leidenschaftlicher Schachspieler einem Manager, der sich auf diesem Gebiet nicht auskennt, über sein Spiel erzählen? Er überlegt, was sich auf das Management übertragen lässt: Es gibt Figuren (Stellen im Unternehmen), die bestimmte Aufgaben (Funktionen) haben, es gibt Strategien, Angriff, Verteidigung (was sich zum Beispiel auf den Markt und die Mitbewerber übertragen lässt). Für das Spiel sind bestimmte Fähigkeiten erforderlich: hohe Konzentration, Analysefähigkeit, Planung, Entwurf von Szenarien – Anforderungen, die auch ein Manager erfüllen muss. Die Kenntnisse eines Schachspielers über bestimmte Spielertypen und Spielpsychologie (Einschätzung des Gegners) lassen sich auf die Menschenkenntnis bei der Personalführung übertragen.

Spannend wird es, wenn Sie eine Geschichte oder Anekdote erzählen, mit der sich der Gesprächspartner identifizieren kann. Sprechen Sie die Sehnsüchte oder Wünsche des anderen an: Wenn Sie vom Bergsteigen erzählen, reden Sie zum Beispiel über Ihre Motive – Sie suchen die Einsamkeit oder das Gefühl der Freiheit und Leichtigkeit; eine Sehnsucht, die sich erfüllt, wenn Sie oben am Gipfel stehen. Solche Motive versteht der andere, selbst wenn er völlig unsportlich ist oder dem Bergsteigen nichts abgewinnen kann.

> **Tipp** Ähnlichkeit schafft Verbindung. Wenn Sie sich an diese einfache Weisheit immer wieder erinnern, haben Sie den wichtigsten Erfolgsfaktor für den Small Talk verinnerlicht.

Gesprächstechnik: Suchen Sie nach dem exotischen Faktor

Hier machen Sie es genau umgekehrt. Sie begeben sich nicht auf die Suche nach dem Ähnlichen, sondern stellen das Andersartige heraus. Ihrem Gesprächspartner darf das Thema aber nicht spanisch vorkommen, kommunizieren Sie es verständlich! Und bemühen Sie sich, die spannende/aufregende/überraschende/witzige Seite hervorzuheben. Wenn Sie bierernst über Ihre chinesische Briefmarkensammlung sprechen und die anderen lachen ununterbrochen, könnte es sein, dass nicht das Thema, sondern Sie der Grund für die allgemeine Belustigung sind.

Eine Garantie, dass Ihre Zuhörer auf den exotischen Faktor anspringen, gibt es nicht; aber wenn das Thema die anderen befremdet, werden Sie es in der Regel schnell merken.

Übung 18: Das Verbindende suchen

Die folgende Übung regt Ihre Kreativität und Assoziationsfähigkeit an. Sie brauchen ca. 15 Minuten Zeit und etwas zu schreiben.

Überlegen Sie sich, was folgende Hobbys gemeinsam haben bzw. Menschen, die sie betreiben, verbinden könnte. Schreiben Sie alles auf, was Ihnen dazu einfällt.

1. Segeln – Schrebergarten:

2. Klavierspielen – Handwerk:

Lektion 3: Mit diesen Themen kommen Sie an

3. Tanzen – Klettern:

_____

4. komplexe Rätsel lösen – Ahnenforschung:

_____

5. Fußball – Schach:

_____

6. Kochen – Malen:

_____

7. Bogenschießen – Yoga:

_____

8. Golf – Bergwandern:

_____

9. Angeln – Triathlon:

_____

10. Alte Filme – Krimis:

_____

(Vorschläge im Lösungsteil)

Kommen wir zu den Standard-Themen zurück. Im Bereich Freizeitgestaltung gibt es natürlich vieles, was viele interessiert, zum Beispiel Sport. Sport ist so wunderbar „smalltalk-kompatibel", weil er soziale Brücken baut. Das zeigt sich nicht nur, wenn in einem Unternehmen oder in einer Abteilung die gesamte Mannschaft einmal im Jahr zum Kegeln geht. Große Sportereignisse wie die Fußball-EM oder WM, Wimbledon oder die Olympischen Spiele sind immer heißer Stoff für ein Gespräch unter Kollegen.
Tatsächlich ist Sport immer noch das beliebteste Gesprächsthema bei Männern. (Die Autos, nebenbei gesagt, rangieren auf Platz 5). So lauten die Ergebnisse einer repräsentativen Studie des Allensbacher Instituts für Jacobs Krönung zur Gesprächskultur in Deutschland (www.gespraechskultur-in-deutschland.de). Bei Frauen sind „Neuigkeiten aus dem Freundeskreis" das Top-Thema, gefolgt von „Familie".

82

Trotzdem: Es schadet nichts, ein paar gute Anekdoten rund um den Sport auf Lager zu haben. Es muss dabei nicht immer um knappe Ergebnisse, dramatische Schlusskämpfe oder fatale Schiedsrichterentscheidungen gehen. (Denken Sie daran, dass auch die Frauen unterhalten werden wollen.) Sie dürfen die Anekdote ruhig ausschmücken, damit sie ihre amüsante Wirkung nicht verfehlt.

Beispiel: Eine Anekdote aus dem Sport

Während der Tour de France im Jahr 1950 herrschte eine unerträgliche Hitze. So kam es, dass sich der gesamte Fahrerpulk auf der Etappe von Perpignan nach Nimes ein kühlendes Bad im Mittelmeer gönnte – zum Ärger der Rennleitung. In Sachen Hitze ziemlich abgehärtet, nutzte der Nordafrikaner Zaaf die Gunst der Stunde und fuhr glatt zwanzig Minuten Vorsprung heraus. Nur noch 19 Kilometer trennten Zaaf vom Etappenziel, als ihn plötzlich die Kräfte verließen. Auf seinem Schlingerkurs von einem Streckenposten gestoppt, legte er sich zum Ausruhen unter einen Baum – und schlief prompt ein. Als er wieder zu sich kam, überfiel ihn die Panik. Rasch schwang er sich auf sein Velo und nahm das Rennen wieder auf – doch leider fuhr er in die falsche Richtung. Dass er sich wegen der großen Hitze in einer Bar zwei Flaschen Weißwein genehmigt und sich anschließend ein Nickerchen gegönnt hätte, weil er sich des Etappensieges ohnehin gewiss war, ist nicht verbürgt.

Es spielt keine Rolle, dass Zaaf seine Geschichte 32 Jahre später ein wenig anders erzählte. Jedenfalls hat sie ihn so berühmt gemacht, dass sein Startgeld bei den nächsten Radrennen prompt von 200 auf 2000 Francs erhöht wurde.

Vergessen Sie die Gefühle nicht!

Im Sport ist es wie im richtigen Leben, sonst würden wir nicht stundenlang unseren Fernsehsessel ausbeulen, wenn 22 Menschen hinter einem Ball her rennen. Sieg und Niederlage liegen nah beieinander und führen uns ungefiltert die Schicksalhaftigkeit des menschlichen Daseins vor Augen. Wer nicht zumindest trocken schlucken muss, wenn auf dem Spielfeld Tränen fließen, hat kein Herz im Leib.
Im Sportgespräch immer ganz vorne dabei ist – der Fußball. Ist das verwunderlich? Kein Sport hat so schöne Geschichten zu bieten wie das Spiel, bei dem „das Runde ins Eckige muss". Wir sollten uns ein Bei-

spiel an den Italienern nehmen, die es geschafft haben, von diesem großen Volkssport einen weiteren abzuleiten: „calcio parlato" – das Reden über den Fußball, das die Liga erst zu dem macht, was sie ist: ein echtes soziales Ereignis.

Besonders rund um den Fußball gibt es nicht nur schöne Anekdoten, sondern auch witzige Sprüche. Im Internet finden Sie davon eine reiche Auswahl.

Immer ein Volltreffer – Fußballsprüche

„Ich bin ein intelligenter Trainer. Ich trainiere mehr fürs Köpfchen als für die Beine. Das ist schwierig für manche Spieler." (Louis van Gaal)

„Helfen würde uns ein schnelles Tor und ein schneller Abpfiff und vielleicht können wir ja den Mannschaftsbus vor unserem Tor parken." (Der Mainzer Trainer Thomas Tuchel vor einem Spiel gegen Bayern München)

„Zwei Chancen, ein Tor – das nenne ich hundertprozentige Chancenauswertung." (Roland Wohlfahrt)

„Vor lauter Philosophieren über Schopenhauer kommen wir gar nicht mehr zum Trainieren." (Richard Golz auf die Frage, was beim SC Freiburg, dem „Studentenclub", anders sei.)

„Manni Bananenflanke, ich Kopf, Tor!" (Horst Hrubesch schildert die Entstehung eines seiner Tore.)

„Ich habe viel von meinem Geld für Alkohol, Weiber und schnelle Autos ausgegeben ... Den Rest habe ich einfach verprasst." (George Best)

„Wir waren alle vorher überzeugt davon, dass wir das Spiel gewinnen. So war auch das Auftreten meiner Mannschaft, zumindest in den ersten zweieinhalb Minuten." (Peter Neururer)

„Fußball ist Ding, Dang, Dong. Es gibt nicht nur Ding." (Giovanni Trappatoni)

„Es gibt nur einen Ball. Wenn der Gegner ihn hat, muss man sich fragen: Warum!? Ja, warum? Und was muss man tun? Ihn sich wiederholen!" (ders.)

Johannes Rau auf die Frage, warum Fußballstadien nicht nach Frauen benannt würden: „Wie soll das denn dann heißen? Ernst-Kuzorra-seine-Frau-ihr-Stadion?"

Thomas Häßler soll einmal gesagt haben: „In der Schule gab's für mich Höhen und Tiefen. Die Höhen waren der Fußball."

So beliebt das Fußballthema ist, was machen Sie, wenn Sie ein Seminar für Sekretärinnen geben? Dann vergessen Sie den Sport und prüfen lieber, ob vielleicht die folgenden Themenbereiche geeigneter sind.

Weitere beliebte Themen

Kultur

Bei der Kultur gilt: nicht intellektuell, sondern integrierend über die Themen sprechen. Da liegt Massenkultur – Harry Potter, die Oscar-Verleihung oder die neueste Literatursendung – nun einmal näher als ein Insidergespräch über die Architektur der Postmoderne. Vor Empfehlungen, was man zurzeit gesehen/gehört/gelesen haben muss, sollten Sie sich hüten. Sprechen Sie lieber davon, was Ihnen persönlich gut gefällt. Wenn Sie über Filme, Literatur, Malerei, Musik, Architektur sprechen, dann am besten aus Ihrer subjektiven Perspektive. Und: Zeigen Sie Gefühl – trocken sollte ein Gespräch über Kultur niemals daherkommen.

Beispiel

Paul, Ines und Melanie reden über Filme. Paul liebt Stanley Kubrick. Und schon beginnt er, seine beiden Zuhörerinnen über die Erzählstrukturen in „Eyes Wide Shut" zu belehren, nicht ohne auf die Romanvorlage von Arthur Schnitzler einzugehen. Ines kennt den Film und kann ihm gerade noch folgen, Melanie sieht gelangweilt aus. Da unterbricht Ines: „Entschuldige, Paul, dass ich unterbreche, aber vielleicht kennt Melanie den Film überhaupt nicht, und dann ist es wirklich schwer nachzuvollziehen, was du sagst."

Melanie: „Stimmt, ich habe den Film damals verpasst; um was geht es eigentlich genau?"

Ines: „Nicole Kidman spielt eine Ehefrau, die von Zweifeln und Verlustängsten gequält wird und ..."

Melanie: „Ah, Nicole Kidman; die find ich echt toll. Und ...?"

Ines: „Also, eines Tages erzählt sie ihrem Mann – die beiden haben sich gerade leidenschaftlich geliebt –, dass sie ihn vor längerer Zeit beinahe wegen eines anderen verlassen hätte. Sie hat diesen Mann nur einmal gesehen und es kam zu keinem sexuellen Kontakt zwischen ihnen. Jedenfalls verliebte sie sich in ihn. Das ist übrigens eine tolle Szene, wie sie da vor der Schlafzimmerheizung sitzt und das

beichtet; dabei wirkt sie ganz zerbrechlich und verstört! Jedenfalls, die Wirkung ihres Geständnisses ist fatal: Denn obwohl der Ehebruch nie stattgefunden hat, bringt das ihren Mann völlig aus dem Gleichgewicht. Und von einem Moment auf den anderen steht alles in Frage: ihre Liebe, ihre vorbildliche Ehe, ihre Familie ..."
Melanie: „Das hört sich spannend an, ich glaube, ich werde mir mal die DVD besorgen."

Gesellschaftliche Anlässe bieten übrigens auch eine gute Möglichkeit, sich als Kulturvermittler zu betätigen: Empfehlen Sie Jazz- oder Popbands, deren Bandmitglieder Sie kennen, oder junge Kunstschaffende und Designer, für die Sie gerne etwas Werbung betreiben.

Wissen und Wissenschaft

Themen rund um Wissenschaft und Wissen gehen Sie am besten „feuilletonistisch" an. Damit ist gemeint: locker, einfach und mit einem gewissen Witz aufbereitet. Wie wäre es, wenn Sie Ihr Gegenüber einmal über einen populären Irrtum aufklären?

Beispiel

Der „Hamburger" ist ein englisches Wort, das sich aus „Ham" und „Burger" zusammensetzt. „Ham" (Schinken) heißt das Fleisch, und dann bleibt für das Brötchen noch der „Burger", oder? Von wegen, denn hier handelt es sich um eine so genannte Volksetymologie, eine falsch verstandene Wortherkunft.
Der Hamburger hat seinen Namen tatsächlich von der Stadt an der Elbe. Auf der Weltausstellung 1904 in St. Louis tauchte erstmals eine Spezialität deutscher Amerika-Auswanderer namens „Hamburg" auf: ein Brötchen mit Frikadelle. „Hamburg" wohl deswegen, weil die Schiffe mit den Auswanderern meist aus Hamburg kamen. Später wurde dann noch die Endsilbe –er angehängt, und von der so entstandenen Form wiederum leitete man in den Staaten alle anderen Burger ab: Cheeseburger, Fishburger, Chickenburger ...

Eine Liste unterhaltsamer Bücher um Wissen und Irrtümer finden Sie im Literaturverzeichnis im Anhang. Ansonsten: Schauen Sie einfach in die Zeitung oder ins Internet, was gerade auf dem Wissenschaftssektor „in" ist: Steht vielleicht eine Sonnenfinsternis an? Wie weit sind die Europäer und Amerikaner eigentlich mit den

Marsmissionen? Was machen die Eisbären im Zoo bei der Sommerhitze? Irgendwo gibt es immer eine sensationelle oder abstruse Nachricht.

Beispiel
> Im wohl berühmtesten Teich Schottlands wurde jüngst das 150 Millionen Jahre alte Fossil eines Plesiosaurus entdeckt – ein Pensionär stolperte über vier versteinerte Rückenwirbel des urzeitlichen Raubtiers, das mit seinem langen Hals und kleinem Kopf einem bekannten Sommerloch-Ungeheuer ziemlich ähnlich gesehen haben dürfte. Nicht nur eingefleischte Nessie-Fans werden wissen, wie sie den Fund im Loch Ness zu deuten haben!

Zum Thema „Wissen und Bildung" lesen Sie auch das Kapitel „Wenn der Small Talk zum Quiz wird", ab Seite 129.

Übung 19: Ihr „wissenschaftlicher" Beitrag zum Small Talk

Recherchieren Sie im Internet oder in Büchern einen populären Irrtum und suchen Sie in Ihrer Tageszeitung nach einer aktuelle Meldung aus der Wissenschaft. Prägen Sie sich die Fakten ein und erzählen Sie nach, was Sie gelesen haben. Das können Sie zuerst schriftlich oder gleich mündlich machen, vielleicht nehmen Sie sich auch auf Kassettenrekorder auf. Geben Sie Ihr Wissen dann bei passender Gelegenheit zum Besten.

Mit dem Thema Wissen haben wir uns nun beschäftigt, aber wie steht es mit dem Glauben? Glaubenssachen, also die Religion, sollten Sie im Small Talk meiden (siehe unten), es sei denn, es handelt sich um weniger „ernste" Glaubensfragen. Nehmen wir die Astrologie. „Welches Sternzeichen haben Sie?" Darauf wird Ihnen jeder gerne Antwort geben. Vielleicht entspinnt sich sogar ein interessantes Gespräch über die Frage, ob Sterne unser Leben beeinflussen. Aber denken Sie daran: Small Talk ist keine Überzeugungsarbeit. Sie wollen niemanden bekehren!

Tiere und Natur

Relativ unkompliziert ist der Bereich „Natur und Tiere": Reden Sie über die Koalas, die Kängurus oder die Elefanten in Afrika, über ihr erstaunliches Verhalten, ihre Schönheit, ihre Gefährdung ... Oder erzählen Sie schöne Geschichten, die Sie mit eigenen Tieren erlebt haben: ob Pferd, Hund, Katze oder Hamster. Gehen Sie aber nicht zu sehr ins Detail. Probleme bei der Goldfischpflege oder Expertentipps zur Hühnerhaltung interessieren vermutlich nur wenige. Auch mit Naturthemen werden Sie gefahrlos ins Plaudern kommen (Aktivitäten in der Natur, Naturerlebnisse, Hobbys wie Gärtnern etc.).

Was im Small Talk heikel ist

Nie negativ sprechen!

„Ich finde es unmöglich, wie man uns hier warten lässt!" oder „Dieser Kellner ist ja ein unverschämter Kerl!" Solche Aussagen sparen Sie sich im Small Talk bitte grundsätzlich. Ein gelungener Plausch setzt einen höflichen und zuvorkommenden Umgang miteinander voraus. Sprechen Sie also nie negativ über andere Menschen oder Ereignisse!
Diese Grundregel betrifft nicht nur die Themen, sondern auch die Art, wie Sie über etwas sprechen. Sarkasmus, Zynismus, Ironie auf Kosten anderer, offen ausgesprochener Neid, Diskriminierungen und Überheblichkeit sind tabu.
Aber auch rücksichtsloses Lästern über Anwesende ist nicht erlaubt (zum Klatsch mehr ab Seite 137). Denken Sie an Ihr „Selbstmarketing": Kritik oder Ärger kann man auch sachlich, indirekt und freundlich äußern. Natürlich läuft auch manchmal etwas schief oder es gibt Anlass, wirklich ärgerlich zu sein. Wie Sie in solchen Fällen reagieren, lesen Sie im Kapitel „Gehen Sie über Pannen hinweg!" (Seite 127).

TABUS
Unpassend für einen Small Talk ist alles, was die Stimmung verdirbt, andere ausgrenzt, bloßstellt oder zur Parteinahme zwingt, etwa:
- radikale Bekenntnisse
- diskutieren und streiten
- Sarkasmus
- hemmungslose Selbstdarstellung und Prahlerei
- reden über Dinge, die eklig und anstößig sind
- Kraftausdrücke und derbe Witze
- sexistische Bemerkungen
- Herziehen über Anwesende
- direkte Kritik

Meiden Sie die Tabu-Themen

Sprechen Sie beim Small Talk nicht über:
- politische Überzeugungen
- partnerschaftliche und familiäre Probleme
- Religion
- Katastrophen
- Sex/Intimes
- Vermögensverhältnisse
- psychische Probleme
- Krankheiten u. a. m.

Aber ist denn damit jedes kritischere Thema partout ausgeschlossen? Dürfen Sie im Small Talk nicht einmal Bedenken gegenüber besorgniserregenden Entwicklungen äußern? Es kommt darauf an, wie Sie über das Thema sprechen.

Nehmen wir nur einmal das Thema „Umwelt". Es beschäftigt viele von uns, betrifft es doch sehr stark unser Alltagsleben und unsere Zukunft. Aber es ist auch ein Thema, das uns Sorgen macht. Atomkraftwerke, die Strahlung durch Mobilfunktürme, Löcher in der Ozonschicht, schmelzende Polkappen, Flutkatastrophen, bedrohte Tierarten – alle diese Themen sind nicht dazu angetan, die Stimmung zu heben. Wenn Sie schon darüber reden, dann tun Sie es maßvoll. Malen Sie also nicht den Untergang der Welt an die Wand.

Aber nicht alle Umweltthemen sind automatisch heikel. Denn der springende Punkt ist, dass sich darüber oft Einigkeit erzielen lässt. Problematisch wird es dann, wenn Sie mit dem Aufbringen des Themas jemanden indirekt angreifen.

Beispiel

Äußern Sie etwa Ihre Besorgnis darüber, dass jetzt auch schon der Spatz auf der roten Liste steht, wäre dies für einen Spatzenjäger ein unangenehmes Thema. Ihre Aussage würde ihn nämlich in ein ziemlich schlechtes Licht rücken. Doch ist es unwahrscheinlich, dass ein solcher unter Ihren Gesprächspartnern weilt – daher dürfen Sie das Thema ruhig anschneiden. Denn die meisten werden, wie Sie, das Verschwinden des Spatzes bedauern. Manch einer wird sich vielleicht auch für die Hintergründe interessieren: Woher Sie diese Information haben, wie es dazu kommen konnte etc.

Ähnlich vorsichtig gehen Sie mit Skandalen aus der Politik, der Wirtschaft oder dem öffentlichen Leben um. Skandale sind erst einmal etwas Negatives. Packen Sie sie deshalb richtig an! Sie müssen ausschließen können, dass Sie den anderen die Stimmung verderben! Wenn Sie auf Nummer sicher gehen wollen, stellen Sie sich die folgenden Leitfragen:

- Ist durch das Thema womöglich jemand persönlich betroffen?
- Wie weit weg ist das Thema (auch geographisch)?
- Wie hoch ist der Identifikationsfaktor der im Mittelpunkt stehenden Person (des Unternehmens, der Institution etc.)?

Ist das Image einer Institution nämlich von Haus aus eher negativ, kann man gefahrloser Kritik üben, als wenn es sich um ein beliebtes Unternehmen handelt.

Achten Sie außerdem auf die Kriterien auf Seite 88.

Was tun, wenn das Thema heikel ist?

Wenn ein „heikleres" Thema aufgekommen ist: Versuchen Sie von sich aus, sachlich zu bleiben. Sie können auch aus Ihrer unmittelbaren Betroffenheit heraus argumentieren, damit laden Sie andere zu einem Erfahrungsaustausch ein.

Beispiel

Thema Ozonloch. Frau Lindner ist im Gespräch mit einem Kollegen, Herrn Wagner.

Frau Lindner: „Am Wochenende war es ja wahnsinnig heiß. Ich finde, man merkt deutlich, dass die Sonne viel stärker ist als früher. Das ist schon eine erschreckende Entwicklung."

Herr Wagner: „Ja, allerdings. Die Temperaturen, so schön sie sind – ganz normal ist das nicht mehr."

Frau Lindner: „Ich passe immer höllisch auf, dass wir uns keinen Sonnenbrand holen. Meine Kleine darf nicht nackt im Garten herumlaufen, wenn sie nicht mit einem Sunblocker eingecremt ist."

Herr Wagner: „Meine Kinder haben es sich schon angewöhnt, ein T-Shirt drüberzuziehen, wenn wir am See sind. Vor kurzem übrigens habe ich mir ein Wander-T-Shirt gekauft, durch das keine UV-Strahlung dringt. Ich dachte immer, in Kleidung sei man ohnehin geschützt ..."

Was im Small Talk heikel ist

Frau Lindner: „Nein, daher haben die Australier schon lang Kleidung mit UV-Schutz. Und hier finden Sie sie auch immer mehr. Kein Wunder, denn wenn das so weitergeht, haben wir australische Verhältnisse."

Herr Wagner: „Ja, damit müssen wir wohl rechnen."

Zum Abschluss dieses Kapitels können Sie in der folgenden Übung einschätzen, wie geeignet das jeweilige Thema für einen Small Talk ist.

Übung 20: Tabu-Thema?

Entscheiden Sie, ob die folgenden Themen im Small Talk tabu, mit Vorsicht zu genießen oder problemlos sind.

1. Ein führender Politiker bemängelt, dass in Deutschland durch die Trennung von gesetzlichen und privaten Krankenkassen eine Zweiklassenmedizin herrsche.

___

2. Alle zwei Jahre tourt „Ronald McDonald" durch die Kindergärten. Der Clown wird auf der Webseite des Fastfood-Konzerns als „offizieller McDonald's Sprecher für Kinder" vorgestellt. Bei seiner Vorstellung sollen die Kinder auf spielerische Weise umweltbewusstes Verhalten im Alltag erlernen, etwa, das Licht auszuschalten, wenn sie den Raum verlassen. Außerdem verteilt Ronald McDonald kleine Geschenke wie Mal- und Bastelhefte, auf denen auch das Firmenlogo zu erkennen ist.

___

3. George Clooney soll 1000 Frauen nahe gekommen sein – so die Legende. Sich selbst hält der Schauspieler für die Ehe nicht geeignet.

___

4. Schon wieder wurde ein regimekritischer Intellektueller in China verhaftet.

___

5. Soll man Schuluniformen einführen, um dem Markenwahn an den Schulen sowie bauchfreien T-Shirts den Kampf anzusagen?

___

Lektion 3: Mit diesen Themen kommen Sie an

6. Einem Ärzteteam im Wiener Allgemeinen Krankenhaus ist es in einer spektakulären Operation erstmals gelungen, eine menschliche Zunge zu verpflanzen.

7. Der Frauenfußball ist in den letzten Jahren immer populärer geworden.
Schon über eine Million Frauen und Mädchen spielen in Vereinen Fußball.

8. Nach wissenschaftlichen Untersuchungen des Dialektforschers Bernhard
Stör ist der bayerische Dialekt in der jungen Generation der unter 25-Jährigen
in der Münchner Sprachregion fast ausgestorben. Begriffe wie „Irta" (Dienstag)
oder „Pfinzta" (Donnerstag) kennen die jungen Münchner in der Regel nicht
mehr.

9. In Geldern am Niederrhein hat ein siamesisches Hängebauchschwein eine
Kuh gebissen und eine andere zu Tode gehetzt.

10. In den letzten Jahren sind die Strafen für Verkehrssünder in Deutschland
immer härter geworden.

(Lösung im Anhang, S. 223)

92

Lektion 4: Den Small Talk sicher führen

Vom Thema allein wird der Smalltalker nicht satt.
Sie müssen nicht nur wissen, was Sie reden, sondern auch
wie. Wie brechen Sie das Eis? Wie steuern Sie erfolgreich
durch das Gespräch? Wie beenden Sie es elegant?
In dieser Lektion lernen Sie wichtige Gesprächsregeln und
-techniken kennen.

Vergessen Sie stereotype Gesprächsanleitungen

Der Erfolg des Small Talks hängt auch vom Einsatz der richtigen Gesprächstechniken ab. Allerdings gibt es keine universelle Anleitung, wie Sie einen Small Talk führen sollten. Die kann es auch gar nicht geben – denn zu verschieden sind die Gesprächsanlässe, die Umstände, die Beteiligten und deren Beziehungen zueinander.
Wichtig für Sie zu wissen ist:

- Wann wenden Sie welche Technik am besten an (z. B. Fragetechniken)?
- Was bewirkt die Technik im Einzelnen?
- Wo liegen ihre Vor- und Nachteile?

Generell kommt es darauf an, flexibel auf die Situation und Ihr Gegenüber zu reagieren. Stereotyp – also nach Schema F – funktionieren nur bestimmte Rituale, die alle Angehörigen der Sprachgemeinschaft teilen, wie beispielsweise die Begrüßung (siehe Lektion 2).
Grundsätzlich gilt: Ein *Gespräch* lässt sich lenken – der Gesprächspartner kaum. Small Talk entwickelt sich in einem Prozess, den nicht Sie allein, sondern alle Beteiligten mitgestalten. Sie haben nie die Garantie, dass der andere genau so reagiert, wie Sie es sich wünschen. Wenn Sie den anderen mehr oder weniger sanft zu manipulieren versuchen, müssen Sie schon sehr geschickt vorgehen. Sie selbst werden als aufmerksamer Beobachter ja auch schnell merken, wenn etwa das Interesse, das Ihnen Ihr Gesprächspartner entgegenbringt, nur geheuchelt ist – es sei denn, Ihnen steht ein ausgezeichneter Schauspieler gegenüber.

Beispiel

Denken Sie an die typische Situation, wenn Sie auf der Straße ein Verkäufer anspricht, der ganz offensichtlich auf Kundenfang ist. Da fallen immer wieder dieselben Floskeln wie „Junge Frau, haben Sie einen Augenblick Zeit?" oder „Der junge Herr hier, darf ich Ihnen ein Angebot machen?" Das ist zwar „höflich" formuliert, aber doch nichts als eine einstudierte Redewendung, ein plumper Trick. Und danach folgen schematische Überzeugungsversuche. Doch so ein Gespräch hat bei den wenigsten Menschen die Chance, überhaupt in Gang zu kommen. Wer sich nicht als „junge Frau" fühlt, wird sich kaum angesprochen, sondern vielmehr auf den Arm genommen fühlen. (Ganz zu schweigen davon, dass auch eine junge Frau diese Anrede eher befremden dürfte). Auch der Umstand, dass der Verkäufer Sie unaufgefordert aufhält, wird die meisten irritieren.

Ein Small Talk wird Ihnen dann gelingen, wenn Sie und Ihr(e) Partner sich im Laufe des Gesprächs nicht nur über die Gesprächsinhalte, sondern auch über die gemeinsamen Kommunikationsziele verständigen: *Wir wollen uns mitteilen. Wir wollen über dies reden und über das nicht. Wir wollen uns austauschen. Wir wollen uns gegenseitig respektieren, u. v. m.*

Das Eis brechen

Stellen Sie sich vor, Sie werden von Ihrem Unternehmen auf eine Veranstaltung geschickt. Sie treffen bereits eine halbe Stunde vor Beginn am Veranstaltungsort ein und betreten einen großen Saal. Vorne am Rednerpult wird noch aufgebaut, also gehen Sie zurück ins Foyer und steuern die Bar an. Dort stehen schon zwei Personen, jede für sich. Das Gebäude ist ganz neu, die Atmosphäre wirkt sehr steif und unpersönlich. Sie stellen sich zwischen die beiden und bestellen eine Cola. Die eine Person dreht sich sofort weg, aber die andere beobachtet Sie aus den Augenwinkeln. „Na, bevor ich mich hier langweile, würde ich mich doch gerne etwas unterhalten", denken Sie sich. Schließlich haben Sie gehofft, an diesem Abend ein paar wertvolle Kontakte zu knüpfen. Aber wie beginnen? Es hilft alles nichts: Einer muss den ersten Schritt tun und das Eis brechen. Dazu lernen Sie im Folgenden zwei bewährte Techniken kennen: den Start mit einer Icebreaker-Floskel oder mit einem Aufhänger.

Mit Icebreaker-Floskeln riskieren Sie nichts

Kontaktfreudige Menschen haben meist keine Probleme, mit Unbekannten ein Gespräch zu beginnen, ob sie nun im Supermarkt in einer Schlange warten, im Zug einem fremden Menschen gegenübersitzen oder nach einem Kongress den Redner ansprechen. Als Starter benutzen routinierte Smalltalker häufig das, was wir als „Icebreaker-Floskeln" bezeichnen möchten: einfache Äußerungen von so allgemeinem Charakter, dass man sich über den Inhalt nicht auseinanderzusetzen braucht. Meist wird etwas Offensichtliches thematisiert oder ausgesprochen, das jeder in diesem Moment denkt. Auf der Beziehungsebene signalisieren sie: „Hallo, ich nehme dich wahr, wir sind beide hier und empfinden dasselbe, also lass uns (kurz) kommunizieren." Dieser Starter lässt sich in vielen Situationen erfolgreich einsetzen.

Icebreaker-Floskeln zeichnet aus, dass sie den schnellen Kontakt zu einer anderen Person herstellen, ohne sie zu einem Gespräch zu nötigen. Das Gespräch kann jederzeit abgebrochen werden, sich aber auch fortsetzen oder gar vertiefen.

Die Icebreaker-Floskeln haben außerdem den Vorteil, dass Sie niemanden direkt ansprechen müssen. Sie werfen etwas in den Raum, was eher so klingt, als würden Sie ein Selbstgespräch führen. In der oben geschilderten Situation an der Bar etwa könnten Sie eine Cola bestellen und sagen: „Es ist noch ziemlich früh", dabei blicken Sie erst auf Ihre Uhr und lassen dann Ihre Augen durch die Halle schweifen. Sie überlassen es somit dem anderen zu reagieren. Offensiver ist der Kontaktversuch dann, wenn Sie direkten Blickkontakt mit der entsprechenden Person aufnehmen. Auf jeden Fall ist eine Icebreaker-Floskel ein Signal, dass Sie ins Gespräch kommen wollen – und das ist das Wichtigste.

Steigt der andere nicht darauf ein, haben Sie keinen Gesichtsverlust zu befürchten. Sucht er auch das Gespräch, wird er etwas hinzufügen: „Ja, darum ist es wohl auch noch so leer. Wissen Sie, wie viele Personen erwartet werden?" – „Ehrlich gesagt habe ich keine Ahnung, aber ich bin schon sehr gespannt auf den ersten Vortrag." Und schon sind Sie mitten im Gespräch!

Gesprächstechnik: Icebreaker–Floskeln

Eröffnen Sie den Dialog mit einer Feststellung des Offensichtlichen: Hier bieten sich Bemerkungen zum Wetter, zur Räumlichkeit oder den besonderen Umständen der Situation an.

„Heiß ist es heute."

„Die Schlange ist heute aber besonders lang."

„Der Saal ist schon fast voll – der Kongress soll dieses Jahr ja besonders stark besucht sein."

„Das Programm geht noch bis zwanzig Uhr. Das ist ja ein richtiger Marathon."

An der Reaktion des Gesprächspartners erkennen Sie schnell, ob er für ein Gespräch bereit ist.

Wenn Sie mehr riskieren wollen, können Sie eine Icebreaker-Floskel und eine persönliche Bewertung der Situation kombinieren, zum Beispiel:

„Ah, nach diesem langen ersten Akt ist eine kleine Erfrischung richtig erlösend." (In der Opernpause)

„Jetzt sind wir zwanzig Minuten später aus Stuttgart losgefahren. Ich bin ja mal gespannt, ob wir das bis Köln wieder aufholen." (Auf einer Zugreise)

Um noch deutlicher „interaktiv" zu werden, hängen Sie noch eine Frage an. Diese auch *tag questions* genannten Fragen kennen Sie vielleicht aus dem Englischen („... isn't it?" „... don't you?" etc.) Mit Anschlussfragen verwandeln Sie Ihre Aussage in eine Frage und fordern Ihren Gesprächspartner auf, seine Meinung zu äußern (bevorzugt Zustimmung):

„Ah, nach diesem langen ersten Akt ist eine kleine Erfrischung richtig erlösend, oder?"

„Die letzte Rede hatte richtig Schwung, finden Sie nicht?"

Der „harmlose" Gesprächseinstieg mittels Icebreaker-Floskeln lässt sich auch gut einsetzen, wenn Sie eigentlich ein ganz anderes „ernstes" Gesprächsanliegen haben (zum Beispiel wenn Sie eine Information einholen oder jemand um etwas bitten wollen). Auf diese Weise ein Gespräch zu beginnen wirkt verbindlich und sorgt für die nötige harmonische Grundstimmung.

Beispiel

Herr Meixner trifft seinen Nachbarn Herrn Schindler, mit dem er so gut wie nie Kontakt hat, vor dem Haus. Beide haben ihre Autos auf den hauseigenen Stellplätzen geparkt. Schon lange stört es Herrn Meixner, dass Herr Schindler sein Auto so dicht neben dem seinen parkt, dass man auf der rechten Seite kaum aussteigen kann. Nun ist die Gelegenheit, Herrn Schindler darauf anzusprechen. Herr Meixner beginnt:
„Hallo Herr Schindler. Heute ist es heiß, was?"
„Ach guten Tag, Herr Meixner. Da haben Sie recht, über 30 Grad habe ich gerade auf meiner Terrasse gemessen."
„Ach übrigens, Herr Schindler, Sie haben doch den Stellplatz rechts neben mir, oder? Würde es Ihnen etwas ausmachen, wenn Sie Ihr Auto etwas weiter nach rechts parken? Ich glaube, da ist noch etwas mehr Luft als auf meiner Seite. Ich frage nur, weil meine Frau dann besser ein- und aussteigen kann."
„Kein Problem, das war wirklich etwas gedankenlos von mir!"
„Übrigens, ich hab's mir schon öfter gedacht, jetzt wohnen wir schon so lange im gleichen Haus und sehen uns immer nur im Vorbeigehen: Wollen Sie heute Abend nicht auf ein Bier vorbeikommen? Es kommen ein paar Freunde zum Grillen vorbei."
„Ja, sehr gerne, ... um wie viel Uhr denn?"

Übung 21: Gesprächsstart mit Icebreaker-Floskeln

Überlegen Sie sich jeweils zwei bis drei Gesprächsanfänge mit einer Icebreaker-Floskel für die folgenden Situationen. Sprechen Sie die Sätze laut aus.

1. Sie hören einen Vortrag, neben Ihnen sitzt der Einkäufer einer großen Firma, die Sie noch nicht beliefern. Sie kennen ihn vom Sehen, er sie nicht. Wiederholt legt der Redner vorne am Pult seine Folien falsch herum auf den Projektor. Als es wieder einmal passiert, seufzt Ihr Nachbar. Sie ergreifen die Gelegenheit ...

2. Eine Projektbesprechung dauert schon zwei Stunden. Der Besprechungsleiter macht zehn Minuten Pause, danach soll es weitergehen. Es stehen noch fünf umfangreiche TOPs auf der Liste. Am Kaffeeautomaten treffen Sie einen Ihnen unbekannten Mitarbeiter aus einer anderen Abteilung, der protokolliert ...

(Vorschläge im Lösungsteil.)

Den richtigen Aufhänger finden

Bedienen Sie sich im Small Talk einer Technik, die viele gute Redner erfolgreich einsetzen: Sie beginnen mit einem Aufhänger, der die Aufmerksamkeit der Zuhörer fesselt. Ob das ein treffendes Zitat, ein guter Witz oder eine aktuelle Schlagzeile ist – wichtig ist nur, dass es gelingt, die Zuhörer „wachzurütteln". Bringen Sie sie gleich mit dem Aufhänger zum Lachen oder wecken Sie Emotionen, haben Sie schon halb gewonnen.

Beispiel

„Meine sehr verehrten Damen und Herren, ein japanisches Sprichwort sagt: 'Der Tag, an dem man einen Entschluss fasst, ist ein Glückstag.' Vielleicht sollten wir dem 17. Mai 2010 in unserer Firmengeschichte einen ganz besonderen Platz einräumen, denn ich finde, er war für uns alle ein Glückstag. An diesem Datum beschloss unsere Geschäftsführung, sich nicht von den schlechten Wirtschaftsprognosen beeindrucken zu lassen, sondern erteilte dem Architektenbüro Schmidt den Auftrag, den Neubau für unsere F&E-Abteilung zu realisieren. Und heute haben wir nicht nur fünf Arbeitsplätze dazugewonnen, sondern können auch sagen: Wir sind unserer Konkurrenz in technischer Hinsicht um mehr als nur eine Nasenlänge voraus."

Der Vorteil gegenüber einer eher oberflächlichen Icebreaker-Floskel ist, dass Sie mit einem Aufhänger auf ein konkretes Thema hinsteuern können. Stellen Sie aber auch hier immer einen Bezug zur Situation her.

Aufhänger

Als Gesprächsaufhänger eignen sich im Small Talk besonders
- Informationen zum Ort, Gastgeber, Gästen etc.,
- Informationen über Ihr Gegenüber,
- aktuelle Ereignisse (Schlagzeilen, Zeitungsmeldung),
- Zitate,
- Witze,
- kleine Geschichten.

Beispiele

In den folgenden Beispielen finden Sie alle Aufhänger kursiv gesetzt:

Sie interessieren sich für den Werdegang Ihrer neuen Kollegin: *„Herr Müller hat mir schon erzählt, Sie hätten auch in München Volkswirtschaft studiert* ... Was hatten Sie denn für einen Schwerpunkt?"

Sie sitzen im Zug, ein Mitreisender wirft einen Blick auf den Sportteil Ihrer Zeitung. Sie freuen sich schon auf ein Fußballgespräch: *„Tja, die Bayern sind raus aus der Champions League.* Interessieren Sie sich für Fußball?"

Sie sind auf einer Vernissage. Eine Frau, die schon eine Weile neben Ihnen steht, lässt den Blick durch den Raum schweifen. Sie bemerken: *„Ein idealer Ausstellungsraum,* ich kannte ihn noch gar nicht. Kennen Sie viele Galerien hier in München?"

Sie möchten mehr über Ihren Hotelnachbarn erfahren, der morgen mit Ihnen in Richtung Messe-U-Bahn fährt: *„Ah, Sie fahren auch zur Messe.* Sind Sie als Kunde dort oder als Aussteller?"

Kundentermin, das erste Gespräch mit einem Neukunden. Sie möchten mehr über das Unternehmen erfahren: *„Ihre Büroräume gefallen mir sehr gut. Eine tolle Lage, und so schön großzügig.* Wie viele Mitarbeiter arbeiten denn hier?"

Übung 22: Aufhänger

Erinnern Sie sich an drei reale Gesprächssituationen, die noch nicht lange zurückliegen. Versuchen Sie zu rekonstruieren, wie die Gespräche begonnen haben. Wer hat das Gespräch gestartet? Wurde ein Aufhänger benutzt? Hätten Sie (besser) starten können? Welche(r) Aufhänger wäre(n) passend gewesen?

1. Die letzte Besprechung, die Sie mit Ihrem Chef oder einem Ihrer Mitarbeiter hatten.

_____

2. Die letzte Begegnung mit einem Kunden/einem Dienstleister.

_____

3. Eine Situation in einer Gesellschaft, in der Sie in einer Gruppe von Menschen standen, von denen Sie niemanden gut kannten.

_____

Nehmen Sie sich vor, jeden Tag ein kleines Gespräch mit einem Aufhänger zu beginnen!

Mit Fragen weiterkommen

Kennen Sie das: Sie haben sich vorgestellt, vielleicht auch schon ein paar anregende Worte gewechselt, aber dann wissen Sie nicht weiter. Vielleicht gibt es ein Thema, über das Sie gerne sprechen würden – aber Sie sind sich einfach nicht sicher, ob es Ihren Gesprächspartner auch interessiert.

Beispiel
Martin, frischgebackener Inhaber einer kleinen Stuttgarter Software-Firma, hat einen Kunden aus Norddeutschland zu Besuch. Sein mittelständisches Unternehmen wird Martins Softwareprodukt einsetzen. Nach der erfolgreichen Verhandlung lädt Martin den Kunden in ein Restaurant ein. Eine Weile unterhalten sie sich noch über das Geschäft, doch irgendwann ist alles gesagt. Martin fühlt sich unsicher. Er weiß nicht so recht, was er jetzt mit dem Unternehmer, der um einiges älter als er ist, reden soll – und sie sind erst bei der Vorspeise. Fieberhaft überlegt er – und hofft insgeheim, dass sein Kunde das Schweigen bricht.

Wenn Sie genug übers Business geredet haben, wollen Sie den Sprung auf die persönliche Ebene schaffen. Doch wie, wenn Sie Ihren Partner noch nicht gut genug kennen? Die Antwort lautet: Stellen Sie Fragen! Damit bringen Sie jedes stockende Gespräch wieder in Gang. Martin hätte seinen Kunden etwa fragen können: „Haben Sie öfter in Stuttgart zu tun?", „Was machen Sie denn so, wenn Sie nicht für Ihre Firma unterwegs sind?"

Tipp Erkunden Sie mit Fragen die Interessen und Lebensgewohnheiten des Gesprächspartners. Lenken Sie damit geschickt zu Themen, die Ihnen beiden Gesprächsstoff liefern. Bei der ganzen Sache sollten Sie mit einer „liebevollen Neugier" vorgehen.

Mit freundlich formulierten Fragen können Sie
- Ihre Neugier befriedigen,
- einen Sachverhalt erkunden,
- die Beteiligung am Gespräch regeln (gezielt Personen einbeziehen),
- Ihr Gegenüber aufwerten,

- sich selbst in ein Gespräch einbringen (etwa durch Nachfragen),
- auf ein gewünschtes Thema hin- oder von ihm wegführen,
- bestimmte Reaktionen herausfordern (Auskunft, Stellungnahme etc.) und damit steuern, wie über ein Thema gesprochen wird,
- Offenheit und Aufgeschlossenheit demonstrieren
- und einem Gespräch neue Impulse geben.

Tipp Mit Fragen greifen Sie steuernd in den Gesprächsablauf ein. Sie übergeben mit einer Frage das Rederecht gezielt an einen oder mehrere Gesprächspartner und Sie legen die Fortsetzung des Gesprächs fest: Der Gefragte muss antworten.

Rhetorische Fragen sind keine echten Fragen, daher lassen wir sie hier beiseite. Indirekte Fragen klingen zwar nicht nach Frage, haben aber ähnliche Funktionen. (Siehe unten, Seite 103.)

Mit konventionellen Fragen die Anfangsphase meistern

Für die Anfangsphase sind konventionelle Fragen am besten geeignet. „Wie geht es Ihnen?" können Sie direkt nach der Begrüßung anschließen, vorausgesetzt, Sie kennen die Person schon etwas näher. Oder Sie erkundigen sich nach dem/der Partner/in oder nach einem gemeinsamen Bekannten. Fragen zur aktuellen beruflichen Situation sind ebenso möglich: „Wie läuft es denn momentan beruflich?"
Mit konventionellen Fragen eröffnen Sie eine kurze, relativ vorhersehbare Gesprächssequenz. Der Vorteil ist, dass der Gesprächspartner noch nicht auf ein Thema „festgenagelt" ist. Das ist aber gleichzeitig auch der Nachteil: Das „Frage-Antwort-Spiel" kann ziemlich schnell wieder vorbei sein. Falls Sie ein längeres Gespräch beabsichtigen, sollten Sie dieses Spiel an passender Stelle fortsetzen. Nach dem „Wie geht es Ihnen?" wird der Ball garantiert wieder an Sie zurückgegeben – und jetzt bauen Sie Ihre Antwort aus. Alternativ können Sie versuchen, mit einem Aufhänger (siehe Seite 98) zu arbeiten.

Gesprächstechnik: Frage-Antwort-Spiele ausbauen

„Wie geht es Ihnen?"
„Danke, gut. Und Ihnen?"
„Mir geht's ausgezeichnet. Denn ich habe seit gestern einen neuen Job."

„Ach wirklich? Was machen Sie denn jetzt?"
Fortsetzung mit einem Aufhänger:
„Wie geht es Ihnen?"
„Gut, und selbst?"
„Auch ganz gut. Ein wenig viel Stress momentan, wie immer kurz vor dem Urlaub. Wann machen Sie denn Urlaub?"
Oder:
„Wie läuft's beruflich bei Ihnen?"
„Gut, ich bin zufrieden. Und bei Ihnen?"
„Sehr gut. Ich habe jetzt eine neue Projektgruppe ..."

Sie können aber auch Fragen stellen, die auf die aktuelle Situation Bezug nehmen. In der Regel bitten Sie dabei um eine Information. Solche Fragen sind ideal für den „Kaltstart" und damit den Aufhängern nicht unähnlich.

Beispiele

„Wissen Sie, wo man dieses Programm kaufen kann?"
„Können Sie mir sagen, wo sich die Bar befindet?"
„Könnten Sie mir sagen, wie spät es ist?"

Tipp Falls Sie Raucher sind, bitten Sie einen anderen Raucher um Feuer und versuchen dann, ein Gespräch anzufangen. Aber Vorsicht, Frauen könnten dies als aufdringliche Kontaktaufnahme deuten.

Falls Ihnen die Person sehr wichtig ist, sollten Sie lieber den direkten Weg gehen und sich bei passender Gelegenheit vorstellen.

Ein Small Talk ist kein Interview

„Wer fragt, der führt" – diesen Satz liest man nicht nur in fast jedem Verkaufs- und Managementratgeber, sondern auch in vielen Büchern über Small Talk. Leider, denn im Small Talk sollte kein Gesprächspartner eine führende Rolle übernehmen. Wer sein Gegenüber mit Fragen „löchert", wird sicher nicht reüssieren. Das erinnert an Gespräche, in denen einer der Beteiligten Macht über den anderen hat (sogenannte „asymmetrische Gespräche").

Beispiel

Im Interview oder Bewerbungsgespräch bestimmt eine Person die Themen, über die gesprochen wird: der Interviewer/Personalverantwortliche etc. Der Interviewte muss sich den Fragen stellen, ob er will oder nicht, und steht unter entsprechendem Druck. Noch deutlicher ist das Machtverhältnis zwischen dem Interviewer und dem Antwortenden bei einem Verhör.

Ein Small Talk ist weder Interview noch Verhör. Wie die meisten Alltagsgespräche sollte der Small Talk ein symmetrischer Dialog sein: Beide Partner sind bei der Gestaltung prinzipiell gleichberechtigt, und zwar von der Themenwahl über die Länge der Redebeiträge bis hin zur Auswahl der Steuerungsinstrumente (wie das Fragenstellen). Wenn Sie also viele Fragen stellen, darf *Ihr Gesprächspartner* das auch. Wenn Sie von Ihrem Gesprächspartner etwas wissen wollen, darf er auch etwas von Ihnen erfahren. Das Gespräch sollte in seiner Gesamtheit ein gegenseitiges Geben und Nehmen sein.

Fragen ist im Small Talk also hilfreich, muss aber der Gesprächssituation angemessen sein. Dazu sollten Sie Folgendes wissen:

1. Welche Fragen sind (inhaltlich) erlaubt?
2. Wie lenken Sie mit Fragen?
3. Wann ist die Gelegenheit günstig, eine Frage zu stellen?
4. Wie formulieren Sie Ihre Fragen am besten?

Welche Fragen thematisch „erlaubt" sind, haben wir bereits behandelt (siehe Lektion 3). Kommen wir also gleich zu Punkt 2.

Mit versteckten Fragen nach Themen suchen

Manchmal kann eine Frage sehr direkt wirken. Denn sie legt den Angesprochenen auf eine Antwort fest. Da hat zwar den Vorteil, dass der Gesprächsstil recht klar ist. Aber oft ist ein höflicher, indirekter Stil dem direkten vorzuziehen.

Nehmen wir an, Sie wollen ein bestimmtes Thema nur mal antippen. Wenn Sie fragen: „Wie finden Sie den neuen Controller?", ist das eine direkte Frage, die dem Gesprächspartner eine klare Antwort abverlangt. Möglicherweise will er aber gar nicht über das Thema sprechen. Stattdessen schweigt er oder stammelt etwas vor sich hin, was das Gespräch stocken oder abreißen lässt. Um das zu vermeiden, arbeiten Sie mit einer versteckten Frage. Sie verpacken Ihre Neugier quasi, indem

Sie ein Statement abgeben: „Der neue Controller ist ein ziemlich tougher Typ, finde ich". Dann machen Sie eine kleine Pause und warten ab, was geschieht. Reagiert niemand darauf, reden Sie einfach weiter. So haben Sie auf sehr elegante Weise ein Thema vorgeschlagen und es den anderen überlassen, darauf einzusteigen. (Lesen Sie hierzu auch die Hinweise im Kapitel „Frauen sprechen anders, Männer auch".)

Tipp Direkte Fragen wirken fordernd, versteckte Fragen anregend. Im Small Talk sollten Sie direkte Fragen vermeiden, damit Sie Ihren Gesprächspartner nicht in Bedrängnis bringen.

Gesprächstechnik: Höflichkeit signalisieren durch indirektes Sprechen

Eine versteckte Frage formulieren Sie, indem Sie daraus eine Feststellung oder Vermutung ableiten. Anstatt den Personalmanager zu fragen: „Haben sich viele auf diese Stelle beworben?", sagen Sie lieber: „Ich kann mir vorstellen, dass sich sicher einige auf diese Stelle beworben haben." Damit drängen Sie den Personalmanager nicht zur Nennung einer Zahl. Er könnte aber auch hinzufügen: „Stimmt, wir hatten 200 Bewerber, aber nur 20 sind in die engere Auswahl gekommen. Bei versteckten Fragen spielen die verschiedenen Modi *(können, dürfen)* und Wörter wie *denn, eigentlich, mal, bitte, wohl* sowie die Intonation eine wichtige Rolle. Sie sorgen dafür, dass Ihre Aussagen verbindlich und höflich klingen. „Ihre Tochter kommt heute Abend wohl auch." (Anstatt: „Kommt Ihre Tochter?") Oder: „Ich denke oft, dass die Marketingabteilung ein bisschen besser mit dem Vertrieb zusammenarbeiten könnte." (Anstatt: „Finden Sie, dass die Marketingabteilung besser mit dem Vertrieb zusammenarbeiten müsste?")
Setzen Sie versteckte Fragen ein, wenn Sie Ihre Neugier auf elegante Art befriedigen und auf ein bestimmtes Thema hinlenken wollen.

Indirektes Sprechen ist oft höflicher

Auch Aufforderungen, Ermahnungen, Ratschläge können Sie entweder direkt oder indirekt formulieren, wobei, je nach Kontext, die indirekte Formulierung meistens verbindlicher, höflicher klingt. Anstatt „Schicken Sie mir noch das Protokoll!" sagen Sie dann: „Warum haben Sie mir das Protokoll noch nicht geschickt?" oder: „Wollten Sie mir nicht heute das Protokoll schicken?" Natürlich spielt hierbei auch die Intonation eine wichtige Rolle.

Übung 23: Besser indirekt?

Testen Sie die Wirkung direkter und versteckter Fragen sowie direkter und indirekter Aufforderungen. Welche der Formulierungen würden Sie bei einem Gespräch mit wenig vertrauten Menschen bevorzugen? Mit welcher Art von Situation (symmetrisch/asymmetrisch) würden Sie die einzelnen Äußerungen eher verbinden?

Direkt	Indirekt/versteckt
Können Sie mich mitnehmen?	Ich suche noch eine Mitfahrgelegenheit.
Haben Sie Kaffee gekauft?	Ich suche gerade den Kaffee.
Sind Sie alleine hier?	Mit Partner sind wohl die wenigsten hier.
Könnten Sie mir auch ein Bier mitbringen?	Oh, mein Glas ist auch leer.
Erzählen Sie mir etwas über Ihren beruflichen Werdegang.	Wie sind Sie eigentlich auf Ihren Beruf gekommen?
Sie sollten auch Golf spielen.	Ich finde Golf einen wirklich schönen Sport.
Ich hatte Ihren Kompagnon aber auch erwartet!	Wollten Sie nicht Ihren Kompagnon mitbringen?
Geben Sie mir einen Termin.	Hätten Sie in der nächsten Zeit noch einen Termin für mich frei?
Verlassen Sie sich nicht auf diese Firma!	Ich würde mich lieber nicht auf diese Firma verlassen.

Übung 24: Indirektes Sprechen/verstecktes Fragen

Sehen Sie sich die folgenden Äußerungen an, die in einem Small Talk in dieser direkten Form ein Affront wären. Wie könnten Sie auf anderem Wege Ihr Ziel erreichen? Probieren Sie die Technik des versteckten Fragens im privaten Alltag und im beruflichen Small Talk aus.

Lektion 4: Den Small Talk sicher führen

1. „Wie heißt der da drüben noch mal?"

2. „Wie alt sind Sie?"

3. „Wo haben Sie diese Weisheit her?"

4. „Können Sie mir bitte den Kontakt zu Herrn/Frau X verschaffen?"

5. „Ich finde dieses neue Programm völlig unbrauchbar."

6. „Diesen Film muss man gesehen haben."

(Vorschläge im Lösungsteil.)

Stellen Sie die richtigen Fragen zur richtigen Zeit

Fragen sollten sich immer sinnvoll an das Vorausgegangene anschließen. Von Fragen wie „Wo gibt es hier einen Kaffee?", „Haben Sie mal Feuer?" oder „Könnten Sie mir sagen, wie spät es ist?" einmal abgesehen, sollten Sie deutlich machen, in welchem Zusammenhang Ihre Frage steht:
- Beziehen Sie sich mit Ihrer Frage auf etwas, was den Zuhörern bekannt ist, etwa eine frühere Bemerkung eines Gesprächspartners?
- Hat Ihre Frage etwas mit dem momentanen Thema zu tun?
- Handelt es sich nur um eine Verständnisfrage?

Stellen Sie also keine „unpassenden" Fragen. Sie könnten sich damit blamieren. Stellen Sie sicher, dass Ihre Gesprächspartner nachvollziehen können, worüber Sie gerade sprechen.

Tipp Wann ist der beste Zeitpunkt für eine Frage? Fragen Sie dann, wenn niemand anderes gerade das Rederecht hat, also in einer Gesprächspause. Zwischenfragen stellen Sie in kurzen Redepausen. Unterbrechen Sie Ihren Gesprächspartner aber nie mitten im Satz mit einer Frage.

Gesprächstechnik: Fragen in den Zusammenhang stellen

Bei anknüpfenden Fragen sollten Sie den Bezug verdeutlichen: *„Also wollten Sie niemals in diesem Beruf arbeiten?"*
Unterbrechende Fragen leiten Sie höflich ein: *„Darf ich noch mal kurz nachfragen, Sie haben also nie in diesem Beruf gearbeitet?"* Oder *„Entschuldigen Sie, dass ich unterbreche, aber wie …?"*
Wollen Sie mit einer Frage zu einem neuen Thema überleiten, machen Sie eine kurze Gesprächspause. Mit „übrigens" und „eigentlich" signalisieren Sie dann den Themenwechsel: *„Übrigens, wann findet eigentlich unser nächstes Meeting statt?"* *„Wann müssen Sie eigentlich wieder abreisen?"*

Tipp Führen Sie keine Frageattacken! Stellen Sie eine Frage und warten Sie dann die Antwort ab. Erst danach stellen Sie Ihre nächste Frage.

Fragen, die zum Reden animieren

Stellen Sie Ihrem Gesprächspartner Fragen, auf die er nur mit Ja oder Nein antworten kann, kann das Thema unter Umständen schnell abgehandelt sein. Doch Sie wollen ihn ja zum Reden bringen. Das schaffen Sie, indem Sie sogenannte offene Fragen stellen.

Tipp Mit offenen Fragen vertiefen Sie ein Thema oder locken den anderen aus der Reserve. Wenn Sie hingegen etwas abfragen wollen, sind geschlossene Fragen zu empfehlen (z. B. bei Bestätigungs- oder Zwischenfragen).

Beispiel
Sie reden über Sport und erzählen, dass Sie Golf spielen. Um herauszufinden, ob Ihr Gesprächspartner Ihr Hobby teilt, fragen Sie: „Spielen Sie auch Golf?" Antwortet er mit Nein, gerät das Gespräch ins Stocken, Sie müssen ein neues Thema finden. Fragen Sie hingegen: „Welchen Sport treiben Sie?", so haben Sie ein Thema eröffnet.

Eine offene Frage ist aber noch keine Garantie dafür, dass Ihr Gegenüber nun wild drauflos plaudert. Umgekehrt ist es natürlich auch möglich, dass jemand auf eine geschlossene Frage ausführlich antwortet („Nein, ich spiele kein Golf. Ich habe es vor einigen Jahren mal probiert, aber…").

Ein gutes Mittel, um Interessantes über Ihren Gesprächspartner zu erfahren, sind Szenario-Fragen, für die Sie allerdings etwas Fingerspitzengefühl brauchen. Dazu entwerfen Sie ein knappes Szenario, in dem Ihr Partner die „Hauptrolle" spielt und fragen, was er in dieser Situation machen würde. In einer Runde, in der Sie schon fester integriert sind, können Sie solche Fragen als „Partyspiel" einsetzen.

Beispiel: Szenarien entwerfen
„Was würdest du als erstes machen, wenn du im Lotto gewinnen würdest?"
„Was würdest du machen, wenn du heute noch mal mit einer Ausbildung anfangen könntest?"
„Was wünschen Sie sich für das kommende Jahr?"
„Was würden Sie tun, wenn Sie ein Unternehmen erben würden?"

Übung 25: Fragen stellen
Überlegen Sie sich jeweils zehn Fragen zu den folgenden Themen oder zu drei Themen Ihrer Wahl. Formulieren Sie Ihre Fragen schriftlich aus. Wählen Sie dann die fünf besten aus, die Sie auch im Small Talk verwenden würden, und überlegen Sie, warum sie besser sind als die anderen.
1. Golf
2. Internet
3. Essen

Machen Sie dazu auch eine Partnerübung: Ihr Partner überlegt sich ein Thema, in dem er sich auskennt. Dann gibt er Ihnen ein Stichwort vor und Sie stellen Fragen dazu. Achten Sie darauf, dass das Gespräch sinnvoll und im Fluss bleibt. Versuchen Sie dabei, nicht nur Sachinformationen abzufragen, sondern mehr über Ihren Partner zu erfahren.

Von Fragen und Antworten

Wenn Sie im Small Talk etwas gefragt werden, sollten Sie stets antworten. Das folgt aus zwei ganz elementaren Grundregeln der Kommunikation, dem Kooperationsprinzip und der Relevanzmaxime.
Das Kooperationsprinzip besagt, dass die Gesprächsteilnehmer ihre Beiträge zur Konversation so gestalten sollen, wie es die gegenwärtige und von allen akzeptierte Zweckbestimmung und Ausrichtung des Gesprächs erfordert. Die Relevanzmaxime besagt, dass alle Beiträge relevant sein sollen. Aus diesen Prinzipien ergeben sich sogenannte „konversationelle Verpflichtungen".

Ein zwischenzeitlicher Themenwechsel oder Unterbrechungen heben die konversationelle Verpflichtung nach einer Frage zu antworten nicht auf. Wie sagt man so schön: „Sie sind mir noch eine Antwort schuldig."

Damit die Kommunikation glückt, muss die Antwort angemessen sein, das heißt in erster Linie Sinn machen. Wenn Sie gefragt werden: „Wie gefällt Ihnen unser neuer Besprechungsraum?" und Sie reagieren mit „Ziemlich schick" oder „Nicht so gut, ich finde ihn sehr kalt und unpersönlich", sind das sinnvolle (relevante und kooperative) Antworten. Auch „Ich war noch nicht drin" wäre eine passende Antwort, denn sie ist so zu interpretieren: „Ich kann dazu nichts sagen, weil ...". Antworten Sie hingegen völlig zusammenhanglos mit: „Ich fahre morgen in den Urlaub", wäre das keine angemessene Reaktion. Handelt es sich nicht um ein Missverständnis, ist diese Antwort sogar als Affront gegen den Fragenden zu interpretieren. Schweigen Sie, wäre das ebenso peinlich für den Fragenden. Das Schweigen nach einer Frage hat damit eine ganz andere Bedeutung als das Schweigen nach einer Feststellung.

Beispiel: Gelungene Kommunikation

Sie stehen in der Kantine und fragen Ihren Nachbarn:
„Wie finden Sie eigentlich unseren neuen Besprechungsraum?"
„Wieso, gibt es einen neuen?" (Keine direkte Antwort, sondern eine Zwischenfrage. Aber kohärent, denn sie nimmt sinnvoll Bezug auf Ihre Frage. Die richtige Antwort kann aber erst erfolgen, wenn Sie wiederum die Zwischenfrage beantwortet haben:)
„Ja, seit zwei Wochen steht uns doch im neuen Gebäude der Besprechungsraum zur Verfügung." (Ihre Antwort auf die Zwischenfrage)
„Ach so, *der*. Den finde ich ganz schön." (Antwort auf Ihre Ausgangsfrage)

Was machen Sie aber, wenn Sie auf eine Frage nicht antworten möchten? Dann müssen Sie ausweichen oder klipp und klar sagen: „Darauf möchte ich nicht antworten."

Lektion 4: Den Small Talk sicher führen

Tipp An den Antworten erkennen Sie, wie gesprächsbereit Ihr Partner ist. Wenn jemand einsilbig auf Ihre Fragen antwortet, vertiefen Sie das Thema nicht weiter. Machen Sie eine Pause und geben Sie dem anderen die Möglichkeit, den weiteren Verlauf des Gesprächs zu bestimmen. Es ist nicht schlimm, wenn ein Gespräch eine Weile „ruht".

Übung 26: Fragen – Abschlusstraining

Trainieren Sie zum Abschluss Gespräche, in denen Sie die verschiedenen Fragetechniken anwenden.

1. Nehmen Sie sich vor, in einem realen Gespräch mit einem/r Bekannten oder einem/r Kollegen/in mehr über die Person zu erfahren. Lenken Sie das Gespräch überwiegend mit Fragen oder indirekten Fragen. Denken Sie daran, viele offene Fragen einzusetzen. Stellen Sie die Person und Ihre Gefühle dabei stets in den Mittelpunkt.

2. Partnerübung: Ihr Partner soll sich eine Episode überlegen, die er kürzlich erlebt hat. Er erzählt die Geschichte sehr knapp. Sie versuchen, durch Fragen alle Details zu erfahren.

3. Rollenspiel. Sie spielen mit Ihrem Partner zwei Dialoge, in denen Sie jeweils einen bestimmten Fragestil anwenden. Dazu müssen Sie sich etwas vorbereiten: Überlegen Sie sich eine eher asymmetrische Kommunikationssituation, z. B. ein Gespräch zwischen Chef und Mitarbeiter oder zwischen Vater und Sohn. Der Chef/Vater möchte etwas von seinem Mitarbeiter/Sohn wissen. Überlegen Sie sich gemeinsam ein paar Eckdaten für die gespielte Situation (z. B. Chef/Mitarbeiter: Projekt mit Verzögerung, woran liegt es? Vater/Sohn: Wie steht der Sohn gerade in der Schule da?). Lassen Sie sich etwas Zeit, um sich ein paar Inhalte zu überlegen.

Als erstes sind Sie der Chef (Vater) und sollen das Gespräch führen. Wenden Sie dabei eine Weile den direkten, dann den indirekten und kooperativen Fragestil an. Wie weit kommen Sie damit? Wie kommt das bei Ihrem Partner an?

Dann tauschen Sie die Rollen. Sie sind nun der Mitarbeiter/Sohn.

Sprechen Sie anschließend über die Dialoge. Was haben Sie, was hat Ihr Partner dabei empfunden?

Zuhören will gelernt sein

Mal ehrlich: Schalten Sie nicht manchmal ab, während der andere noch redet? Passiert es Ihnen nicht gelegentlich, dass Sie nur halb hinhören, weil Ihnen das Erzählte bekannt vorkommt? Und wie oft redet der andere noch, während man sich schon mal eine Antwort überlegt

oder in die Runde schaut, weil man den Gesprächspartner wechseln will. Wie häufig wartet man auf eine Gesprächspause, damit man endlich seine eigene tolle Geschichte zum Besten geben kann! Kurz gesagt: Zuhören will gelernt sein!
Wer dem anderen nicht richtig zuhört, läuft Gefahr, eine Version des Gesagten zu konstruieren, die stark von dem abweicht, was der andere gemeint hat. Zwar ist „Verstehen" immer nur ein Annäherungsprozess. Aber je besser wir einander zuhören, je mehr wir auf den anderen eingehen und je stärker wir uns in ihn einfühlen, umso mehr werden sich das „Mitgeteilte" (Sprecher) und das „Verstandene" (Zuhörer) ähneln.

Tipp Beobachten Sie sich beim nächsten gesellschaftlichen Anlass einmal: Sind Sie bei wirklich jedem Gespräch immer auf Ihr Gegenüber konzentriert? Wer dem anderen nicht zuhört, kann auch nicht angemessen reagieren. Nicht nur, weil er die Informationen auf der Sachebene dann nicht richtig versteht, sondern weil er zum Beispiel auch die Bedürfnisse des anderen schlichtweg „überhört".

Beispiel

Stellen Sie sich vor, Sie erzählen einem Freund oder einer Freundin, dass Sie nicht weiterwissen. Sie stecken in einem Projekt, das nicht enden will und das Sie Ihre ganze Kraft kostet. Sie können nachts nicht mehr richtig schlafen und glauben, dass Sie den falschen Job haben. Sie fühlen sich ausgepowert und wünschen, der Alptraum wäre zu Ende.
Ihr Freund empfiehlt Ihnen, das Projekt umzustrukturieren. Sie könnten doch Ihre Mitarbeiter oder Kollegen noch mehr einspannen. Bei ihm wäre es auch schon einmal so schlecht gelaufen und dann habe er beschlossen mehr zu delegieren.
Der Ratschlag ist sicher gut, aber ist die Reaktion angemessen? Hat Ihr Freund wirklich gut zugehört? Nein, denn etwas Wesentliches hat er nicht erkannt: Sie sind mit den Nerven am Ende. Was Sie jetzt dringender brauchen als einen Ratschlag in der Sache, sind ermutigende Worte und Trost: „Ich verstehe, wie du dich fühlst. Mir ist es auch schon so ergangen, aber du schaffst das schon ..." Erst danach hätte er seinen fachlichen Rat erteilen sollen.

Es gibt demnach das Zuhören auf der verbalen Ebene und das Wahrnehmen der nonverbalen Ebene. Bei letzterem geht es darum, unausgesprochene Botschaften in Form von Mimik oder Körpersprache aufzunehmen und darauf zu reagieren. Hierauf kommen wir später noch zu sprechen.

Tipp Es gehört zu einem guten Gespräch, den Gesprächspartner mit allen Sinnen wahrzunehmen.

Natürlich ist es auch immer von der Situation und der Art des Gesprächs abhängig, wie wir zuhören. Kennen Sie jemanden noch nicht so gut, so richten Sie Ihre Aufmerksamkeit auf Worte, Mimik und Gesten. Wenn Sie ein Fachgespräch führen, achten Sie mehr auf den Inhalt des Gesagten. Grundsätzlich sollten Sie aber versuchen, nonverbalen Botschaften immer Ihre Aufmerksamkeit zu schenken!

Aktiv zuhören!

Hören Sie Ihrem Gesprächspartner aktiv zu. Signalisieren Sie, dass Sie zuhören, indem Sie:
- regelmäßigen Blickkontakt suchen (siehe Seite 193),
- Gesten und Mimik einsetzen (Nicken, Kopfschütteln etc.),
- verbale Rückmeldungen geben.

Entscheidend bei allen verbalen Rückmeldungen ist, dass Sie nicht das Rederecht an sich reißen. Ein gelegentliches „Mhm" oder „Hm" soll nur signalisieren: „Ich habe verstanden und bin bei der Sache", ebenso setzen Sie den kurzen Satz ein: „Ach, jetzt verstehe ich." Rückmeldungen sollten übrigens nie mechanisch wirken (was beim „Mhm" schnell mal passieren kann). Es sollte selbstverständlich sein, dass Rückmeldungen Ihrer Gefühlslage entsprechen. Sagen Sie nicht „Toll!", wenn Sie in Wirklichkeit nicht begeistert sind.

Aktiv zuhören mit Rückmeldungen

Mit Rückmeldungen signalisieren Sie Interesse, motivieren den Sprecher zum Fortfahren und drücken Ihre Anteilnahme aus. Ob Sie nicken, die Augenbrauen runzeln oder das Gesagte kurz kommentieren: Das Gespräch wird umso kooperativer und harmonischer, je mehr Sie dabei die Gefühle (positive wie negative) Ihres Gegenübers spiegeln.

Kurze redebegleitende Rückmeldesignale sind etwa: *Mhm. Hm. Aha. Ach so. Jaja. Verstehe. Ach wirklich?*
Kommentierende Rückmeldungen sind: *Genau. Stimmt. Finde ich auch. Wie schön. Ach, das ist ja toll! Oh, wie schade. Na, da hatten Sie ja Glück!* etc.
Motivierende Rückmeldesignale sind: *Wirklich? Erzählen Sie! Ist das wahr? Das ist ja spannend!* u. v. m.

Dass Sie wirklich aufmerksam zuhören, beweisen Sie außerdem durch:
- Verständnisfragen: „Ich hatte zufällig für die Firma in Köln zu tun, als ich Martin das erste Mal getroffen habe, er war gerade auf dem Heimweg." „Ach, dann kommt Martin aus Köln?"
- Resümees: „Es war eine Riesenaufregung und ich möchte das nicht noch mal erleben. Hätte Herr Franco das nicht alles doch noch irgendwie gedeichselt ... Na, jedenfalls waren wir dann aus dem Schneider." „Na Gott sei Dank, da sind Sie ja noch mal mit einem blauen Auge davon gekommen."
- oder Aufgreifen und Weiterspinnen des Gesagten.

Übung 27: Aktiv zuhören

Für diese Partnerübung bereitet Ihr Partner drei Themen vor (Sachthemen, ein Erlebnis, eine Anekdote etc.), über die er etwa jeweils zwei Minuten spricht. Ihre Aufgabe heißt: aufmerksam zuhören!
1. Beim ersten Thema hören Sie nur zu und geben kaum Rückmeldung.
2. Beim zweiten Thema üben Sie das aktive Zuhören. Dazu nehmen Sie regelmäßig Blickkontakt auf, geben Rückmeldungen, stellen Rückfragen, wenn Sie etwas nicht verstanden haben, fassen das Gesagte öfter zusammen und versuchen außerdem, sich auch in die Gefühle Ihres Partners hineinzuversetzen und ihm zu vermitteln, dass Sie ihn verstehen.
3. Beim dritten Thema versuchen Sie den Dialog selbst mitzugestalten. Bei einer Geschichte können Sie Vermutungen anstellen, was als nächstes passiert oder wie die Geschichte ausgeht etc. Spricht Ihr Partner über ein Thema, stellen Sie z. B. öfter Zwischenfragen. Bringen Sie Ihre Erfahrungen ein.
Resümieren Sie abschließend das Ergebnis aller drei Gespräche: Wie haben Sie sich beide gefühlt? Welches Gespräch verlief Ihrer Meinung nach am besten und warum? Bei welchem Gespräch glaubt Ihr Partner, haben Sie am besten zugehört? Sehen Sie sich die Hinweise dazu im Lösungsteil gemeinsam an und diskutieren Sie das Ergebnis. Wenn Sie diese Übung auf Minidisk oder Kassettenrekorder aufnehmen, können Sie sie auch alleine analysieren.
(Hinweise im Lösungsteil.)

Den Small Talk elegant beenden

Das Gespräch beenden, die Beziehung nicht

Irgendwann hat sich auch das spannendste Gesprächsthema erschöpft. Vielleicht merken Sie aber auch, dass Ihr Gesprächspartner nicht sehr unterhaltsam ist. Dann wollen Sie sich noch anderen Anwesenden widmen. In jedem Fall gilt: So freundlich und höflich, wie Sie den Small Talk begonnen haben, sollten Sie ihn auch beenden. So bleiben Sie Ihrem Gegenüber auch über das Gespräch hinaus in angenehmer Erinnerung. Ein abruptes Ende wäre außerdem verletzend. Ebenso wenig sollten Sie Ihr Desinteresse offen zeigen, unruhig werden oder dauernd auf die Uhr blicken. (Bei Vielrednern und Menschen, zu denen Sie keinen weiteren Kontakt wünschen, ist das etwas anders, dazu lesen Sie mehr ab Seite 134).

Vier wichtige Ziele für das Ende eines Small Talks

1. Enden Sie positiv: Schließen Sie das letzte Thema mit einem positiven Ausblick ab.
2. Blicken Sie in die Vergangenheit: Verdeutlichen Sie noch einmal Ihr Interesse an dem Gesagten.
3. Werten Sie Ihren Partner auf: Drücken Sie spätestens jetzt Ihre Achtung, Dankbarkeit oder Wertschätzung aus.
4. Blicken Sie in die Zukunft: Stellen Sie ein neues Treffen in Aussicht, wenn Sie dies möchten, oder wünschen Sie Ihrem Partner einfach noch viel Vergnügen für den Rest der Veranstaltung.

Von der Einleitung des Endes bis zum Abschiedsgruß

Einfach ist es, wenn Ihr Gesprächspartner die Unterhaltung beenden will. Kommen Sie ihm entgegen. Schließen Sie das laufende Thema ab oder nutzen Sie eine Gesprächspause und leiten Sie anschließend zum Abschluss über, zum Beispiel mit: „Schön, dass wir uns unterhalten haben. Aber jetzt wollen Sie sicher noch andere Leute begrüßen. Vielleicht sehen wir uns später noch einmal ..." Halten Sie dabei Blickkontakt und lächeln Sie Ihr Gegenüber freundlich an.
Sendet Ihr Gesprächspartner jedoch keine eindeutigen Signale, die einen Break erleichtern, gehen Sie aktiv zur Einleitung des Gesprächsendes, zum „Closing" über. Wenden Sie dabei die folgende Technik an.

Gesprächstechnik: Höfliches „Closing" in sechs Schritten

1. Schritt: Versuchen Sie, das besprochene Thema abzukürzen bzw. mit einer Zusammenfassung zu Ende zu führen (positiv):
„Vielleicht sollten wir hier eine Pause machen, weil es sonst zu weit führt. Aber was Sie dazu gesagt haben, finde ich sehr interessant. Ich werde gerne darüber nachdenken."
„Das war wirklich eine tolle Geschichte."

2. Schritt: Leiten Sie dann zum „Closing" über, am besten nach einer kleinen Gesprächspause. Entweder Sie sprechen Ihr Bedürfnis zu gehen, indirekt an oder Sie äußern Ihren Wunsch direkt:
(Mit Blick auf die Uhr) „Oh, es ist schon so spät! ..."
„Ich glaube, ich muss jetzt mal los ..."
„Macht es Ihnen etwas aus, wenn wir unser Gespräch ein andermal fortsetzen?"
„Ich würde mich an dieser Stelle gerne verabschieden."
„Ich bin leider ein bisschen unruhig gerade ..."

3. Schritt: Begründen Sie Ihren Wunsch nach Beendigung:
„Sicherlich möchten Sie sich auch noch mit ein paar anderen Leuten unterhalten."
„... denn ich habe da hinten jemanden gesehen, mit dem ich noch ein paar Worte wechseln muss."
„... denn Herr Müller ist schon eine ganze Weile hier und ich weiß, dass er darauf wartet, dass ich mich ihm ein wenig widme."

4. Schritt: Bewerten Sie das Gespräch positiv und werten Sie Ihren Partner auf:
„Es war sehr nett, sich mit Ihnen zu unterhalten."
„Es war sehr interessant, mit Ihnen zu sprechen."
„Vielen Dank für das nette Gespräch."

5. Schritt: Blicken Sie in die Zukunft:
„Wir sehen uns noch, denke ich."
„Das sollten wir unbedingt mal fortsetzen."
„Ich hoffe, dass wir uns bald mal wiedersehen."
„Wir sollten uns mal treffen. Meine Telefonnummer haben Sie ja, und ich Ihre auch. Es würde mich jedenfalls sehr freuen!"

6. Schritt: Verabschieden Sie sich freundlich, stets mit einem Lächeln und je nach Situation auch mit einem Händedruck:
„Auf Wiedersehen."

Lektion 4: Den Small Talk sicher führen

„Bis später/bis dann!"
„Also dann auf Wiedersehen und noch einen schönen Abend."
„Falls wir uns nicht mehr sehen: Alles Gute und viel Spaß noch."

Tipp Sie können die Reihenfolge des Closings auch ändern. Wichtig ist, dass Sie die vier Ziele für das Gesprächsende im Kopf haben. Bringen Sie Ihre Achtung zum Ausdruck, dann wird das Ende natürlich, positiv und angenehm sein.

Haben Sie keinen wirklich guten Anlass, um das Gespräch zu beenden, gibt es zwei Möglichkeiten:

- Sie schieben einen Grund vor: Wollten Sie nicht noch mit dem Gastgeber plaudern? Wollen Sie sich vielleicht noch ein wenig frisch machen, bevor es im Programm weitergeht? Wollten Sie nicht noch eine Kleinigkeit essen? Oder müssen Sie morgen verflixt früh raus?
- Sie schlagen die ehrliche Strategie ein: Warten Sie auf eine Gesprächspause oder einen passenden Moment, sehen Sie Ihren Gesprächspartner lächelnd an und führen Sie das Gespräch mit freundlichen Worten zu Ende: „Es war ein nettes Gespräch. Aber leider muss ich jetzt ... Ich hoffe, wir sehen uns noch mal ..." Beachten Sie dabei die vier Ziele für das Gesprächsende.

Tipp Bleiben Sie souverän. Wenn Sie im Gespräch höflich und überzeugend sagen: „Ich muss mich jetzt von Ihnen verabschieden", wird in der Regel niemand nach dem Grund fragen. Einen plausiblen Grund sollten Sie aber dennoch parat haben. Wenn Sie doch gefragt werden und dann herumstottern, wirft das ein schlechtes Licht auf Sie.

Übung 28: „Closing"
Üben Sie den höflichen Gesprächsabschluss zu Hause vor dem Spiegel. Rufen Sie sich dazu Situationen ins Gedächtnis, bei denen Sie sich verabschiedet haben. Reflektieren Sie, wie Sie sich verabschiedet haben – was hätten Sie besser machen können? Überlegen Sie sich dann für verschiedene Fälle höfliche Gesprächsabschlüsse, die Sie sich laut vorsprechen. Achten Sie auf eine souveräne Körperhaltung und ein freundliches Lächeln. Üben Sie freundliche Closings auch ganz bewusst in alltäglichen Small-Talk-Situationen.

Lektion 5: Wie Sie kritische Situationen meistern

Beim Small Talk ist nicht immer alles eitel Sonnenschein.
Was tun, wenn Sie zum Plaudern schlecht aufgelegt sind?
Wenn Sie die Namen Ihrer Gesprächspartner vergessen?
Oder Ihnen der Respekt einflößende Chef begegnet?
Hier erfahren Sie, wie Sie auch in kritischen Situationen
souverän smalltalken.

Immer schön fröhlich?

Sicher kennen Sie das: Sie haben eine Verpflichtung, entweder eine private Einladung oder ein geschäftliches Meeting, fühlen sich aber gar nicht wohl. Sie sind einfach furchtbar schlecht gelaunt oder deprimiert. Sie würden sich lieber daheim verkriechen, als die nächsten Stunden mit anderen Menschen zu verbringen – und Small Talk zu machen. Aber absagen ist schwierig, Sie sind in der Pflicht. Also überwinden Sie sich und gehen hin. Die Frage ist nun: Müssen Sie den gutgelaunten Unterhalter geben?
Wir stellen Ihnen verschiedene Strategien für diese Situation vor sowie einige Taktiken, wie Sie mit Ihrer negativen Stimmung umgehen können. Wägen Sie ab, welche Strategie sich am besten für den jeweiligen Anlass eignet und welche am besten zu Ihnen persönlich passt.

Keine Lust auf Gesellschaft?

Mit übler Laune sollten Sie wenn möglich erst gar nicht auf eine Party oder einen geschäftlichen Empfang gehen. Prüfen Sie erst einmal, ob die schlechte Stimmung mit dem gesellschaftlichen Anlass zusammenhängt – vielleicht steckt etwas ganz anderes dahinter. Wenn Sie nicht absagen können, so bemühen Sie sich wenigstens um eine offene, positive Haltung. Vielleicht ist es gerade diese Party oder diese Besprechung, die Ihre Laune wieder hebt!

Strategie 1: Ehrlichkeit

Am einfachsten ist es, mit der schlechten Stimmung nicht vorm Berg zu halten. Das aber, werden Sie nun einwenden, ist doch eine verbotene Sache im Small Talk! Nun, es kommt darauf an, wie Sie Ihr Befinden zeigen oder darüber reden. Erstens müssen Sie nicht die Initiative ergreifen und das Thema selbst ansprechen, sondern können es auch „aufkommen" lassen: Wenn Sie sich nicht verstellen, fragt Ihr Gegenüber womöglich, wie es Ihnen geht, und Sie antworten einfach darauf. Dabei können Sie es bei einer Andeutung belassen bzw. die ganze Sache abschwächen.

Beispiel

„Frau Hermes, Sie sind heute gar nicht so fröhlich wie sonst."
„Ja, Herr Vogel, heute geht es mir nicht so besonders gut, deswegen ist meine Stimmung etwas gedämpft."

Tipp Die Andeutung ist prinzipiell eine gute Möglichkeit, das Thema offen zu halten. Der Gesprächspartner kann entscheiden, ob er es vertiefen möchte oder nicht.

Mit der Andeutung bitten Sie Ihren Gesprächspartner um Verständnis für Ihre Verfassung. Je nachdem, wer Ihnen da gegenüber steht, können Sie nach einer Andeutung auf folgende Weise fortfahren:

Gesprächstechnik: Fortsetzung nach einer Andeutung

Nachdem Sie Ihrem Gesprächspartner offenbart haben, dass Sie sich nicht gut fühlen, fügen Sie hinzu: „Aber das Fest wird mir die schlechte Stimmung schon vertreiben."
Jetzt kann Ihr Gegenüber entweder nachfragen: „Warum sind Sie denn so schlechter Laune?", oder er bringt deutlich zum Ausdruck, dass er das Thema nicht fortsetzen will: „Dazu sind Feste doch da. Der Gastgeber hat übrigens alles sehr schön dekoriert, finden Sie auch?" Und damit ist das Thema „schlechte Laune" erledigt.
Die Andeutung ist zu empfehlen, wenn Sie sich nicht verstellen wollen. Sie hat aber auch Nachteile: Möglicherweise verderben Sie anderen die Stimmung damit. Denken Sie auch an Personen, die Ihnen nicht besonders wohl gesonnen sind – sie könnten Ihre Schwäche ausnützen.

Grundsätzlich sollten Sie sich vor Leuten, die Sie kaum kennen, nicht „gehen lassen" und Ihr Innerstes nach außen kehren. Wenn Sie aber auf der Veranstaltung ein paar gute Freunde oder Bekannte treffen, können Sie sich natürlich öffnen.

Im geschäftlichen Bereich ist diese Strategie selten angemessen (außer, Sie haben ein sehr gutes und auch persönlicheres Verhältnis zu den anwesenden Kollegen, Mitarbeitern oder Vorgesetzten). Geben Sie nur Auskunft über sich, wenn Sie konkret auf Ihre Verfassung angesprochen werden. Wenn es Ihnen sehr schlecht geht, gilt: lieber nach Hause gehen!

Strategie 2: Ironie

Wenn Sie etwas Unangenehmes auf ironische Weise ansprechen, dann zeigt das, dass Sie Distanz gewonnen und begonnen haben, die ganze Sache zu verarbeiten. Ironisches Sprechen kann im Small Talk also durchaus passend sein, selbst wenn es das Tabuthema „persönliche Probleme" betrifft.

Gesprächstechnik: Ein persönliches Problem ironisieren

Ironisch über ein Problem zu sprechen nimmt der Sache zwar nicht den Ernst, aber wenigstens ihre Bedrohlichkeit: Die Stimmung bleibt locker. Ihr Gesprächspartner wird nicht in die Pflicht genommen, tiefer in das Problem einzusteigen.

Beispiel

Unwohlsein, Appetitlosigkeit: „Ich faste heute – für Deutschland."
Liebeskummer: „Seit gestern sind die Karten am Heiratsmarkt wieder neu gemischt."
Geschäftliche Schwierigkeiten: „Die Probleme, die ich gerade in der Firma habe, sind wirklich Peanuts. Reden wir lieber über lukrative Baugeschäfte im Osten..."

Im Anschluss an Ihre Bemerkung wird nur noch scherzhaft über Ihr Problem gesprochen. Die meisten werden nicht erkennen, dass Sie darunter leiden. Das kann auch schmerzen. Mancher wird Sie vielleicht für gefühllos halten, wenn Sie über ein persönliches Problem ironisch sprechen. Ob Sie diese Strategie anwenden, hängt sehr von den Leuten ab. Sie ist eher etwas für den privaten Bereich.

Strategie 3: Zurückhaltung

Diese Strategie wenden wahrscheinlich die meisten an, die in Gesellschaft mit übler Laune zu kämpfen haben: Sie halten sich während der Veranstaltung zurück. Sie sind zwar dabei, hören zu, bleiben aber eigentlich für sich und leiden still vor sich hin. Wenn sie jemand anspricht, reagieren sie freundlich, beschränken das Gespräch aber auf ein Minimum. Vielleicht warten sie aber auch insgeheim auf einen „Erlöser", der sie wieder aufbaut? Dann empfiehlt sich die ehrliche Strategie (siehe oben).

Zurückhaltung kann natürlich auch positiv ausgelegt werden (als Höflichkeit, Bescheidenheit etc.). Im Geschäftsleben machen Sie damit nichts falsch. Bei großen Veranstaltungen dürfte Ihre Verfassung niemandem besonders auffallen. Wenn Sie jedoch bei einem Kunden sind, müssen Sie das Gespräch ja selbst „in Schwung bringen" – hier sollten Sie eher zur Strategie der Verstellung greifen (siehe unten).

Zurückhaltung kann aber auch schlecht ankommen (Schüchternheit, Desinteresse). Achten Sie also darauf, dass Sie sich offen und freundlich verhalten, wenn Sie beobachtet oder in ein Gespräch gezogen werden. Sind Sie im Prinzip überhaupt nicht bereit für Gespräche, merkt man das leicht. Dann wäre es vielleicht besser gewesen, eine gute Ausrede zu erfinden und zu Hause zu bleiben.

> **Tipp** Vornehme Zurückhaltung üben Sie bei größeren Veranstaltungen, formellen Anlässen und im geschäftlichen Umfeld.

Strategie 4: Verstellung

Manchmal geht es einfach nicht anders: Dann muss man seine wahren Gefühle hinter einer Maske verbergen. Sie lächeln, hören interessiert zu, beteiligen sich rege an den Gesprächen, gehen auf andere zu, sind amüsant – obwohl Ihnen gar nicht danach zumute ist.

Der Vorteil dieser Strategie: Sie verderben den anderen nicht die Stimmung. Ihre aktive Beteiligung schmeichelt auch dem Gastgeber. Aber die Strategie hat auch für Sie einen positiven Effekt: Sie vergessen für einige Zeit, dass es Ihnen schlecht geht. Indem Sie mitmachen und mitlachen, bauen Sie innere Spannungen ab. Plötzlich sieht die Welt gar nicht mehr so grau aus. In dem Moment, in dem Sie sich anderen

Menschen zuwenden, vergessen Sie Ihren Kummer und Ihre Sorgen. Weil Sie sich öffnen, lernen Sie Leute kennen – vielleicht jemanden, der Ihnen neue Impulse gibt. Und auf einmal müssen Sie sich auch nicht mehr verstellen, sondern fühlen sich wohl. Der Abend war keine Qual, sondern Balsam für Ihre Seele!

Sind Sie kein guter Schauspieler, werden Sie allerdings nicht sehr überzeugend sein. Besonders wenn es keinen Anlass gibt, sich wirklich gut zu amüsieren, kann es für Sie sehr anstrengend werden. Die Verstellung lässt sich vielleicht auch nicht immer durchhalten, denn Ihre negativen Gefühle sind nun einmal da. So wundert es nicht, wenn der unglückliche Single dem frisch verliebten Paar aus dem Weg geht. Es kann also durchaus zu Brüchen in der „Inszenierung" kommen.

Der wesentliche Schwachpunkt der Verstellung ist: Womöglich stimmt das, was Sie sagen, nicht mit dem überein, was Sie ausstrahlen. Die anderen spüren intuitiv, dass etwas mit Ihnen nicht stimmt – sie bekommen nur keinen Anhaltspunkt geliefert, was es sein könnte. Also reimen sie sich irgendetwas zusammen und halten Sie womöglich für einen komischen Vogel, einen schrägen, unehrlichen Typen oder eine überspannte Person. Verstellen sollten Sie sich nur dort, wo man Sie nicht sehr gut kennt, beispielsweise bei geschäftlichen und sehr formellen Anlässen.

Namen sind kein Schall und Rauch

Sie sind auf einer Veranstaltung und haben die Chance, viele neue und beruflich für Sie wichtige Leute kennen zu lernen. Das Problem ist jedoch: Sie können sich die Namen der Personen nicht merken, mit denen Sie sich unterhalten haben. Vielleicht konnten Sie Visitenkarten sammeln – doch Sie wissen nicht mehr, welche zu wem gehört. Sie befürchten, dass Sie Ihre Gesprächspartner verwechseln oder nicht mehr direkt ansprechen können, weil Ihnen partout der Name nicht einfällt.

Wie Sie sich Namen besser merken

Viele Menschen können sich Namen nur schwer merken. Das ist nicht weiter schlimm: Erstens stoßen Sie in der Kennenlernphase niemanden vor den Kopf, wenn Sie einmal nachfragen; zweitens können Sie das Memorieren von Namen trainieren (siehe unsere Übungen unten).

Gesprächstechnik: Namen nachfragen

Haben Sie den Namen Ihres Gesprächspartners nicht gleich verstanden? Dann fragen Sie (am besten gleich) noch einmal nach:
„Entschuldigung, das habe ich jetzt nicht richtig verstanden."
Oder: „Verzeihung, Ihren Namen habe ich jetzt nicht gehört."
Wiederholen Sie den Namen dann am besten, um ein Missverständnis auszuschließen.
„Schön, dass wir uns kennen lernen, Frau Weidenfels."
Wenn Sie kurz nach der Begrüßung unterbrochen wurden und später noch einmal ein Gespräch mit der betreffenden Person beginnen, können Sie ruhig noch einmal höflich nachfragen, dann aber möglichst gleich zu Beginn des Gesprächs:
„Verzeihung, wie war Ihr Name noch?"
„Entschuldigung, wie heißt du noch mal?"
„Entschuldigen Sie, aber jetzt verlässt mich mein Kurzzeitgedächtnis. Wie war Ihr Name noch mal?"
„Ach schön, dass wir uns wieder treffen. Aber entschuldigen Sie, ich habe heute so viele neue Namen gehört – darf ich Sie noch mal nach Ihrem fragen?"

Jemanden hin und wieder namentlich anzusprechen hilft Ihnen, sich den Namen Ihres Gegenübers zu merken – und es wirkt zudem persönlicher.
Glauben Sie aber nicht die viel zitierte Verkäufer-Weisheit, dass Menschen nichts lieber hören als den Klang ihres eigenen Namens und man ihn deshalb möglichst oft aussprechen solle. Nennen Sie den Namen nur, wo es im Gespräch sinnvoll ist, beispielsweise wenn Sie in einer Runde eine bestimmte Person ansprechen oder wenn Sie den anderen unterbrechen.

Beispiele

„Darf ich Ihnen auch einen Drink mitbringen, Herr Steinebach?"
„Entschuldigen Sie, wenn ich Sie unterbreche, Herr Wilhelm, aber wo sagten Sie sitzt diese Firma?"

Tipp Einen schwierigen Namen merken Sie sich leichter, wenn Sie ihn im Gespräch thematisieren: „Wo kommt Ihr Name her?" „Wissen Sie, was dieser Name bedeutet?" „Das ist aber ein ausgefallener Name, wissen Sie etwas darüber, wie er entstanden ist?"
Sie können sich von Ihrem Gesprächspartner auch eine Eselsbrücke bauen lassen: „Ein ausgefallener Name, wie merke ich ihn mir am besten?" Oder Sie fragen nach der Schreibung.

Wenn Sie sich viele Namen auf einmal merken müssen, machen Sie die beiden folgenden Übungen, die sich übrigens auf viele Bereiche übertragen lassen – schließlich ist ein gutes Gedächtnis immer von Vorteil. Die erste ist eine Konzentrationsübung mit einfacher Memoriertechnik, die zweite eine kreative Technik, um sich Namen und Gesichter besser merken zu können.

Übung 29: Meine Küchengäste

Stellen Sie sich vor, in Ihrer Küche findet eine Party statt – mit lauter fremden Menschen. Die Gäste sind: Ihre Küchengeräte, die umstehenden Möbel und andere Gegenstände.

Gehen Sie in Ihrer Küche herum und vergeben Sie zunächst an drei verschiedene Gegenstände Nachnamen, zum Beispiel: Küchenwaage „Frau Wagner", Herd „Herr Müller", Obstschüssel „Herr Ziemsen". Zeigen Sie auf die Gegenstände und sprechen Sie die Namen laut aus. Gehen Sie weiter herum (wechseln Sie öfter die Richtung) und sprechen Sie die Gegenstände immer wieder, wenn Sie an ihnen vorbeikommen, namentlich an. Erweitern Sie dann die „Gästeliste" um zwei neue Namen: Spülmaschine „Frau Schröder", Glas auf dem Tisch: „Herr Mittler", und nach einiger Zeit um zwei weitere: Anrichte „Frau Winter", Küchenhandtuch „Frau Fiedler". Machen Sie weiter, bis Sie auf etwa 20 Namen gekommen sind. Helfen Sie sich, indem Sie Beziehungen herstellen: „Frau Fiedler hängt an Frau Winter".

Übertragen Sie die Übung dann auf reale Situationen: Wenn Sie etwa neu in einem Unternehmen sind, sprechen Sie die Kollegen und Kolleginnen immer mit Namen an. Auf Empfängen gehen Sie im Geiste die Namen der Anwesenden öfter durch. Versuchen Sie sich dabei gleichzeitig zu merken, in welchem Verhältnis die verschiedenen Personen zueinander stehen.

Übung 30: Namen und Gesichter merken

Für diese etwas zeitaufwändigere Übung brauchen Sie Magazine, Post-it-Zettel, etwas zu schreiben und Papier.

Nehmen Sie mehrere Tageszeitungen oder Magazine zur Hand: Schneiden Sie zehn bis 15 Fotos von Menschen heraus, die Sie nicht kennen. Notieren Sie ihre Namen (oder auch fiktive Namen) auf Post-it-Zettel, die Sie unten am Rand des jeweiligen Fotos fixieren.

Legen Sie die Fotos auf einen Stapel. Betrachten Sie sie nacheinander und versuchen Sie sich den Namen eines jeden einzuprägen. Überlegen Sie dazu: Was könnte die Person mit dem Namen verbinden? Denken Sie sich entweder eine kleine Geschichte aus, einen Reim oder eine Eselsbrücke. Zum Beispiel: „Frau Reif hat weiße Haare wie der Raureif im Winter." „Herr Scherz schaut voll Schmerz, ihn drückt sein Herz." „Tanja Liemann – sie ist blond wie die Riemann, vielleicht will sie einmal Schauspielerin werden."

Gehen Sie die Fotos anschließend noch ein bis zwei Mal durch, ohne sich zu lange bei jedem einzelnen aufzuhalten. Beim letzten Durchgang nehmen Sie die Zettel ab und legen Sie beiseite.

Mischen Sie dann die Fotos wie Karten und nehmen Sie sich dann eins nach dem anderen vor. Versuchen Sie, alle Namen richtig zuzuordnen.

Diese Technik können Sie unmittelbar bei Small-Talk-Events anwenden. Suchen Sie bei allen Personen, die Sie treffen und sprechen, nach hervorstechenden Merkmalen oder denken Sie sich zu jeder eine kurze Geschichte aus, in der zwischen Namen und Erscheinung eine Verbindung hergestellt ist.

Tipp Treffen Sie eine Person nach längerer Zeit einmal wieder und will Ihnen der Name partout nicht einfallen, versuchen Sie zunächst im Gespräch eine gemeinsame Erinnerung wachzurufen: „Hallo, was für ein netter Zufall! Wir hatten uns letztes Jahr doch auch genau an diesem Messestand getroffen." Dann fragen Sie noch einmal nach dem Namen. So machen Sie klar: Sie haben den Namen zwar vergessen, die Person aber nicht.

Wie sich andere Ihren Namen merken

Für Ihr Networking ist es natürlich wichtig, dass sich andere Ihren Namen merken. Seinen eigenen Namen öfter ins Gespräch zu bringen, ist jedoch schwierig. Und nicht auf jeder Veranstaltung ist es üblich, seine Visitenkarte zu überreichen. Die Lösung: Sie überlegen sich einen Anker, der Ihrem Gegenüber hilft, sich besser an Sie zu erinnern.

So merken sich andere Ihren Namen

Gute Anker sind Eselsbrücken. Manche Menschen stellen sich jedoch immer mit derselben, belanglosen Eselsbrücke vor, etwa: „Rasch, wie schnell". Es ist unangenehm, diesen Spruch auf einer Party oder einem Geschäftsempfang zwanzig Mal zu hören. Passen Sie also auf, dass Ihre Eselsbrücke nicht zu abgedroschen klingt – damit wäre ja auch ihre Wirkung verpufft.

Beispiele

Überlegen Sie sich etwas in dieser Art:
„Schneider – mich finden Sie unter den 2000 anderen im Münchner Telefonbuch sofort, denn ich habe einen seltenen Vornamen: Undine."
„Grünstoidl – bayrisch die ‚grüne Staude'."
„Peter Walland – wie der berühmte schwedische Kommissar, nur ohne *-er* hinten."

Übung 31: Ein Anker für Ihren Namen

So merken sich andere Ihren Namen leichter:

1. Suchen Sie sich eine/n prominente/n Namensvetter/in: Was könnte Sie verbinden? Was unterscheidet Sie deutlich voneinander?

___

2. Überlegen Sie sich eine witzige Eselsbrücke, eventuell mit einem aktuellen Bezug.

___

3. Machen Sie auf Ihren Namen einen Reim oder erfinden Sie einen guten Spruch. Aber Vorsicht: Ihre Einfälle sollten „gesellschaftsfähig" sein!

___

Lektion 5: Wie Sie kritische Situationen meistern

Was tun, wenn Sie jemanden verwechseln?

Beispiel

Auf einem Büroempfang. Frau Liebig wird von einem jungen Mann angesprochen.

„Hallo Frau Liebig, wie nett Sie hier zu treffen. Lange nicht gesehen."

„Hallo", freut sich Frau Liebig. Herr Pitt hat früher eine Etage unter ihrem Büro gearbeitet. „Danke der Nachfrage. Mein Geschäft läuft richtig gut an. Und bei Ihnen?"

„Ja, auch ganz gut. Ich habe umgesattelt und arbeite jetzt in einer Werbeagentur."

„Ach, wirklich?" Frau Liebig wundert sich – vom Vertrieb zur Werbeagentur? Aber nun gut, mit Marketing hat das ja alles irgendwie zu tun.

„Ja, es macht großen Spaß. Ich habe recht interessante Aufträge", antwortet ihr Gesprächspartner.

„Da sind Sie wahrscheinlich nicht mehr so viel unterwegs?"

„Hm, nein, aber so viel war ich das vorher ja auch nicht."

Frau Liebig wundert sich über diese Antwort, denn sie ist sich ganz sicher, dass er Herr Pitt damals viel auf Reisen war. Dann sagt Sie lachend: „Ich weiß noch, wie Sie mir diese lustige E-Mail geschrieben haben – mit dem Gedicht über den Hausmeister."

Der junge Mann stutzt kurz. „Gedicht über den Hausmeister ...? Ach, das weiß ich ja gar nicht mehr."

„Doch, erinnern Sie sich nicht? Es ging um die Glühbirnen im Flur."

„Äh, die Glühbirnen? Ich glaube, das war ich nicht."

Frau Liebig begreift allmählich. Das ist nicht Herr Pitt! Aber zu wem gehört nun dieses vertraute Gesicht? Wie bereitet man dieser Peinlichkeit ein Ende?

Es passiert einfach manchmal, dass man jemanden verwechselt oder mit falschem Namen anspricht. Was tun Sie in so einer Situation?

● Sie führen das Gespräch auf einer möglichst allgemeinen Basis freundlich zu Ende. Dann bitten Sie um eine Visitenkarte: „Ich bin mir nicht sicher, ob ich noch eine aktuelle habe." So ersparen Sie sich und dem anderen auf die Peinlichkeit einzugehen.
Dieses Vorgehen empfiehlt sich besonders, wenn der andere offensichtlich nicht merkt, dass Sie ihn verwechselt haben.

- Sie bekennen offen Ihr Versehen und sagen zerknirscht, dass es Ihnen sehr leid tut. Sie wissen auch nicht, wie das passieren konnte. Schieben Sie keine fadenscheinige Begründung vor, etwa Ihre Vergesslichkeit.
  Dieses Vorgehen empfiehlt sich, wenn die Verwechslung offenkundig ist.

Gehen Sie über Pannen hinweg!

Bei gesellschaftlichen Anlässen aller Art kann es immer einmal zu Pannen und peinlichen Momenten kommen: Bei einer Präsentation vor Kunden funktioniert die Technik nicht, obwohl man sie schon etliche Male getestet hat. In einem Restaurant, in dem Sie sich mit Geschäftspartnern treffen, lässt gerade diesmal der Service zu wünschen übrig. Auf Ihrer Party taucht plötzlich jemand auf, der nicht nur durch seine Kleidung, sondern auch durch sein Benehmen auffällt. Auf einem Kongress hören Sie einen miserablen Vortrag, über den sich anschließend alle aufregen.
Dürfen Sie in solchen Situationen Ihrem Ärger lauthals Luft machen? Im Small Talk gilt: Nein. Schimpfen Sie nicht, lamentieren Sie nicht. Das hilft niemandem weiter – und meist kann keiner der Anwesenden etwas dafür.
Wenn Sie sich beschweren wollen, richten Sie Ihre Beschwerde direkt an die Veranstalter oder die Verantwortlichen – aber auch dies diskret und immer in einem höflichen Ton. Wenn Ihre Kritik konstruktiv ist, wird sie dabei noch am ehesten aufgenommen.

> **Tipp** Kleine Störungen sollten Sie im Small Talk ignorieren. Lassen Sie sich durch die Reaktionen anderer nicht aus dem Gleichgewicht bringen. Zwinkern Sie Gleichgesinnten zu und gehen Sie mit einem Lächeln über die Sache hinweg. Denken Sie immer daran: Ein Small Talk sollte möglichst positiv und harmonisch verlaufen und jeder sein Gesicht wahren können.

Wenn es richtig peinlich wird, bewahren Sie die Contenance! Seien Sie den anderen ein Vorbild. Sorgen Sie für humorige Entspannung, indem Sie etwas Positives oder Aufmunterndes äußern. Zeigen Sie, dass Sie auch in schwierigen Situationen souverän bleiben können. Reagieren Sie immer der Situation angemessen: Wenn Mitgefühl angezeigt ist, verkneifen Sie sich eine witzige Bemerkung lieber, auch wenn es schwerfällt. Hinweise, wie Sie Anteilnahme zeigen können, finden Sie ab Seite 168.

Beispiel
Bei einer Hochzeitsfeier. Der Vater der Braut hält eine Rede auf das Paar: „Ich erinnere mich noch an den Tag, als unsere Christine ihren Peter vorstellte. Ich dachte: Was hat sie sich nur für einen merkwürdigen Burschen ausgesucht. Ich hatte mir für sie eigentlich etwas anderes vorgestellt. Und dann war er so schweigsam, dass ich gar nicht wusste, ob man das Wort an ihn richten soll. Aber inzwischen wissen wir ja alle, dass Peter gerne und viel redet..."
Die Gäste blicken beschämt auf ihre Teller, manche tuscheln. Nachdem der Brautvater seine Rede beendet hat, tauschen sich drei Gäste lautstark und lachend über die Rede aus. Peters Trauzeuge tritt in den Kreis und sagt: „Vielleicht hätte die Rede anders ausfallen können, aber Christinas Vater hat es gut gemeint. Er mag Peter wirklich sehr gern. Übrigens wisst ihr, wo die beiden ihre Flitterwochen verbringen?"

Wie Sie die Situation retten können:
- Bringen Sie ein anderes Thema auf.
- Wälzen Sie die Sache nicht unnötig aus. Wie sagte schon Goethe: „Getretener Quark wird breit, nicht stark."
- Zeigen Sie Anteilnahme an den Gefühlen Ihrer Gesprächspartner.
- Manchmal hilft Ironie. Wenn es passt, können Sie eine witzige Geschichte erzählen. Betonen Sie den komischen Charakter der Situation, ohne jemanden zu verletzen.
- Wenn Sie selbst für die Peinlichkeit verantwortlich sind: Blicken Sie die anderen an, präsentieren Sie eine Lösung oder stellen Sie einen positiven Ausgang in Ausblick.

Übung 32: Bei Pannen richtig reagieren
Was könnten Sie nach den folgenden peinlichen Vorfällen sagen, um die Situation aufzulockern und die eventuell gespannte Atmosphäre zu entschärfen?
1. Geschäftsessen. Der Kellner stößt aus Versehen ein Glas Orangensaft um; ein paar Spritzer treffen Sie, die Tischdecke wird nass.

2. Sie sitzen spätabends mit einem Kollegen/mit Ihrem Chef im Zug und unterhalten sich. Es war ein anstrengender Tag und Sie plaudern über Ihre Wochenendpläne. Da kommt eine Durchsage, dass Ihr Anschlusszug in Stuttgart nicht mehr erreicht wird. Der nächste fährt erst eineinhalb Stunden später.

3. Im Vortragssaal. Das Licht geht aus, dann geht es wieder an. Das wiederholt sich ständig. Im Saal erhebt sich grummelndes Gemurmel.

4. Bei Tisch. Jemand tritt Ihnen wiederholt gegen das Schienbein, nicht besonders fest, aber so, dass Sie es spüren. Endlich merkt Ihr Gegenüber, dass es Ihr Bein ist. Er wird rot, entschuldigt sich vielmals; es ist ihm offensichtlich sehr peinlich.

(Vorschläge im Lösungsteil.)

Wenn der Small Talk zum Quiz wird

„Sie kennen doch sicher Stefan Müller?", „Von Management by Objectives haben Sie bestimmt schon einmal gehört.", „Wie wir alle wissen, ist das Problem beim Solarstrom, dass ... " – fühlen Sie sich durch solche Anspielungen unter Druck gesetzt? Weil Sie Herrn Müller nicht kennen, von Management by Objectives noch nie etwas gehört haben und schon gar nicht wissen, was beim Solarstrom problematisch sein soll?
Von manchen Gesprächen fühlt man sich regelrecht ausgeschlossen. Dabei heißt doch das wichtigste Gesetz im Small Talk: Jeder soll daran teilhaben können.
Leider gibt es immer wieder Leute, die ihr Wissen in oberlehrerhafter Weise unters Volk bringen wollen oder sich durch Anspielungen und Insiderwissen über andere erheben. Lassen Sie sich nicht einschüchtern, wenn es anderen an Feinfühligkeit mangelt.
Wie reagieren Sie am besten auf solche Äußerungen?

Gesprächstechnik: Verteidigung gegen Belehrungen

1. Schritt: Bekennen Sie Ihr Unwissen: „Es tut mir leid, aber Herrn Müller kenne ich nicht." Bleiben Sie dabei ganz natürlich.
2. Schritt: Verlangen Sie eine Erklärung: „Aber sicher können Sie mich aufklären, um wen es sich handelt." Fügen Sie aber nicht hinzu: „Jetzt habe ich wieder etwas dazugelernt." Das klingt ironisch oder noch schlimmer – hilflos.

Wie Sie Ihr Wissen smalltalkgerecht verpacken

Falls Sie selbst ein wenig Wissen loswerden wollen, sollten Sie es ansprechend verpacken. So wirken Sie nicht belehrend.

Beispiele

„Neulich habe ich etwas Interessantes in der Zeitung gelesen ..."
„Ich war bislang eigentlich nicht so firm, was Malerei betrifft, aber letztens war ich in einer wunderschönen Macke-Ausstellung. Wenn Sie das interessiert, lege ich sie Ihnen sehr ans Herz. Mir hat besonders gefallen, wie ..."
„Wussten Sie eigentlich, woher ... stammt? Also mir war das völlig neu."
„Man sagt doch immer, dass ... Letztens habe ich im Fernsehen einen Bericht gesehen, der genau das Gegenteil bewiesen hat. Wissenschaftler haben herausgefunden, dass ..."
„Mein Chef/mein Coach/ein Trainer/mein Onkel ... hat mir mal erzählt, dass ..."

Was dürfen Sie eigentlich an Bildung voraussetzen in einem Small Talk? Das hängt ganz von Ihrem Gesprächspartner ab. Im geschäftlichen Kontext können Sie von der Stellung Ihres Gegenübers zumindest auf seine Ausbildung schließen. Aber was die Allgemeinbildung betrifft: Sprechen Sie Themen, die einen gewissen Bildungsgrad voraussetzen, immer mit Fingerspitzengefühl an.
Eine Frage, die in diesem Zusammenhang auch oft gestellt wird: Soll man sich speziell für den Small Talk fehlende Bildung aneignen? Und wo soll man überhaupt anfangen? Grundsätzlich ist es immer gut sich weiterzubilden. Sie können sich selbstverständlich auch ein Buch zum Bildungskanon anschaffen, wenn Sie das beruhigt (siehe Literaturverzeichnis). Aber man müsste sich in so vielen Dingen auskennen, wollte man bei jedem Thema mitreden: Kunst, Kino, Fernsehen, Literatur,

Musik, aber auch Computer, Mode, Esskultur, Jugendkultur, Wirtschaft, Sport ... Ist das wirklich sinnvoll?

Der beste Weg ist unserer Meinung nach, sich bei seiner „persönlichen Fortbildung" von echtem Interesse leiten zu lassen. Wieso sollen Sie auf einmal Faustzitate auswendig lernen, wenn Sie keine Zitate verwenden wollen? Wieso müssen Sie sich alle neuen Talk-Formate und Unterhaltungsshows im Fernsehen ansehen, wenn Sie solche Sendungen nicht mögen? Versuchen Sie lieber, etwas zu entdecken, was Sie wirklich reizt. „Probieren" Sie Kultur aus! Vielleicht fangen Sie für irgendetwas Feuer. Möglicherweise lesen Sie sich nach dem Besuch einer tollen Ausstellung in dieKunstgeschichte ein. Vielleicht begeistert Sie ein Jazzkonzert so sehr, dass Sie einen Volkshochschulkurs zu dieser Musikrichtung belegen. Suchen Sie sich Ihr „Steckenpferd" – so können Sie in Zukunft begeistert über Ihr Thema sprechen.

Tipp Wissen ist nicht allein eine Frage der Bildung, sondern auch der Interessen. Der eine weiß über die neuesten Vorgänge im schwedischen Königshaus Bescheid, der andere kennt jedes Detail aus den Filmen von Ingmar Bergman. Bewerten Sie diese Vorlieben im Small Talk niemals. Entscheiden Sie einfach, mit wem Sie über was sprechen wollen.

Übung 33: Bildung einmal anders

Schritt 1: Erarbeiten Sie sich ein abgegrenztes Wissensgebiet, das das Zeug zur „Bildungslücke" hat. Suchen Sie nach einem witzigen Thema, über das noch nicht viele Menschen nachgedacht haben.

Beispiele:
- Die (Erfolgs-)Geschichte einer Erfindung, eines Alltagsprodukts, einer bekannten Marke, z. B.: Wer hat die erste Vespa gebaut? Die Erfindung und der Siegeszug des echten Tempo-Taschentuchs. Wer hat den Teebeutel erfunden?
- Ein bestimmtes Phänomen aus der Verhaltenspsychologie: Recherchieren Sie in populärwissenschaftlichen Zeitungen oder im Internet einen weniger bekannten psychologischen Test, der interessante Rückschlüsse über unsere Art zu denken oder zu entscheiden offenlegt.
- Eine Legende des Alltags und ihre Aufklärung (siehe Literaturhinweise).
- Ein anderes amüsantes Thema aus Kultur oder Wissenschaft.

Schritt 2: Entwerfen Sie eine kleine Rede über ihr Thema. Strukturieren Sie Ihre Rede so einfach, dass Sie sie mühelos auswendig vortragen können. Versuchen

Sie dabei, den Inhalt so zu transportieren, dass kaum Vorwissen notwendig ist. Überlegen Sie außerdem einen smalltalkgerechten Einstieg.
Üben Sie die Rede einmal vor dem Spiegel. Versuchen Sie dann, Ihr Wissen bei der nächsten Gelegenheit anzubringen.

Partykiller Gleichgesinnte

Wenn Gesprächspartner auf einer Wellenlänge liegen, wirkt sich das positiv auf die Kommunikation aus. Das Gespräch fließt nur so dahin, wenn Menschen die gleichen Vorlieben haben, über das Gleiche lachen, Wissen und Erfahrungen teilen. Auch im Small Talk streben wir danach, Gleichgesinnte zu finden – wer kennt nicht Szenen wie die folgende:

Beispiel

Auf einer Party lernen Leo und Petra Martin und seine Freundin Silke kennen. Bald stellen Leo und Martin fest, dass sie ausgesprochene Fans von Monty Python sind. Der Abend ist gerettet. Nach einer eingehenden Analyse einzelner Komiker der Truppe erzählen sie sich gegenseitig Gags und Episoden, mal aus „Falty Tower", mal aus dem „Flying Circus", mal aus den Filmen. Einer beginnt mit einer Episode, da wirft der nächste schon die Pointe ein. Die beiden amüsieren sich die köstlich. Petra und Silke haben sich indes einem anderen Gespräch zugewandt. Einige andere Gäste lächeln gelangweilt, als die beiden wieder mal nur auf ein Stichwort hin Tränen lachen.

Zugegeben: Für Martin und Leo ist der Abend fantastisch. Aber die anderen fühlen sich ausgegrenzt oder gelangweilt.

Tipp Falls Gleichgesinnte ein Gespräch dominieren oder sich abkapseln, versuchen Sie Folgendes: Eröffnen Sie ein neues Thema oder bilden Sie mit anderen Gesprächspartnern eine neue Runde. Vielleicht können Sie die beiden in ein Gespräch, das alle interessiert, einbinden? Oder Sie versuchen, das spezielle Thema auf eine allgemeine Ebene zu holen: Was daran könnte jeden interessieren? Was lässt sich abstrahieren, auf andere Dinge beziehen? Welches benachbarte Thema lässt sich anschließen?

Was für andere gilt, gilt natürlich auch für Sie: Bleiben Sie offen für alle Gesprächspartner und verschiedene Themen. Versuchen Sie, sich an den unterschiedlichsten Unterhaltungen zu beteiligen.

Wie Sie einen „Fachvortrag" verhindern

Was können Sie tun, wenn Sie im Small Talk mit Fachbegriffen oder unverständlichen Fremdwörtern überhäuft werden? Reagieren Sie nicht ärgerlich und schämen Sie sich auch nicht dafür, dass Sie etwas nicht verstanden haben. Fragen Sie einfach nach – und zwar rechtzeitig! Unterbrechen Sie den anderen ruhig. Wahrscheinlich ist Ihrem Gegenüber gar nicht bewusst, dass er gerade ein Fremdwort verwendet hat, das nicht jeder kennt. Lassen Sie sich die Sache erklären. Sollte der andere das nicht wollen, kürzen Sie das Thema ab.

Gesprächstechnik: Verständnisfragen richtig stellen

Fragen Sie höflich nach. Liefern Sie eine Erklärung bzw. Rechtfertigung gleich mit, damit Ihr Partner weiß, dass Sie sich im Thema nicht auskennen:

„Ach entschuldigen Sie, was bedeutet ‚Recruiting' eigentlich genau? Ich habe leider nicht so viel Ahnung von Personaldingen."

„Entschuldigung, aber was sind denn Personalkennziffern? Hört sich eher trocken an."

„Human Resources – heißt das, Sie sind in der Personalabteilung? Ich kenne mich leider nicht so gut aus mit diesen Begriffen."

„In Wirtschaftsdingen bin ich leider nicht so fit – was bedeutet ‚Assessment Center' gleich noch mal?"

Rechtzeitiges Nachhaken hat den Vorteil, dass Sie den Small Talk nicht nur weiterführen und vertiefen können, sondern auch echtes Interesse am Thema bekunden. Fragen Sie hingegen nicht nach, setzt der andere (weiterhin) voraus, dass Sie wissen, wovon er redet. Wenn sich dann Ihre Unwissenheit zu einem späteren Zeitpunkt herausstellt, kann das unter Umständen peinlich sein – Ihr Gegenüber wird annehmen, dass Sie nicht richtig oder nur aus Höflichkeit zugehört haben. Also keine Scheu vorm Nachhaken! Sollte Ihr Partner arrogant reagieren, haben Sie ohnehin keinen Grund mehr, sich noch lange mit ihm zu unterhalten.

> **Tipp** Nachfragen können dazu führen, dass Ihr Gegenüber einen nicht enden wollenden Fachvortrag hält. In solchen Fällen setzen Sie die Gesprächstechniken ein, die im Kapitel „Wie Sie Vielredner loswerden" (Seite 134) vorgestellt werden.

Wenn Sie merken, dass sich jemand durch Fachausdrücke von den anderen abgrenzen will, dürfen Sie einschreiten: „Entschuldigen Sie, aber ich glaube, die wenigsten hier wissen genauer, was ... ist. Könnten Sie uns das erklären?"

Wenn Sie allerdings einem Gespräch lauschen, in dem sich zwei Fachleute „gesucht und gefunden" haben, sollten Sie den Austausch – zumindest eine gewisse Zeit – nicht stören.

Weitere Hinweise zur Fachsprache finden Sie im Kapitel „Wenn Sprache andere ausgrenzt" in der nächsten Lektion.

Wie Sie Vielredner loswerden

Nehmen wir an, Sie sind auf einer Party, auf der Sie einige Bekannte zu treffen hoffen, oder auf einer Veranstaltung, die Ihnen interessante Kontakte bringen soll. Es sind noch nicht viele Gäste da. Da kommt eine unbekannte Person auf Sie zu, stellt sich vor und fängt ein Gespräch mit Ihnen an. Zunächst verläuft der Small Talk sehr angenehm und Sie erweisen sich als guter Zuhörer. Sie merken zwar bald, dass Sie beide wenig verbindet – aber egal, Sie sind ein höflicher Mensch und wollen den anderen nicht gleich wieder alleine stehen lassen. Doch Ihr Gesprächspartner ist sehr engagiert, ja, er hört gar nicht mehr auf zu reden. Und allmählich beschleicht Sie das Gefühl, dass Sie hier jemand für seine Selbstdarstellung missbraucht und seine uninteressanten Geschichten loswerden will. Leider ist niemand in Sicht, der Sie erlöst. Wie steigen Sie in so einer Situation aus dem Gespräch aus, ohne den anderen zu verletzen?

Nicht mehr aktiv zuhören

Zunächst einmal können Sie versuchen, dem anderen über nonverbale Signale zu verstehen zu geben, dass Sie nicht mehr recht bei der Sache sind. Sie blicken länger auf Ihren Teller, Ihre Tasse oder in Ihr Glas, lassen Ihren Blick durch den Raum schweifen oder verfallen in Schweigen. Reagiert Ihr Gegenüber nicht auf diese Signale, werden Sie wohl oder übel das Gespräch selbst zu Ende bringen müssen. Überlegen Sie sich – je nach Situation – eine gute Ausrede für Ihren Abschied. Unterbrechen Sie den Redefluss Ihres Gesprächspartners; der beste Zeitpunkt dafür ist nach Abschluss eines Gedankengangs. Entschuldigen Sie sich für die Unterbrechung und begründen Sie, warum Sie das

Gespräch jetzt nicht fortführen können. Oder warten Sie auf ein passendes Stichwort, das Ihnen einen eleganten Übergang zu einem Closing (Seite 115) bietet.

Beispiel

> „Verpflichtung, das war das Stichwort. Entschuldigen Sie, dass ich Sie unterbreche, aber ich *muss* Sie verlassen. Meine Frau/die Babysitterin/mein Chef wartet auf einen Anruf."

Ansonsten schlagen Sie auch hier den geraden Weg ein: Unterbrechen Sie das Gespräch ganz zielbewusst an geeigneter Stelle, führen Sie es zu Ende und verabschieden sich höflich. Blicken Sie Ihrem Gegenüber dabei direkt in die Augen, vielleicht sogar etwas länger, als es normalerweise angezeigt ist – Sie wollen schließlich souverän auftreten!

Das „Als-ob"-Verhalten

In harten Fällen, in denen der andere Sie nicht aus seinen Fängen lässt, Sie aber ein konfrontatives Vorgehen vermeiden möchten, schlagen Sie ein „Als-ob-Verhalten" ein. Tun Sie so, als ob Sie jemanden weiter hinten im Raum erblickt haben. Dieser virtuellen Person, die am besten in einer Gruppe „auszumachen" sein sollte, „bedeuten" Sie dann, dass Sie gleich kommen werden. Wenden Sie sich dann Ihrem Gesprächspartner zu und sagen: „Tut mir leid, ich glaube ich werde verlangt. Es war nett, Sie kennen zu lernen, auf Wiedersehen." oder deuten Sie den Abschied nur an: „Ich glaube, ich muss mal eben …" und machen Sie sich davon. Danach sollten Sie aber wirklich ein Gespräch mit einem Bekannten oder einer anderen Person anfangen oder sich zu einer Gruppe dazustellen – sonst wäre die „Als-ob-Vorstellung" unglaubwürdig.

Schlechte Karten haben Sie unter Umständen, wenn Sie sich entschuldigen und einen Gang auf die Toilette vortäuschen. Kommen Sie zurück, wird Sie der Vielredner vielleicht suchen, um das Gespräch fortzusetzen. Sie sollten ihm also ganz deutlich machen: Das Gespräch ist jetzt beendet.

Tipp Je unempfindlicher Ihr Gesprächspartner auf Ihre Ausstiegsversuche reagiert, desto deutlicher dürfen Sie werden. Seien Sie charmant im Ton, aber gnadenlos in der Verwirklichung Ihres Ziels. Sehen Sie Ihrem Gegenüber direkt in die Augen, nehmen Sie eine aufrechte Haltung ein, lächeln Sie freundlich und geben Sie zum Abschied die Hand. Das kann niemand missverstehen.

Im Folgenden finden Sie weitere Anregungen, die Ihnen in dem einen oder anderen Fall den Abschied erleichtern.

Wie Sie das Gespräch rasch beenden können

Wenn Sie ohnehin gehen wollten:
- „Ich muss jetzt los, meine Schwiegermutter kommt heute um 22 Uhr mit dem Zug an."
- „Ihre Ansichten fand ich hochinteressant. Ich werde darüber nachdenken, auf jeden Fall darüber schlafen. Aber das war das Stichwort, ich muss jetzt los. Auf Wiedersehen, bis zum nächsten Mal!"

Wenn Sie noch bleiben wollen:
- „Sie kennen den Spruch: Wenn es am schönsten ist, soll man aufhören. Ich freue mich, wenn wir mal wieder das Vergnügen haben."
- „So, bevor ich mich von Ihnen verabschiede, erzähle ich Ihnen noch einen netten Witz …" (Und dann erzählen Sie Ihr Witzchen und verabschieden sich!)
- „Du lieber Himmel! … Entschuldigen Sie bitte, dass ich Sie unterbreche, aber ich habe völlig vergessen, meinen Chef anzurufen. Ich muss Sie verlassen! Viel Spaß noch."
- Sie lassen eine Alltagsweisheit vom Stapel oder ein Resümee und sagen dann: „So, das war das Wort zum Abend. Und jetzt muss ich mal weiterziehen."
- Wenn Sie jemanden sehen, den Sie kennen, und den Sie in ein Gespräch verwickeln könnten: „Oh, ich sehe da einen Bekannten! Ich muss zumindest ein paar Worte mit ihm wechseln, sonst ist er beleidigt. Es war nett, mit Ihnen zu reden. Schönen Abend noch."

Übung 34: Gespräche auf ein Ende hinlenken
Üben Sie mit einem Partner verschiedene Möglichkeiten, ein Gespräch zu beenden.
Ihr Partner bekommt folgende Aufgabe: Er soll sich fünf verschiedene Themen überlegen, wobei er möglichst viel und möglichst lange darüber reden und von einem Thema direkt zum nächsten kommen soll. Sie versuchen, das Gespräch zu beenden, mal mitten im Thema, mal nach Abschluss eines Themas. Vorgabe: Das Gespräch soll auf einem höflichen Niveau bleiben, doch sollten beide möglichst hartnäckig an ihrem Ziel festhalten.
Im Anschluss bewerten Sie Ihre Versuche, das Ende einzuleiten.

Sind Klatsch und Tratsch erlaubt?

Wussten Sie, dass in 65 Prozent aller Gespräche, die wir führen, Gerüchte verbreitet werden? Das hat das „Social Issues Research Center" in Oxford herausgefunden (Deutsche Welle; www.dw-world.de, 15.7.03). Tratsch ist beliebt, unabhängig vom Geschlecht und sozialen Schichten. Aber das Beste kommt noch: Tratschen soll gesund sein! Menschen die klatschen, leben länger, behauptet zumindest der an der Studie beteiligte britische Psychologe Robin Dunbar und vermutet, dass Tratscher ein stabileres soziales Netzwerk haben und besser in Gruppen aufgehoben sind als andere Menschen. Aber wie ist es, wenn man selbst zum Gegenstand des Geredes wird?

> **Tipp** Schützen Sie sich und andere vor zuviel Tratsch und Klatsch, indem Sie steuernd und regulierend in Gespräche eingreifen: Sorgen Sie dafür, dass jeder seine Würde behält und niemand die Achtung vor dem anderen verliert.

Sie bestimmen die Gruppenkultur mit!
In einer Gruppe sind alle Mitlieder für die Gruppenkultur verantwortlich. Wenn jemand beispielsweise diskriminierende Witze erzählt oder sich unflätig benimmt, schreiten Sie ein. Starten Sie einfach mit einem anderen Thema. Damit haben Sie die Situation in der Regel nachhaltig gerettet. Wenn das nicht hilft, weisen Sie den anderen freundlich darauf hin, dass sich die Runde nicht auf dieses Niveau begeben möchte.

Beispiel

Nehmen wir an, Sie stehen bei einem Seminar mit einigen Kollegen und Kolleginnen an der Hotelbar und nehmen einen Espresso zu sich. Da betritt eine ziemlich aufgedonnerte Frau den Raum: Hochhackige Schuhe, enge pinkfarbene Hose, tief dekolletiertes Oberteil. An Schmuck, Schminke und Haarspray hat sie nicht gespart. Einige Kollegen ziehen die Augenbrauen kurz hoch, andere können sich ein Grinsen nicht verkneifen. „Oh Gott, wie läuft die denn rum?", flüstert eine Kollegin zur anderen. Doch die entgegnet mit einem Augenzwinkern: „Das Wichtigste ist, dass sie sich selbst gefällt." Und damit ist das Thema erledigt.

Achtung Schlechtmacher!

Der Schlechtmacher profiliert sich auf Kosten anderer. Indem er bei seinen Opfern scheinbares Fehlverhalten kritisiert und sie abwertet, stellt er sich als „Gutmensch" dar, der über jeden Zweifel erhaben ist. Was seine eigene Person betrifft, mangelt es an selbstkritischer Distanz.

Kein Small Talk sollte auf Kosten anderer gehen. Wenn schon die Schwächen anderer zur Sprache kommen, dann sollte man nicht darauf herumreiten. Schreiten Sie ein, wenn der Klatsch zur üblen Nachrede wird! Klatsch sollte im Small Talk niemals bösartige Züge annehmen.

Übung 35: Drücken Sie es anders aus!

Im Folgenden finden Sie Äußerungen, die in typischen Klatschgesprächen vorkommen könnten – und nicht gerade von einer toleranten Einstellung zeugen. Überlegen Sie, wie sich die Kernaussage liebevoller verpacken lässt.

Beispiel: Anstatt: „Herr Wörnig ist ganz schön fett geworden!" sagen Sie: „Herr Wörnig ist nach wie vor kein Kostverächter; das kann man sehen."

1. „Herr Wimmer ist vielleicht eine lahme Schnecke. Bis der mal in die Pötte kommt mit seinen Berichten!"

2. „O Gott, die Frau Kegel ist auch da. Hat die nicht neulich völlig hemmungslos zugelangt auf der Abschiedsfeier vom Vorstand? Die war ja sternhagelvoll!"

3. „Also wie der Hansen was verkaufen kann, ist mir schleierhaft – der läuft doch rum wie ein Penner; mit seinen fettigen Haaren und den uralten Hemden!"

4. „Dieses neue Lehrmädchen aus der Werbung hat ja gar keine Hemmungen. Hosen und T-Shirts sind immer viel zu eng. T-Shirt kann man das Stückchen Stoff eigentlich gar nicht nennen."

5. „Die Müller schläft immer. Wenn ich die mal frage, ob sie mir was raussucht, dann dauert das Tage. Völlig unfähige Mitarbeiterin!"

(Vorschläge im Lösungsteil.)

Wie plaudert man mit seinem Chef?

Wie Sie sich im Small Talk mit Vorgesetzten gut verkaufen

Beispiel

Montagmorgen. Noch etwas verschlafen geht Herr Winter zum Aufzug. Da sieht er einen Vorgesetzten aus dem höheren Management auf den Lift warten, dem er bisher nur auf der Weihnachtsfeier oder bei Informationsveranstaltungen begegnet ist. Ein Rückzug ist nicht mehr möglich. ‚Wie mache ich jetzt einen möglichst guten Eindruck? Was soll ich sagen?', überlegt sich Herr Winter.

Viele Mitarbeiter haben Hemmungen, mit Vorgesetzten locker zu plaudern. Das ist verständlich. Meist ist es der Respekt, der Angestellte daran hindert, sich ganz natürlich zu unterhalten. Misstrauen kann auch die Ursache sein: Sie befürchten in dieser Situation nach ihrer „Leistung" bewertet zu werden. Also heißt es: sich zusammenreißen und nur ja keine Schwächen zeigen.

Es ist sicher nicht falsch, in Gesprächen mit Menschen, die hierarchisch höher stehen als Sie und von denen Sie abhängig sind, eher vorsichtig zu sein. Aber betrachten Sie solche Zusammentreffen doch einmal als Chance: Wenn Sie sich geschickt verhalten, können Sie sich hier von Ihrer besten Seite präsentieren.

Was für das Gespräch mit dem Chef gilt, lässt sich übrigens auch auf andere Gespräche übertragen, in denen Ihnen Respektspersonen gegenüber stehen.

Gesprächstechnik: Mit Vorgesetzten smalltalken

Wir nennen Ihnen die wichtigsten Strategien für die Begegnung mit Vorgesetzten. Bei allen gilt: Die aktuelle Unternehmenspolitik bleibt außen vor, ebenso heikle Themen wie z. B. personalpolitische Rangeleien oder Probleme in der Abteilung. Die folgenden Techniken eignen sich nicht für sehr kurze Zusammentreffen (z. B. im Fahrstuhl).

1. Zeigen Sie Ihre Wertschätzung: Äußern Sie sich positiv über eine Maßnahme, die Ihr Vorgesetzter mitgestaltet hat. Geeignet sind Maßnahmen, die für die Belegschaft positive Auswirkungen haben, etwa die Einführung eines neuen Rabattsystems für den Verkauf eigener Produkte an die Mitarbeiter etc.

2. Unterstreichen Sie die Kompetenz Ihres Gegenübers: Bittet Sie den Erfahrenen um einen Rat, etwa zu einer Führungs- oder Selbstmanagementtechnik. Dabei beziehen Sie sich nicht auf ein konkretes Problem mit Kollegen oder Mitarbeitern, sondern stellen Ihr persönliches Interesse in den Vordergrund.

3. Loben Sie andere: Beispielsweise bestimmte Maßnahmen eines zwischengeschalteten Vorgesetzten oder die Zielstrebigkeit Ihres Teams/Ihrer Abteilung. Wichtig ist auch hier, dass Sie allgemein bleiben.

4. Lassen Sie geschickt eigene Kompetenzen einfließen, die Sie möglichst gleich unter Beweis stellen: Schneiden Sie zum Beispiel ein aktuelles Wirtschaftsthema an oder eines, das unter Managern viel diskutiert wird.

Wenn es „ganz ernst" wird und ein Vorgesetzter Sie zum Beispiel privat einlädt, kann dies durchaus die Bedeutung einer „Feuerprobe" haben. Wenn Sie sich hierbei bewähren, fördert das sicher Ihre Karriere. Behalten Sie dabei im Blick, dass die Kommunikation mit dem Chef nur oberflächlich betrachtet „symmetrisch" verläuft, unterschwellig schwingt garantiert das Abhängigkeitsverhältnis mit: Ihr Verhalten im privaten Rahmen wird immer im Zusammenhang mit Ihren beruflichen Fähigkeiten beurteilt werden. Und schließlich weiß auch Ihr Chef: Wenn Sie aufsteigen wollen, müssen Sie Small Talk und Etikette aus dem Effeff beherrschen.

> **Tipp** Der Small Talk mit Vorgesetzten steht immer im beruflichen Kontext – auch wenn Sie kein Wort über die Arbeit wechseln.

Agieren Sie diplomatisch

Heißt das nun, dass Sie Ihrem Vorgesetzten nach dem Mund reden sollen? Sicher nicht. Wichtig ist, dass Sie Respekt zeigen und eine gute Figur machen. Halten Sie sich streng an die Regeln des guten Stils und der Etikette. Lassen Sie Ihr Gegenüber die Themen bestimmen, aber äußern Sie Ihre Meinung, wenn Sie gefragt ist. Wenn Sie anderer Meinung als Ihr Chef sind, zeigen Sie Fingerspitzengefühl und diplomatisches Talent. Vor allem aber: Selbst beim Small Talk sollte erkennbar sein, dass Sie über die Schlüsselfähigkeiten verfügen, die in Ihrem Job gefragt sind.

Wie Sie im privaten Talk Ihre beruflichen Fähigkeiten unter Beweis stellen

- Zeigen Sie sich interessiert und neugierig. Schließlich sind Sie Neuerungen gegenüber aufgeschlossen.
- Sprechen Sie positiv und optimistisch. So werden Sie auch Ihr Team motivieren.
- Lassen Sie sich etwas einfallen im Gespräch, denn auch im Job sind Ihre guten Ideen gefragt.
- Beziehen Sie andere ein und stellen Sie so Ihre Integrationsfähigkeit unter Beweis.
- Knüpfen Sie vor den Augen Ihres Vorgesetzten neue Kontakte und zeigen Sie, dass Sie das Unternehmen loyal vertreten können.
- Agieren Sie bei heiklen Themen diplomatisch, denn Sie brauchen erstens Ihren Vorgesetzten als Mentor und müssen zweitens auch selbst vermitteln können.
- Treten Sie souverän, klar und geradlinig auf. So haben auch Ihre (zukünftigen) Mitarbeiter vor Ihnen Respekt.
- Zeigen Sie, dass Sie einen weiten Horizont haben. Über den Job reden Sie nur, wenn Ihr Vorgesetzter das Thema anschneidet.

Für die Vorbereitung auf solche oder ähnliche Ereignisse sollten Sie sich Ihre persönlichen Ziele notieren; benutzen Sie dazu die Vorlage auf Seite 42 f. Außerdem empfehlen wir besonders die Übung zum aktiven Zuhören (Seite 113) und die Lektüre der Kapitel „Kleider machen Leute" (Seite 183) und „Haltung, Abstand, Blickkontakt" (Seite 186). In der Lektion 8 „Das Networking beginnt" finden Sie weitere Hinweise, wie Sie Ihre Geschäftskontakte erfolgreich nutzen.

Wenn andere Interessen im Vordergrund stehen

Wo hören geschäftliche Interessen auf, wo beginnen private? Klare Grenzen zu ziehen wird umso schwieriger, je enger die Geschäftsbeziehung ist, je länger sie dauert und je unkomplizierter sie bisher verlaufen ist. Welche Interessen im Zweifel Vorrang haben, müssen Sie mit Ihrem Gewissen ausmachen – aber letztlich ist es immer klug, Geschäftliches und Privates ganz strikt zu trennen. Und leider können Sie nicht immer sicher sein, dass eine persönliche Beziehung nicht ausgenutzt wird:

Beispiel

Frau Neumann ist bei einem guten Kunden, der allerdings länger nichts bestellt hat und auch diesmal weit hinter den sonstigen Mengen zurückbleibt. Frau Neumann kann ihm den bisher gewährten Rabatt beim besten Willen nicht einräumen. Nach dem Abschluss lädt der Kunde sie in ein Restaurant ein. Er erzählt einige persönliche Dinge. Und dann bietet er Frau Neumann das „Du" an. Frau Neumann erklärt, dass ihr im Geschäftskontakt das „Sie" lieber ist. Ihr Kunde nimmt ihr das nicht übel. Der Abend verläuft harmonisch. Doch nachdem er die Rechnung beglichen hat, kommt er noch einmal auf den Rabatt zu sprechen – und bittet Frau Neumann darum, ihn zu gewähren.

Wären die beiden jetzt beim „Du" gelandet, würde es vielleicht schwieriger für Frau Neumann, ihrem Gesprächspartner die Bitte abzuschlagen. Was Sie daraus lernen können: Gestalten Sie geschäftlichen Small Talk immer so, dass er nicht zu persönlich wird. Halten Sie sich an die unverfänglichen Themen. Halten Sie Ihre Ziele im Auge und setzen Sie die richtigen Prioritäten.

> **Tipp** Bei ausländischen Kontakten gelten unter Umständen andere Regeln. In vielen Ländern, etwa in Russland, ist der Aufbau einer persönlichen Beziehung geradezu Voraussetzung, um eine geschäftliche Verbindung aufzubauen. Man will Sie dort erst als Menschen, dann als Geschäftsmann kennen lernen. Und gute Geschäfte macht man mit guten Freunden. (Quelle: „Auslandsknigge", siehe Literaturverzeichnis im Anhang.)

Schwierig wird es, wenn Alkohol im Spiel ist. Da ist schnell mal eine Äußerung gefallen, die man am nächsten Tag bereut. Schauen Sie vor allem bei geschäftlichen Zusammentreffen nicht zu tief ins Glas!
Werden Sie misstrauisch, wenn im Small Talk so ganz nebenbei Informationen über Unternehmens- oder Abteilungsinterna erfragt werden. So etwas gehört nicht in den Small Talk.
Auch Mobbing kann mit einem ganz harmlosen Gespräch beginnen. Da wird scheinheilig Interesse bekundet, wo man nur auf die Offenlegung einer Schwäche wartet. Oder man missbraucht Sie als Informant, weil man endlich erfahren will, was in dem Projekt X zwischen Y und Z abgelaufen ist. Wenn Sie Kollegen, die Sie kaum kennen, überraschend in persönliche Gespräche verwickeln, sollten Sie immer vorsichtig sein. Sie müssen das Gespräch nicht abblocken. Führen Sie statt dessen Small Talk „in höchster Vollendung". Sprechen Sie über Unverfängliches und bleiben Sie auf verbindliche Weise unverbindlich. Geben Sie sich etwas Zeit, die Person näher kennen zu lernen und ihre wahren Absichten zu ergründen.

> **Tipp** Sprechen Sie am Arbeitsplatz nicht über gravierende Probleme mit Ihrem Job und erzählen Sie schon gar nichts Vertrauliches über Dritte, wenn Sie nicht wissen, wer Ihnen da gegenüber steht. Werden Sie ausgefragt, etwa zur Arbeitsweise eines Kollegen, geben Sie belanglose oder neutrale Antworten.

143

Schlagfertig reagieren auf Angeber und Störer

Wie gehen Sie mit Menschen um, die ein harmonisches Gespräch sprengen oder Sie persönlich angreifen wollen? Versuchen Sie Ihre Souveränität wiederzugewinnen, unfairen Angriffen zu begegnen und elegant zu kontern.

Wie man nichts auf sich sitzen lässt, lesen Sie auch im Trainingsbuch „Schlagfertigkeit" (siehe Literatur im Anhang).

Störungen – übergehen oder darauf eingehen?

Solange Sie die Störung übergehen können, ohne Ihr Gesicht zu verlieren oder den Störer bloßzustellen, gilt:

- Höflichkeit geht vor Direktheit.
- Ignorieren geht vor Verteidigung.
- Gemeinschaftsinteresse geht vor persönlichem Interesse. (Fühlt sich die gesamte Gruppe gestört oder nur Sie?)

Ironie, mit liebevoller Absicht, kann Ihnen übrigens auch in vielen Störungsfällen weiterhelfen (anders als Sarkasmus, der zu negativ ist). Ironie lässt sich als eine intelligente Form von Humor begreifen. Wer ironische Distanz zu den Dingen wahrt, kann letztlich auch über sich selbst lachen. Und wird nicht alles persönlich nehmen – was es auch leichter macht, Entschuldigungen von anderen anzunehmen. Ironie – so denn der andere darauf einsteigt – lässt aber auch Ihrem Gegenüber die Freiheiten, nicht alles perfekt machen und sich vor allem selbst nicht als perfekt darstellen zu müssen.

Angeber und Maulhelden ausbremsen

Angeber mag niemand. Eine einfache Strategie, einen Angeber zum Stoppen zu bringen: Sie fragen ständig nach und gehen dabei gnadenlos in Einzelheiten. Das machen Sie so lange, bis Ihr Gegenüber aufgibt. Der Effekt: Sie lenken vom Thema ab und sabotieren die Hauptbotschaft: „Ich bin der Größte".

Beispiel

„Als ich vor Mauritius beim Tauchen war, sind mir auch einige Haie begegnet. Was ist schon dabei!"
„Ach, Haie?"
„Ja, Hammerhaie. Nicht so klein, die Burschen."
„Wie groß denn?"
„Na, so anderthalb Mann lang."
„Und wie viele waren das genau?"
„Mindestens zehn Stück. Aber ich hatte ja meine Harpune, und schließlich habe ich Erfahrung; ich habe ja schon zahlreiche Unterwasserfilme gedreht."
„Ach, mit welcher Kamera denn?"
„Das war eine ..., na, weiß ich jetzt nicht mehr."
„Und was für eine Harpune hatten Sie?"
„Das weiß ich doch jetzt auch nicht mehr, die habe ich von der Tauchschule gestellt bekommen."
„Von welcher Tauchschule?"
„Von der ... also, das ist doch jetzt nicht so wichtig, oder?"

Tipp Mit dem Wörtchen „Ach" vor Ihren Fragen können Sie sowohl Zweifel als auch Neugier signalisieren – spielen Sie ironisch mit dieser Vagheit!

Beispiel

Mit folgendem Gedicht der fast vergessenen jüdischen Schriftstellerin Mascha Kaléko (1907–1975) können Sie einen passenden Beitrag zum Thema „Angeberei und Bescheidenheit" leisten:

Das Veilchen, zart und violett,
War Ehrengast auf dem Bankett,
Und jeder rühmte seine Tugend,
Und seine Schönheit, seine Jugend.

Das Veilchen drauf, mit scheuer Miene,
Ihr lobt mich mehr als ich verdiene.
Doch eine Tugend, die mich ziert,
Die habt ihr alle ignoriert.
Verbeugte sich nach edlem Brauch,
Und sprach: Bescheiden – bin ich auch.

Besserwissen und Schlaumeier entlarven

Es gibt Leute, die alles besser wissen und damit jedes Gespräch kaputt machen. Ein Austausch ist kaum möglich. Entlarven Sie Schlaumeier als Hochstapler – freilich auf elegante Weise.

Gesprächstechnik: Besserwisser widerlegen
1. Wenn Sie Spaß am analytischen Denken haben: Achten Sie genau auf die Argumentation. Gibt es Lücken, Ungereimtheiten, logische Fehlschlüsse? Konfrontieren Sie den Schlaumeier damit: „Nun, von X zu Y zu kommen, ist ein weiter Sprung? Wie kann man sich das erklären, wo doch ...?"
2. Wenn Sie es besser wissen: Machen Sie dezent darauf aufmerksam, dass Sie sich auskennen. Je beiläufiger Sie Ihr Wissen durchblicken lassen, um so weniger stellen Sie den anderen bloß.
3. Wenn Sie eine wie auch immer geartete Erklärung bekommen, fragen Sie: „Warum?" Wie ein Kind, das allem auf den Grund gehen will.

> **Tipp** Wenn ein Streit droht, lassen Sie den anderen Recht behalten und gehen nicht weiter auf das Thema ein. Sie können es auch wechseln, indem Sie sagen: „Nun, darüber kann man geteilter Meinung sein. Aber wir wollen uns hier ja nicht streiten. Darf ich Ihnen noch etwas zu Trinken mitbringen?" Bei hartnäckigen Rechthabern beenden Sie das Gespräch einfach.

Wie Sie auf Miesmacher und Stänkerer reagieren

Was machen Sie mit Menschen, die alles schwarzsehen? Die jammernd ihr Leid beklagen, und zwar ohne Unterlass? Oder mit Nörglern, die den gesellschaftlichen Anlass nutzen, um sich über alles zu mokieren? Und mit ihrer Miesmacherei den anderen die Stimmung verderben?

Gesprächstechnik: Nörgler und Jammerer unterbrechen
1. Zeigen Sie eine Weile Verständnis, aber wechseln Sie rechtzeitig das Thema. Schließen Sie das letzte aber nicht mit einer positiven Wendung ab – schließlich wollen Sie Jammerer und Nörgler nicht herausfordern!

2. In einer Runde sollten Sie dem Miesmacher mehr oder weniger deutlich zu verstehen geben, dass Nörglerei nicht angebracht ist. Übertreiben Sie dabei ruhig. Sagen Sie zum Beispiel: „Ach, an solche entsetzlichen, grässlichen Dinge sollten wir für heute Abend nicht denken." Und dann wechseln Sie zu einem besonders positiven oder erheiternden Thema: „Da erzähle ich Ihnen doch lieber eine lustige Geschichte, die mir neulich passiert ist ..."

Wenn Angriffe persönlich werden

Wenn Sie in einem Dialog auf unfaire Weise angegriffen werden, wehren Sie sich. Verletzt Ihr Gegenüber die Regeln der Gesprächskultur, setzen Sie ihm Grenzen, und zwar deutliche.
Schreiten Sie auch ein, wenn andere unfair behandelt werden! Zum Beispiel dann, wenn es nicht mehr um „liebevollen" Klatsch (Seite 137), sondern um persönliche Angriffe geht. Ob Sie mit einer schlagfertigen Erwiderung das Opfer verteidigen, den Angreifer zurechtweisen oder dem Betroffenen unter vier Augen Ihre Solidarität bekunden, hängt ganz von der jeweiligen Konstellation ab. Finden Sie heraus, ob Ihre Hilfe erwünscht und angemessen ist.

Beispiel

Herr Dappner erzählt in einer Runde einen frauenfeindlichen Witz. Der jungen Praktikantin Lena, die gerade zwei Tage da ist, ist das sichtlich peinlich. Doch sie traut sich nicht, etwas zu erwidern. Schließlich kennt sie die Machtverhältnisse in der Firma noch nicht genau. Später sagt Marko, ein Kollege zu ihr: „Das war wirklich unmöglich von Dappner; der ist manchmal schon sehr raubeinig." Da erwidert Lena: „Warum haben Sie dann in der Runde nichts gesagt?"

Sie sind mitverantwortlich für die Gruppenkultur. Schalten Sie sich ein!
In weniger eindeutigen Fällen müssen Sie erst einmal die Situation richtig einschätzen:
● Wer hat den Angriff überhaupt mitbekommen?
● Kann sich das Opfer gut selbst verteidigen, bleibt es souverän?
● Könnte das Machtgefüge eine Selbstverteidigung verhindern?

147

Lektion 5: Wie Sie kritische Situationen meistern

- Wird die Situation für das Opfer womöglich noch peinlicher, wenn Sie den Angriff thematisieren?
- Können Sie dem Opfer gegenüber Ihre Solidarität auch bekunden, ohne auf den Angriff einzugehen?

Dann entscheiden Sie sich schnell: Können Sie die peinliche Situation abfangen?

Übung 36: Schlagfertig reagieren

Stellen Sie sich vor, Sie stehen in einer Runde und folgende Äußerungen fallen. Wie könnten Sie schlagfertig reagieren? Diese Übung können Sie übrigens auch mit einem Partner machen.

Beispiel: „Herr Wörner ist ganz schön fett geworden!" (Angriff)
Ihre Verteidigung: „Aber ein liebenswerter Dicker ist immer noch besser als ein gehässiger Dünner, finden Sie nicht?"

1. „Was für ein mieser Service. Hier wartet man ja ewig auf sein Essen."

_____

2. „Ach, Sie sind auch da? Haben Sie sich von dem gescheiterten Projekt schon erholt?"

_____

3. „Was Sie da sagen, ist ja blanker Unsinn."

_____

4. „Nun kommen Sie mal auf den Punkt. Sonst stehen wir morgen noch da."

_____

5. „Was hat denn die da Grässliches an? Die sieht ja aus wie eine Vogelscheuche!"

_____

(Vorschläge im Lösungsteil.)

Lektion 6: So werden Sie zum Small-Talk-Profi

Jetzt bekommt Ihre Sprache den letzten Schliff. Sie erfahren, wie Sie Ihre Stimme zum Klingen bringen; Sie lernen andere für sich einzunehmen und mit rhetorischen Mitteln zu überzeugen. Wir fragen, wie Frauen und Männer smalltalken und was sie voneinander lernen können. Und wir nennen Ihnen die fünf Regeln für den Small Talk, mit denen Sie garantiert anregende Gespräche führen werden.

Trennen Sie sich von „schlechten" Angewohnheiten

Beispiel

Auf einer Party. Beate ist im Gespräch mit Charly, einem neuen Kollegen, und erzählt von ihrer letzten Arbeitsstelle: „Die Kollegen waren irgendwie komisch. Das Klima war so unterkühlt und es gab ziemlich viel Getratsche. Damit konnte ich irgendwie nicht so viel anfangen. Irgendwie ist das schon eine seltsame Firma gewesen."
Nach einer Gesprächspause wechselt Beate das Thema: „Irgendwie ganz nett hier."
Charly weiß nicht recht, was Beate meint. Ist sie unsicher? Will sie nur höflich bleiben? Findet sie die Party wirklich nett?

Beate sagt auffällig häufig „irgendwie". Solche „Sprachmarotten" kommen selten gut an. Genauso wenig wie die folgenden Angewohnheiten oder Schwächen:

- Undeutliches Sprechen: Sie sprechen zu leise, zu schnell oder artikulieren undeutlich. (Hierzu mehr im nächsten Kapitel).
- Formulierungsschwierigkeiten: Sie benutzen häufig „äh" oder „ähm", bringen Sätze nicht zu Ende, legen längere Sprechpausen ein, verhaspeln sich etc.
- Unangemessener Stil/Gruppensprache: Sie benutzen gerne Fremdwörter oder Fachausdrücke. Sie reden wie ein Politiker, nämlich in komplizierten, langen Sätzen. Sie sprechen Dialekt.

149

Es ist nicht leicht, einen guten Sprachstil zu entwickeln und zu pflegen. Achten Sie als angehender Small-Talk-Profi auf die Feinheiten des Ausdrucks.

Beginnen Sie bei den Sprachmarotten

Sicher kennen Sie Menschen, die eine Vorliebe für eine bestimmte Redeeinleitung haben („Du, sag mal ...", „Also ich ...") oder die sich immer ein und derselben Redeausleitung bedienen: („... glaub ich.", „... oder so." „... oder nicht?"). Auch bei unseren Rückmeldungen sind wir oft nicht besonders einfallsreich. Sagen wir in regelmäßigem Abstand „Ja, ja", „Aha", „Wirklich?" „Was Sie nicht sagen!", meint der andere, dass wir ihm nicht wirklich zuhören. Aber noch unangenehmer ist es, wenn solche Äußerungen falsch interpretiert werden wie im folgenden Beispiel.

Beispiel

Huberts Lieblingskommentar (Rückmeldung) in Gesprächen ist: „Ach was!" Bei einer Betriebsfeier kommt er mit dem neuen Controller ins Gespräch. Der erzählt interessante Geschichten von seinem letzten Urlaub im Maghreb „... Auf diesem Markt konnte man sogar antike Öllämpchen kaufen." Als Hubert hierauf zum wiederholten Mal mit „Ach was!" reagiert, antwortet der Controller irritiert: „Das können Sie mir ruhig glauben."

Hubert möchte mit seinem „Ach was!" das Gesagte überhaupt nicht anzweifeln, vielleicht will er sogar damit sein Interesse zum Ausdruck bringen. Doch der Controller missversteht Huberts „Ach was!". Bei ihm kommt die Äußerung so an, als ob Hubert ihm die Sache mit den Öllämpchen nicht abnimmt.

Solche Missverständnisse hängen damit zusammen, dass viele für die mündliche Kommunikation typischen Ausdrücke und Wendungen recht vieldeutig sind. Ein „irgendwie" gibt keine Sachverhalte wieder, sondern signalisiert (ähnlich wie Körpersprache) eine bestimmte Einstellung. Ein „Äh" hat bestimmte, auf das Gespräch selbst bezogene Funktionen. Wenn Sie nun eine solche Floskel – mehr oder weniger unbewusst – benutzen, zieht Ihr Gegenüber daraus unter Umständen seine ganz eigenen Schlüsse.

Häufige „Marotten" und welche Interpretationen sie zulassen

Ausdruck	negativ gedeutet	positiv gedeutet
„Irgendwie" (Füllwort)	Unsicherheit, Selbstzweifel.	Der Sprecher will niemanden zu nahe treten.
„Ach nein!", „Ach was!" „Wirklich?", „Tatsächlich?" (Rückmeldung, Kommentar)	Zweifel, Ungläubigkeit, der Gesprächspartner wird nicht ernst genommen.	Erstaunen, Interesse.
„Glaub ich" (am Satzende)	Unsicherheit, Sprecher will sich nicht festlegen.	Sprecher ist offen für andere Meinungen.
„Aber" (als häufige Einleitung am Redebeginn)	Dauernder Widerspruch, der Sprecher will das letzte Wort haben.	Der Sprecher betrachtet die Sache von verschiedenen Seiten, ist reflektiert.
„... oder nicht?", „Oder sehen Sie das anders?" (Ausleitung)	Der Sprecher will nur bestätigt werden oder manipulieren.	Der Sprecher interessiert sich für die Meinung anderer, will andere einbeziehen.
Erwiderungen werden häufig mit „ich" oder „also ich" begonnen	Der Sprecher betrachtet alles aus seiner Perspektive, er kann nicht auf andere eingehen.	Der Sprecher will seine Erfahrungen mitteilen und Gemeinsamkeit betonen.
„ähm" (in starker Häufung)	Unsicherheit, Unkonzentriertheit, der Sprecher weiß nicht, was er eigentlich sagen will.	Der Sprecher überlegt sich gerade, was er sagen will.

Übung 37: Sprachmarotten aufspüren

Sie brauchen für diese Übung ein Aufnahmegerät und ein paar Magazine oder Tageszeitungen.

1. Suchen Sie sich einen interessanten Artikel heraus und lesen Sie ihn aufmerksam durch.

2. Schalten Sie das Aufnahmegerät ein. Erzählen Sie das Gelesene nach. Schalten Sie das Gerät aus.

3. Überlegen Sie sich ein oder zwei Fragen zum Thema des Artikels (z. B.: Gibt es Ähnlichkeiten zwischen mir und den beschriebenen Personen? Warum gefällt oder missfällt mir, wie die Personen mit der beschriebenen Sache umgehen?) Schalten Sie das Gerät wieder ein und erörtern Sie diese Fragen der Reihe nach. Lassen Sie sich dabei Zeit. Es macht nichts, wenn Sie Pausen einlegen.

4. Hören Sie die Aufnahme am nächsten Tag ab. Haben Sie bestimmte Wendungen, Wörter, Einleitungen besonders oft verwendet? Achten Sie außerdem auf: Satzbau, Redegeschwindigkeit, Artikulation, Fremdwörtergebrauch, Lautstärke, Stimme, Modulation.

Tipp Hören Sie die Aufnahme ab und schreiben Sie exakt auf, was Sie gesagt haben. Beim anschließenden Lesen fällt Ihnen garantiert auf, wo Sie noch an sich arbeiten müssen.

Alternative: Feedback zum Sprachstil einholen

Bitten Sie einen Kollegen, eine Freundin, einen guten Bekannten um Feedback zu Ihrem Sprachstil. (Familienangehörige eignen sich weniger, weil sie sich meist an die Floskeln gewöhnt haben und sie nicht mehr wahrnehmen.) Ideal ist es, wenn Sie sich gegenseitig kritisch zuhören und Rückmeldung geben.

Übung 38: „Mach mich mal nach!"
Machen Sie diese Übung am besten mit einer Ihnen nahestehenden Person. Bitten Sie sie, Ihren Sprachstil nachzuahmen. Die Nachahmung darf ruhig übertrieben ausfallen. Hören Sie nur zu. Was kommt Ihnen bekannt vor?

Tipp Lassen Sie sich von anderen unterbrechen, wenn Sie wieder einmal „äh" gesagt oder ein Fremdwort benutzt haben.

Wenn Sprache andere ausgrenzt

Lauschen Sie einmal einer Unterhaltung von Software-Entwicklern, die sich beruflich austauschen. Sie werden wahrscheinlich einiges zu Ohren bekommen, was Sie nicht verstehen (es sei denn, Sie kommen selbst aus dieser Branche).

Beispiel

Der Personalmanager Martin ist bei seinen Kollegen wegen seiner Fachkompetenz beliebt. Auf einer Grillparty seines Kollegen Hans stellt er sich dessen neuer Freundin Anna vor, die sich nach seinem Beruf erkundigt. Darauf erzählt er: „Ich bin ein Kollege von Hans, wir arbeiten im Human Resources Management. Ich implementiere gerade interne Assessmentcenter. Außerdem bin ich für das Recruiting zuständig. Ich sage Ihnen, die jungen High Potentials sind nicht leicht zu kriegen. Aber mein härtestes Brot ist die ganze ‚Range' der Personalkennziffern." Anna lächelt verlegen. Sie versteht kein Wort!

Nicht anders wird es Ihnen ergehen, wenn Sie als Laie Mediziner oder Manager fachsimpeln hören: Bei den einen tauchen vor allem lateinische, bei den anderen englische Begriffe auf. Wer diese Fachbegriffe nicht kennt, ist automatisch vom Gespräch ausgeschlossen. Architekten, Juristen, Klempner, Politiker, Fußballfans, Marktfrauen, Elektroingenieure, Schreiner, Erzieherinnen, Jazzliebhaber, Schachspieler … all diese Gruppen benutzen unter sich „ihre eigene Sprache" – eine Gruppensprache (sog. „Soziolekte"). Auch Jugendliche pflegen ihren eigenen Slang, die „Jugendsprache". Damit grenzt man sich von den Erwachsenen ab und setzt seine eigenen Sprachtrends. Denken Sie an den beliebten Ausdruck „voll krass" und das „Türkendeutsch", das von einem bestimmten Akzent lebt und von deutschen Jugendlichen imitiert wird. Auch der Dialekt (der im streng wissenschaftlichen Sinn keine Gruppensprache ist), kann andere ausgrenzen. Wenn sich zum Beispiel zwei Bayern auf einer Veranstaltung in Hamburg in starkem Dialekt unterhalten, werden sie sicher nicht von allen verstanden. Meiden Sie daher im Small Talk jegliche Form von Gruppensprache. Dabei liegt uns fern, einzelne Gruppensprachen einseitig zu bewerten. Denn die Sprache einer Gruppe ist ein wichtiger Identifikationsfaktor für ihre Mitglieder. Aber: Im Small Talk kann der Gebrauch von Gruppensprache überaus heikel sein.

Vorsicht Gruppensprache!

Gruppensprache wirkt auf alle, die nicht dazu gehören, ausgrenzend. Im Small Talk sollten Sie die Verwendung „Ihrer" Gruppensprache um so eher vermeiden,

- je schwerer die Gruppensprache zu verstehen ist,
- je weniger die Gruppe im Alltagsleben anzutreffen ist,

- je kleiner die Gruppe ist,
- je mehr Wissen erforderlich, um etwas zu verstehen,
- und je weniger Mitglieder der Gruppe anwesend sind.

Imitieren Sie Gruppensprache auch nicht!

Übung 39: Jobbeschreibung leicht verständlich

Sehen Sie sich noch einmal das Beispiel von Seite 153 an. Wie könnte eine leichter verständliche Beschreibung von Martins Arbeit aussehen? Formulieren Sie die Beschreibung schriftlich aus. (Vorschlag im Lösungsteil.) Anschließend erklären Sie Ihren Beruf. Wie würden Sie einem neuen Kollegen erklären, was Sie täglich tun? Verwenden Sie Sätze und Wörter, die jeder versteht. Machen Sie diese Übung zuerst mündlich. Nehmen Sie sich dazu auf Minidisk oder Kassettenrecorder auf und hören Sie das Ergebnis ab. Prüfen Sie, ob Sie noch Fachbegriffe verwenden. Feilen Sie so lange, bis Sie eine allgemein verständliche Version haben!

Tipp Eine bewährte Strategie, um seine Arbeit zu erklären: Stellen Sie sich vor, Sie erklären einem Verwandten (Ihrer Oma, Ihrem Onkel), der von Ihrem Beruf überhaupt nichts versteht, was Sie machen.

Hier noch ein paar Tipps, wie Sie Kompliziertes einfach ausdrücken.

Gesprächstechnik: Komplexität reduzieren

1. Reduzieren Sie die Verwendung von Fachbegriffen (Fremdwörter; Fachlexik) auf ein Minimum: Ersetzen Sie Fachbegriffe entweder durch deutsche, allgemein verständliche Begriffe oder erklären Sie kurz, was darunter zu verstehen ist.
2. Beschränken Sie sich bei Ihren Erklärungen auf das Wesentliche: Was ist wichtig für das Verständnis des Gesamtzusammenhangs, auf welche Details können Sie getrost verzichten?
3. Erklären Sie anschaulich. Verwenden Sie Vergleiche oder Analogien bzw. andere anschauliche Bilder (siehe Übungen 51 und 52).
4. Achten Sie darauf, ob Ihr Gesprächspartner Verständnissignale (Nicken oder bestätigende Rückmeldesignale) aussendet. Zur Not versichern Sie sich auf direktem Weg, dass der andere alles verstanden hat: „Ich hoffe, ich konnte Ihnen das gut erklären."

Sprechen Sie im Small Talk generell kurz, klar und unkompliziert. Mit langwierigen Beschreibungen, umständlichen Erklärungen und Ausbreitung aller Details stellen Sie die Geduld Ihrer Gesprächspartner auf eine harte Probe. Eine Ausnahme: Im Dienste der Spannung oder guten Unterhaltung dürfen Sie Ihre Geschichte durchaus ausschmücken!

Sprechen Sie positiv!

Viele Menschen neigen zu einer negativen Sprache. In ihrem individuellen Sprachgebrauch tauchen häufig Wörter mit negativen Konnotationen auf: Sie sprechen viel über „Probleme", alles ist „schwierig", dies und jenes „ist so furchtbar/schlimm/grässlich" – auch wenn die Sache nur halb so wild ist. Erfolgsmenschen hingegen haben die Tendenz positiv zu sprechen. Sie sehen z. B. ein „Problem" als „Herausforderung", was sie „nicht können", „erarbeiten sie sich" und sie „versuchen" nicht, sondern sie „machen".
Lösen auch Sie sich – im Small Talk und im Business Talk – von einer negativen, pessimistischen Ausdrucksweise. Sprechen Sie positiv, und Sie werden nicht nur mehr Freunde und Geschäftspartner gewinnen. Sie werden auch positiver gestimmt sein. In der Psychologie nennt man dies „Affirmation" (Verstärkung): Diese Affirmation funktioniert über die Körpersprache ebenso (siehe Seite 203).

Tipp Positives Sprechen und eine positive Einstellung setzen Energie frei. Negatives Sprechen und negative Einstellungen rauben Kraft. Wer die Dinge optimistisch betrachtet, steigert seine Lebensqualität!

Vorsicht, Killerphrase!

Es gibt Sätze, die jedes Gespräch abwürgen, sogenannte Killerphrasen. Sie wirken sehr destruktiv, wie das folgende Beispiel zeigt.

Beispiel

Herr Schmidt: „Ich habe heute eine wunderbare Nachricht. Unsere Abteilung bekommt höchstwahrscheinlich eine Aushilfe."
Herr Huber: „Das glaube ich nicht. Wir müssen sparen."
Herr Schmidt: „Anscheinend geht es trotzdem. Ist ja auch egal, jedenfalls ist das doch eine tolle Sache, gerade jetzt, wo so viele Projekte in den Ziellauf gehen!"
Herr Huber: „Sie meinen wohl, wo so viele Projekte den Bach runter gehen."

Lektion 6: So werden Sie zum Small-Talk-Profi

Herr Schmidt: „Das ist Ihre Meinung. Jedenfalls wird uns die Aushilfe erheblich entlasten."
Herr Huber: „Und wer soll die wohl einarbeiten? Dreimal dürfen Sie raten."
Herr Schmidt: „Das können wir uns ja teilen. Gerne kann sie bei mir anfangen."
Herr Huber: „Das sieht Ihnen ähnlich. Gleich unter den Nagel reißen."
Herr Schmidt: „Na, jetzt machen Sie sich mal keine Sorgen. Wo sie eingesetzt wird, entscheidet schließlich immer noch unser Chef."
Herr Huber: „Wer's glaubt, wird selig."
Herr Schmidt: „Und von Haus aus gilt: Selig sind die, die geben statt nehmen."
Herr Huber: „Habe jetzt Besseres zu tun, als mich über die neuesten Personalkapriolen in diesem Käfig voller Narren zu unterhalten. Hab ja schließlich auch nicht ewig Zeit, so wie Sie."
Herr Schmidt: „Verzeihen Sie, ich wollte Sie einfach als Ersten informieren. Aber wenn Sie so beschäftigt sind, dann halte ich Sie jetzt keine Sekunde länger auf."

Machen Sie es wie Herr Schmidt und begegnen Sie Killerargumenten erfolgreich mit
- Klarstellungen („Das ist Ihre Meinung."),
- schlagfertigen Antworten („Selig sind die, ...")
- Ignorieren (Herr Schmidt geht auf den Angriff, er habe immer Zeit, nicht ein),
- leiser Ironie („Verzeihen Sie ...").

Tipp Steigen Sie im Small Talk nicht auf einen verbalen Schlagabtausch ein. Lassen Sie sich und den anderen die gute Laune nicht vermiesen!

Übung 40: Power-Talking für den Small Talk
In der linken Spalte der folgenden Liste finden Sie Wörter, Phrasen und Sprüche, die Sie meiden sollten. In der rechten Spalte stehen Alternativen dazu. Ergänzen Sie das Power-Talking mit mindestens zehn eigenen Ideen!
Suchen Sie auch nach griffigen Zitaten oder Sprüchen, mit denen Sie den gängigsten Killerphrasen („Geht nicht." „Kostet zu viel." „Will/braucht niemand." etc.) begegnen können.

Trennen Sie sich von „schlechten" Angewohnheiten

vermittelt Negatives/ Pessimismus	vermittelt Positives/ Optimismus
Problem	Herausforderung
Schwierigkeit	Hürde
Krise	Chance
du solltest mal	ich wünsche mir von dir
furchtbar	bei bestem Willen nicht zu ändern
hadern	nach vorne blicken
ich möchte	ich werde
ich versuche mal	ich mache
Das ist gründlich schief gelaufen.	Ich versuche, das Beste draus zu machen.
Das war nur glücklicher Zufall!	Dem Tapferen gebührt das Glück!
Jetzt nerven Sie mich aber.	Bei diesem Thema reagiere ich sensibel.
Das war Pech.	Das sollte wohl so sein.
Ihre Ergänzungen:	

Lassen Sie Ihre Stimme klingen

Seit professionelle Sprecherinnen wie Helga Bayertz, eine bekannte Moderatorin des SFB, den Ansageautomaten verschiedenster Verkehrsbetriebe quer durch Deutschland ihre Stimme leihen, versteht jeder Fahrgast den Namen der Haltestellen: von der schon etwas schwerhörigen Oma bis hin zum indischen Greencard-Inhaber, der dank Sprachkassetten und Goethe-Institut die deutsche Aussprache nur in ihrer Reinform kennen gelernt hat. Nicht nur Verkehrsbetriebe wissen, warum sie auf eine professionelle Sprecherin setzen: Wird etwas deutlich vorgetragen, mit einer tragenden klaren und wohl klingenden Stimme, weckt das die Aufmerksamkeit und schmeichelt den Ohren.

Unsere Stimme sagt aber auch viel über uns aus. An unserer Stimme lässt sich ablesen, ob wir uns schwach oder stark fühlen, ob wir gesund oder ungesund leben.

Die Stimme ist Ausdruck Ihrer Persönlichkeit. Wo immer Sie sprechen, ob am Telefon, in Gesprächen, bei Reden: Sie werden auch nach Ihrer Stimme beurteilt.

Was die Wirkung der Stimme verbessert

Wer eine schön klingende Stimme hat, wirkt sympathisch und, was noch wichtiger ist, überzeugend. Doch was zeichnet eine schöne Stimme aus?

In der Regel finden wir eine Stimme angenehm, die
- klar,
- tief und
- weich klingt,
- modulationsfähig, nicht monoton ist,
- und so kräftig, dass sie auch bei längerem Sprechen nicht versagt.

Ob man jemandem gerne zuhört, hängt aber auch davon ab, ob
- die Aussprache deutlich ist,
- das Sprechtempo stimmt (nicht zu schnell und nicht zu schleppend),
- Tonfall und Inhalt zusammenpassen und
- die Stimme Emotionen spiegelt.

Für den Small Talk brauchen Sie natürlich keine ausgebildete Sprecherstimme. Aber deutlich und moduliert sollten Sie reden können.

Achten Sie darauf, dass Ihnen die Luft nicht ausgeht, wenn Sie etwas erzählen. Übrigens wirkt sich Ihre seelische Verfassung auf die Stimme aus – daher rührt auch der berühmte „Kloß im Hals". Die folgenden Übungen (ab Seite 160) helfen Ihnen, Stimme, Atmung und die richtige Körperhaltung zu trainieren und in Einklang zu bringen.

Tipp Wenn Sie beim Reden leicht heiser werden oder Halsschmerzen bekommen, holen Sie den Rat eines Hals-Nasen-Ohren-Arztes ein. Er prüft die Funktionsfähigkeit Ihres Stimmapparats und kann Ihnen sagen, ob Funktionsstörungen – etwa durch übermäßige Anspannung oder Verkümmerung der Stimmmuskulatur – vorliegen. Dann hilft Ihnen eine Sprech- bzw. Stimmtherapie weiter.

Gut atmen und entspannen

Viele Menschen atmen flach, schnell und gepresst. Das drückt sich in ihrer Art zu sprechen aus: Oft bleibt ihnen die Luft weg, sie räuspern sich, werden rasch heiser. Die Ursachen für eine falsche Atmung können vielfältig sein. Stress oder Bewegungsmangel sind nur zwei mögliche Gründe.

Gesund ist die Bauchatmung, bei der sich der Zwerchfellmuskel senkt und so in der unteren Lunge Platz schafft. Beim Ein- und Ausatmen hebt und senkt sich die Bauchdecke. Statt der Bauchatmung praktizieren aber viele die Hochatmung, bei der in die Brust geatmet wird. Man hebt dabei die Schultern, wodurch aber nicht mehr Luft in die Lunge fließt, da die Bauchdecke gespannt ist und sich das Zwerchfell gegen die Lunge drückt. Dadurch kann sich der Brustkorb nicht genügend ausdehnen.

Tipp Achten Sie das nächste Mal auf Ihre Atmung, wenn Sie etwas erzählen. Müssen Sie öfter nach Luft schnappen, haben Sie häufig einen Frosch im Hals? Dann ist es an der Zeit etwas für die Atmung zu tun. Ein fließender ruhiger Atem wirkt sich im Übrigen positiv auf Ihre Psyche aus!

Beginnen wir mit der Atmung und einigen Lockerungsübungen. Schauen Sie sich vorher die Übung „Aufrechter Stand" von Seite 187 an. Über die richtige Haltung erfahren Sie dann mehr im Kapitel „Haltung, Abstand, Blickkontakt" in der nächsten Lektion.

Bevor Sie die folgenden Übungen ausprobieren, sollten Sie einmal testen, ob sich bei Ihnen die sogenannte „paradoxe Atmung" eingeschlichen hat. Kontrollieren Sie in diesem Fall Ihre Atmung öfter und trainieren Sie gezielt Bauch- und Flankenatmung, um sich dieses falsche Atmen abzugewöhnen.

Test: Paradoxe Atmung?

Stellen Sie sich in gerader lockerer Haltung seitlich vor einen Ganzkörperspiegel, so, dass Sie sich im Profil sehen. Achten Sie auf den Bauch: Atmen Sie ein paar Mal tief ein und aus, so, als ob Sie an einer Rose riechen wollten. Welche Bewegung macht der Bauch/Brustbereich?

Richtig: Beim Einatmen wölbt sich der Bauch leicht nach außen, beim Ausatmen senkt er sich wieder. Ist es umgekehrt, haben Sie sich die so genannte Paradoxatmung angewöhnt, bei der Sie Ihre Atemräume beschränken.

Übung 41: Bauchatmung – Flankenatmung

Sie brauchen eine dünne Gymnastikmatte (Yogamatte) oder eine Wolldecke. Legen Sie sich mit dem Rücken darauf. Die Beine liegen etwa auf Hüftbreite auseinander, die Füße fallen entspannt leicht nach außen. Schließen Sie die Augen. Entspannen Sie sich und versuchen Sie, Ihre Gedanken nur auf die Atmung zu konzentrieren. Atmen Sie langsam ein und wieder aus, möglichst durch die Nase. Machen Sie nach jedem Atemzug eine kleine Pause. Die Einatmung sollte automatisch erfolgen. Allmählich sollte Ihre Atmung tiefer werden und in den Bauch wandern. Zur Kontrolle legen Sie die Hände leicht auf den Bauch, um zu spüren, ob sich die Bauchdecke bei der Einatmung hebt und bei der Ausatmung senkt.

Versuchen Sie zwischendurch bewusst in die Flanken zu atmen. Dazu legen Sie Ihre Hände seitlich an die Rippen. Bei der Einatmung sollten die Hände nach außen gehen. Anschließend gehen Sie wieder zur Bauchatmung über.

Übung 42: Längerer Atem

Stellen Sie sich aufrecht und locker hin (siehe aufrechter Stand, Seite 187). Atmen Sie durch die Nase ein. Atmen Sie dann möglichst lange auf einem „fff", „sss" oder „schschsch" aus.

Sie können dabei auch folgende unterstützende Bewegung machen: Stellen Sie Ihre Füße nebeneinander. Strecken Sie die Arme gerade nach vorne aus, in Höhe des Brustkorbs, die Handflächen liegen aneinander. Beim Einatmen stellen Sie sich auf die Zehen und strecken die Arme in einem weiten Bogen langsam möglichst weit nach hinten. Beim Ausatmen sinken Sie langsam wieder auf die Fußsohlen und führen die Arme wieder zusammen. Passen Sie die Bewegung Ihrem Atemrhythmus an. Wenn das Auf-die-Zehenspitzen-Stellen zu schwierig ist, unterstützen Sie die Übung nur mit der Armbewegung und lassen Sie beide Füße fest am Boden.

Ohne locker zu sein kann man nicht smalltalken. Mit der folgenden Übung entspannen Sie Ihren Stimmapparat und die ganze Muskulatur rund um die beteiligten Artikulationsorgane.

Übung 43: Alles locker!

Stellen Sie sich aufrecht hin. Lassen Sie alles locker hängen, auch den Unterkiefer. Dann beginnen Sie in den Knien leicht zu wippen. Atmen Sie durch die Nase ein und durch den Mund aus. Nach einiger Zeit singen Sie auf die Ausatmung ein langes „aaaaah" oder „oooooh"; entweder auf einen Ton, der Ihnen angenehm ist, oder in einem Glissando von oben herab (wie ein gesungenes Seufzen). Wippen Sie so ein paar Minuten und achten Sie immer wieder darauf, dass Kiefer- und Halsmuskulatur völlig locker sind. Wenn Sie während der Übung gähnen müssen, ist dies ein gutes Zeichen – Sie entspannen sich wirklich! (Die Übung können Sie auch den Atemübungen vorschalten.)

Diese Lockerungsübung schafft übrigens gute Voraussetzungen für die Artikulationsübung im folgenden Abschnitt (Übung 44: „Korkenübung").

Die Stimme lebendiger einsetzen

Lassen Sie uns nun an Ihrer Artikulation und der Stimmmodulation arbeiten. Warum ist das wichtig? Erstens möchten wir erreichen, dass Sie akustisch verstanden werden. Zweitens geht es darum, dass Sie im wahrsten Sinne des Wortes den richtigen Ton treffen.

Übung 44: Korkenübung

Holen Sie sich einen Naturkorken und suchen Sie sich einen kurzen Text, zum Beispiel eine Meldung aus der Zeitung.
Lesen Sie den Text bitte einmal laut vor. Stecken Sie nun den Korken zwischen die Zähne, und zwar möglichst weit vorne am Rand, sodass er nur wenig in den Mund hineinragt. Halten Sie den Korken nur locker fest, der Kiefer bleibt dabei möglichst entspannt. Lesen Sie nun den Text einige Male laut vor, ohne den Korken fallenzulassen. Versuchen Sie die Worte möglichst deutlich auszusprechen. Wenn Ihr Kiefer fest wird, nehmen Sie den Korken wieder aus dem Mund,

lockern die Kieferpartie und versuchen es nach einer kurzen Pause noch einmal.

Zum Abschluss lesen Sie den Text dann noch einmal ohne Korken – spüren Sie die Verbesserung Ihrer Artikulation?

Mit der nächsten Übung finden Sie heraus, in welcher Lage Ihre natürliche Sprechstimme liegt. In dieser Lage – die nicht auf einem Ton, sondern in einem kleinen Tonumfang liegt – klingt Ihre Stimme besonders voll. Auch strengt Sie das Sprechen hier am wenigsten an.

Übung 45: Ihre Stimme finden

Singen Sie langsam nach unten, bis zum tiefsten Ton, den Sie noch singen können. Dann gehen Sie wieder nach oben. Nach drei bis vier Tönen kommen Sie in die Lage, in der Ihre Sprechstimme „zu Hause" ist. Sie müssen sich in dieser Lage wohl fühlen und deutlich merken, dass Ihre Stimme voller wird.

Eine schöne Stimme ist nicht nur voll, sondern auch ausdrucksstark. Mit der folgenden Übung probieren Sie verschiedene Ausdrucksmöglichkeiten Ihrer Stimme aus.

Übung 46: Mehr Emotion, mehr Modulation

Sie brauchen einen Minidisk oder Kassettenrekorder.

Nehmen Sie sich einen kurzen literarischen Text oder ein Gedicht vor. Das entscheidende Kriterium: Beides sollte emotionalen Inhalt haben. Idealerweise lernen Sie den Text oder das Gedicht auswendig.

Bevor Sie Ihren Text vortragen, müssen Sie einen sehr banalen Satz – z. B. „Ich gebe Ihnen auf dieses Produkt einen Rabatt von fünfzehn Prozent." – in verschiedenen Varianten vorlesen. Dabei versuchen Sie, möglichst verschiedene Emotionen hineinzulegen. Versetzen Sie sich vorher in eine Situation, die das geforderte Gefühl auslöst. Vorschläge dazu finden Sie in Klammern. Verändern Sie den Wortlaut des Satzes nicht!

Starten Sie nun die Aufnahme und lesen Sie den Satz „Ich gebe Ihnen auf dieses Produkt einen Rabatt von fünfzehn Prozent."

1. begeistert (der Kunde findet Ihr Produkt fantastisch)
2. enttäuscht (Ihr Angebot interessiert die meisten Kunden nicht)
3. hocherfreut (Sie werden eine Provision einstreichen)
4. gleichgültig (Sie haben einen langweiligen Job, der Sie nicht interessiert)
5. erleichtert (der Vertrag ist nach zähen Verhandlungen unter Dach und Fach)
6. entrüstet (der Kunde setzt Sie aufs Unverschämteste unter Druck)
7. deprimiert (ein Kunde hat Sie eine Stunde lang genervt und nichts gekauft)
8. wütend (jemand hat Sie beschimpft)

9. ungeduldig (sie müssen dringend nach Hause)
10. ironisch (Sie verschenken die Ware ja eigentlich)

Sprechen Sie eventuell auch die Nummern (1 bis 10) auf Band, um die Versionen den einzelnen Emotionen später leichter zuordnen zu können. Lassen Sie sich genug Zeit zwischen den einzelnen Versionen. Wiederholen Sie einzelne Versionen so lange, bis Sie glauben, die geforderten Gefühle überzeugend dargestellt zu haben.

Dann tragen Sie Ihren Text oder das Gedicht möglichst gefühlvoll vor. Hören Sie das Ergebnis anschließend ab und überlegen Sie, was Sie noch verbessern könnten.

Tipp Wenn Sie sich zum ersten Mal auf Band sprechen hören, werden Sie Ihre Stimme wahrscheinlich nicht erkennen oder befremdlich finden. Das ist völlig normal. Akzeptieren Sie Ihre Stimme so, wie sie ist. Sie gehört zu Ihnen. Sollten Sie sehr unzufrieden sein, gönnen Sie sich ein paar Stunden Stimm- oder Gesangsunterricht. Tatsächlich kann man mit etwas Training zu einer volleren und wohlklingenderen Stimme kommen.

Gesprächsstil: Fünf Regeln für gelungenen Small Talk

Wir möchten Ihnen nun die fünf Regeln vorstellen, die nach unserer Ansicht für einen Small Talk entscheidend sind.

Regel 1: Seien Sie aufmerksam!
Regel 2: Stellen Sie den anderen in den Mittelpunkt!
Regel 3: Nehmen Sie Anteil!
Regel 4: Zeigen Sie Ihre Gefühle!
Regel 5: Unterhalten Sie gut!

Regel 1: Seien Sie aufmerksam!

Wenn Sie im Small Talk gewinnen wollen, heißt es oft ganz schnell entscheiden, was Sie am besten in einer bestimmten Situation sagen. Dazu müssen Sie sich auf Ihren Gesprächspartner einstellen, Konstellationen einschätzen, verstehen, was um Sie herum passiert und was andere Ihnen „eigentlich" mitteilen.

Beispiele

Was erwartet man auf einem typischen Networker-Empfang bei der IHK von Ihnen?

Warum reden Frau Meyer und Herr Simmel hier so aneinander vorbei?

Was hat Ihr Vorgesetzter gerade für Motive, wenn er Sie in ein persönliches Gespräch verwickelt?

Was geht vor in der Gruppe von jungen Leuten, der Sie sich gerade nähern?

Welche Reaktion ist angemessen, wenn Ihr Gesprächspartner Ihnen erzählt, dass ihm seine Kinder gerade über den Kopf wachsen?

Was möchte Ihnen Frau Winkler eigentlich sagen, wenn sie Ihnen anvertraut, dass sie die Strukturen im Unternehmen zunehmend als beengend empfindet – ausgerechnet sie, die sonst immer so kühl ist und nie über persönliche Dinge spricht?

„Na, was macht Ihr Kamikazeprojekt?" Hups, war das jetzt ironisch gemeint von Herrn Schneider?

Emotionale Intelligenz gefragt

Für gewandte Smalltalker sind solche Fragen meist kein Problem. Denn sie sind in der Regel gute Menschenkenner. Sie verlassen sich bei der Einschätzung ihres Gegenübers mehr auf ihr Gespür, auf ihre Intuition als auf analytische Intelligenz. Sie gehen mit einer konstruktiven und offenen Grundhaltung in ein Gespräch, verhalten sich souverän und angemessen und sie gehen zu hundert Prozent auf ihren Gesprächspartner ein. Mit diesen Fähigkeiten der emotionalen Intelligenz kommen Sie sehr weit, weiter als nur mit rationaler Intelligenz, denn Small Talk ist nun einmal vorrangig „Beziehungstalk". Aber nutzen Sie beides: Ihren Kopf und Ihren Bauch!

Die für den Small Talk geforderte Höflichkeit verlangt als erstes Aufmerksamkeit. Aufmerksam zu sein, bedeutet, dass Sie Ihre Antennen auf die anderen ausrichten. Finden Sie heraus, welche Bedürfnisse Ihre Gesprächspartner haben und welche (Gesprächs-)situation vorliegt. So handeln und reagieren Sie stets angemessen.

Wer im Gespräch aufmerksam ist,

- konzentriert sich voll auf sein Gegenüber,
- hört gut zu,
- hört auch das, was nicht gesagt wird,
- bleibt bei der Sache,

- stellt die richtigen Fragen,
- nimmt die Bedürfnisse des anderen vorweg,
- weiß die nonverbalen Signale des Gesprächspartners richtig zu deuten.

Gesprächssituationen einzuschätzen können Sie üben. In der folgenden Checkliste finden Sie einige Kriterien für eine Situationsanalyse. Bevor Sie sich in Gesellschaft begeben, machen Sie sich einige Gedanken zu den Rahmenbedingungen, dem sogenannten „Setting" (Teil 1). Sind Sie dann auf der Veranstaltung, analysieren Sie, was gerade abläuft (Teil 2). Schließlich verfolgen und bewerten Sie bewusst das Gespräch (Teil 3).

So analysieren Sie eine Gesprächssituation

1. Das „Setting"	
Ort und Rahmen (z. B. förmlich oder locker)?	
Anlass/Zielsetzung?	
Wer wird teilnehmen?	
Welche (sozialen) Gruppen werden teilnehmen?	
Welche Ziele werden von einzelnen Gruppen verfolgt?	
Welche Erwartungen werden allgemein gehegt?	
2. Die Situation	
Wie ist die allgemeine Stimmung?	
Was passiert gerade (in einer Gruppe)? Was passiert oberflächlich gesehen? Was läuft unterschwellig ab?	
Wie reagieren die Beteiligten auf das, was gesagt wird, auf der verbalen wie auf der nonverbalen Ebene?	
Wie reagieren die Beteiligten aufeinander (verbal und nonverbal)?	
Gibt es unterschiedliche Lager?	
Wie ist der Tonfall (scherzhaft, ernst, kooperativ/konfrontativ)? Gibt es Auffälligkeiten oder läuft „alles locker"?	
Wie werden Neuankömmlinge aufgenommen?	
Wie entwickelt sich das Gespräch stimmungsmäßig?	

165

3. Das Gespräch	
Welche Beziehung haben Sie zu Ihrem Gegenüber?	
Was verbindet Sie?	
Was teilt Ihnen Ihr Gesprächspartner mit (verbal und nonverbal)? Welche Themen initiiert er z. B.? Welche Themen vertieft er?	
Welcher „Ton" erscheint angemessen? Ist das Thema ernst oder heiter?	
Wie reagiert Ihr Gegenüber auf das, was Sie sagen (verbal und nonverbal)? Auf welches Thema springt er an? Was greift er auf, vertieft er? Wann ist er besonders aufmerksam? Was überhört er? Wie stark ist er emotional beteiligt?	
Wie entwickelt sich der Dialog?	
Welche Erwartungen und Motive scheinen dabei durch?	
Welche Stimmung entsteht?	
Wie schätzen Sie Ihre Verständigung ein?	

Übung 47: Situationsanalyse trainieren
Mit der obigen Checkliste können Sie auch Gespräche, an denen Sie nicht teilnehmen, untersuchen. Sehen Sie sich im Fernsehen Talksendungen an und versuchen Sie herauszufinden, welches Beziehungsgefüge zwischen den Beteiligten besteht und welche Motive sie haben.

Weiterhin sind folgende Übungen geeignet, Ihre Aufmerksamkeit im Gespräch zu schulen: Übung 25 zum Fragen stellen (Seite 108), Übung 27 zum aktiven Zuhören (Seite 113) sowie die Übung 54 (Seite 185).

Regel 2: Stellen Sie Ihr Gegenüber in den Mittelpunkt!

In Small Talk geht es um den anderen. Bringen Sie zum Ausdruck, dass Sie sich für ihn interessieren und ihn schätzen.
Wertschätzung können Sie ganz einfach bekunden. Betonen Sie,
- was Ihnen das Gespräch gebracht hat (Was haben Sie Neues, Interessantes, Amüsantes erfahren?),
- was Ihnen an Ihrem Gegenüber imponiert (Worin ist er Ihnen Vorbild? Welche Leistungen erkennen Sie an?),

- wofür Sie ihm dankbar sind und
- was Ihnen an Ihrem Gegenüber gefällt – wobei Sie Komplimente nur wohl dosiert anbringen sollten (siehe Hinweis auf Seite 175).

Übung 48: Wertschätzung zeigen

Sammeln Sie Ideen, wie Sie anderen in Ihrem beruflichen Umfeld Ihre Wertschätzung zeigen können. Formulieren Sie die Sätze schriftlich aus oder machen Sie sich ein paar Stichpunkte. Sprechen Sie dann die Wertschätzung laut aus. Setzen Sie die Übung im Berufsalltag um, bei einem Gespräch im Büro, im Flur, in der Kantine.

1. Dem Kollegen/der Kollegin im Zimmer nebenan sage ich:

_____

2. Meiner/m Sekretär/in /Assistenten/in sage ich:

_____

3. Der Putzfrau, die abends kommt, sage ich:

_____

4. Meiner/m Vorgesetzten/Projektleiter sage ich:

_____

5. Meinem Mitarbeiter/meiner Mitarbeiterin ... sage ich:

_____

(Vorschläge im Lösungsteil.)

Interesse zeigen Sie Ihrem Gesprächspartner, indem Sie
- möglichst offene Fragen stellen (Seite 107),
- ausdrückliches Interesse an den Themen bekunden, die der andere einbringt,
- aktiv zuhören (Seite 111),
- nicht ablenken von dem, was er sagt.

Tipp Geben Sie Ihrem Gesprächspartner stets das Gefühl, dass er im Mittelpunkt steht. Sorgen Sie dafür, dass er sich wohl fühlt. Dann haben Sie im Small Talk schon gewonnen.

Übung 49: Das Verbindende suchen

Nehmen Sie sich ein Blatt Papier und etwas zu schreiben. Listen Sie fünf bis zehn Namen von Personen aus Ihrem weiteren Bekanntenkreis auf, die für Ihre Karriere wichtig sein könnten. Überlegen Sie, was Sie mit jeder einzelnen Person verbindet. Notieren Sie das Verbindende in Stichpunkten hinter dem Namen. Überlegen Sie dann, über was Sie mit der Person als Erstes sprechen würden.

Was aber, wenn Sie einmal nichts Gemeinsames finden? Das bedeutet nicht, dass Sie sich nicht gut unterhalten können. Zeigen Sie sich lern- und wissbegierig. Eine Ihnen fremde Lebenseinstellung, andersartige Erfahrungen, überraschende Vorlieben oder ein außergewöhnlicher Humor können sehr unterhaltsam sein.

Tipp Bewerten Sie nicht, was der andere sagt. Versuchen Sie ihn zu verstehen. Hören Sie aktiv zu und zeigen Sie sich weltoffen.

Regel 3: Nehmen Sie Anteil!

Empathie ist eine wichtige Voraussetzung dafür, dass wir uns verstehen. Damit ist die Fähigkeit gemeint, sich in die Bedürfnisse anderer einzufühlen. Empathie drückt sich oft nonverbal aus: Wir nehmen ein weinendes Kind in den Arm; wir schütteln den Kopf, wenn uns jemand etwas erzählt, das er nicht nachvollziehen kann; wir bekommen einen ernsten Gesichtsausdruck, wenn uns etwas Trauriges mitgeteilt wird, etc.

Wie sich Anteilnahme auch in Worten ausdrücken lässt, zeigt das folgende Beispiel:

Beispiel

Herr Schmöller arbeitet gerade mit Hochdruck an einem wichtigen Dokument, als das Programm abstürzt – ein Netzwerkfehler, wieder einmal! Ärgerlich ruft er beim Administrator Herrn Matzek an. Der verspricht, gleich nach der Ursache zu forschen, doch es werde noch etwas dauern. Schmöller geht in die Kantine, um sich einen Kaffee zu holen. Und wer sitzt da? Der Administrator! Neben ihm eine junge Frau. Es entspinnt sich folgender Dialog.
Schmöller (grummelnd): „Tag zusammen. Ich sitze übrigens schon auf Kohlen."

Matzek: „Ja, bin gleich soweit. Das ist übrigens Ines Schnabel, unsere Praktikantin."
Schmöller: „Tag, Schmöller."
Schnabel (macht ein betroffenes Gesicht): „Hallo. Sie haben vorhin angerufen, nicht? Saßen Sie beim Absturz an etwas Wichtigem?"
Schmöller: „Kann man wohl sagen!"
Schnabel: „Das ist aber auch ärgerlich, wenn man gerade mitten in der Arbeit steckt. Da möchte man die Kiste am liebsten aus dem Fenster werfen!"
Schmöller: „Ja, das hätte ich am liebsten getan. Ich stehe nämlich unter Zeitdruck mit dieser Arbeit."
Schnabel: „Das ist natürlich besonders unangenehm. Herr Matzek und ich sind mit unserem Thema auch gleich durch."
Schmöller: „Ach, da bin ich beruhigt. Also bis später!"

Frau Schnabel ist es gelungen, Herrn Schmöller zu beruhigen. Sie hat sich in seine Lage versetzt und seine Gefühle gespiegelt.

Tipp Empathisch handeln Sie dann, wenn Sie Ihre eigenen Angelegenheiten zurückstellen und sich vollkommen auf die Bedürfnisse des anderen konzentrieren.

Regel 4: Zeigen Sie Ihre Gefühle!

Small Talk ist Beziehungspflege. Und da Beziehungen nicht in einer Atmosphäre von Kälte und Rationalität gedeihen, dürfen Sie es ruhig „menscheln" lassen:
- Was lieben Sie? Wofür haben Sie eine echte Schwäche?
- Welche Sehnsüchte haben Sie?
- Wovor fürchten Sie sich?
- Woran zweifeln Sie?
- Was freut Sie?
- Was schmerzt Sie?
- Wen mögen Sie? etc.

Tipp Verbergen Sie Ihre Gefühlsseite nicht, geben Sie in kleinen Dosen etwas von sich preis. Zuviel Schweigsamkeit führt nur dazu, dass andere spekulieren und tratschen.

Trainieren Sie emotionales Sprechen mit der folgenden Übung.

Übung 50: Emotionales Erzählen

Sie brauchen einen Minidisk oder ein anderes Aufnahmegerät.

Überlegen Sie sich eine kleine Geschichte aus einem geeigneten Themenbereich (z. B. ein persönliches Erlebnis oder auch eine fremde Story).

Ihre Aufgabe ist, über die Ereignisse in drei verschiedenen Varianten zu erzählen. Dabei sollen jeweils drei „Grundemotionen" zum Tragen kommen. Nehmen Sie sich vor jeder Aufnahme eine Minute Zeit, um sich in die geforderte Emotion „einzufühlen". Das gelingt leichter, wenn Sie sich ein Ereignis vorstellen, das die Emotion auslösen kann.

1. Erzählen Sie die Geschichte ganz ernst. Stellen Sie sich dabei vor, einem Marktforscher gegenüberzustehen, den nur bestimmte Daten und Fakten interessieren.

2. Erzählen Sie die Geschichte witzig. Stellen Sie sich dazu etwas Lustiges vor, etwa, dass Sie mit einer versteckten Kamera die Ereignisse aufgezeichnet haben.

3. Erzählen Sie die Geschichte mit Begeisterung. Malen Sie sich aus, dass Sie jemanden aus dem Zuhörerkreis dazu bringen wollen, unbedingt auch einmal das zu tun, was Sie oder der Protagonist getan haben.

Hören Sie die Aufnahmen ab. Was wirkt überzeugend? Was könnten Sie noch verbessern?

Eine weitere Übung zum emotionalen Sprechen finden Sie auf Seite 205 („Spiegelung").

Sprechen Sie persönlich

Wie drückt sich Ihre Persönlichkeit im Small Talk aus? Vermeiden Sie zum Beispiel, in der Man-Form zu sprechen. Reden Sie in der Ich-Form, dann weiß jeder: Es geht hier um Sie und um niemand anderen. Sehen Sie sich dazu die folgende Tabelle an.

Gesprächsstil: Fünf Regeln für gelungenen Small Talk

klingt unpersönlich	klingt persönlich
„Man sollte seinen Urlaub diesmal früher buchen."	„Ich glaube, ich sollte meinen Urlaub diesmal früher buchen."
„Heutzutage hat ja niemand Zeit."	„Ich habe so wenig Zeit; aber so geht es ja vielen heutzutage."
„Vanilleeis mit Erdbeeren ist eine leckere Nachspeise."	„Hmm, ich liebe Vanilleeis mit Erdbeeren."
„Das mit dem Kollegen Remmel ist wirklich unschön."	„Was mit unserem/Ihrem Kollegen Remmel passiert ist, tut mir wirklich leid."
„Da müsste man helfen."	„Ich würde gerne helfen."
„Da haben Sie einen schönen Blumenstrauß ausgewählt!"	„Da haben Sie aber einen schönen Blumenstrauß für mich ausgesucht."
„Das leere Glas kann man auch mitnehmen."	„Würden Sie dieses leere Glas für mich mitnehmen?"
„Das schwarze Kostüm ist schick."	„Das schwarze Kostüm finde ich schick."

171

Lektion 6: So werden Sie zum Small-Talk-Profi

Frauen sprechen anders, Männer auch

Sind Frauen die besseren Smalltalker? Spätestens seit den sechziger Jahren, als die feministische Sprachwissenschaft aufkam, wissen wir, dass Männer und Frauen verschiedene Sprachen sprechen.

Beispiel

Ludwig: „Morgen ist ein kleines Firmenfest. Manfred Bauer wird verabschiedet. Und wir haben gleich die Gelegenheit ergriffen, auch unseren Projektabschluss zu feiern."

Veronika: „Ach, wie nett. Hättest du vielleicht gern, dass ich mitkomme?"

Ludwig: „Ja, kannst du schon machen."

Veronika: „Na, es muss nicht unbedingt sein. Es war nur so eine Idee von mir."

Ludwig: „Man darf sicher jemanden mitbringen. Es ist nicht so förmlich bei uns."

Veronika: „Ach, wer weiß, ob das passt."

Ludwig: „Na, du musst ja auch nicht."

Veronika: „Na, wenn es dir ohnehin nicht so wichtig ist ..."

Ludwig: „Wieso nicht wichtig? Ich dachte, du willst nicht wirklich."

Veronika: „Doch, ich komm gerne mit, wenn du es auch möchtest."

Ludwig: „Du musst nicht. Mach dir keinen Stress."

Veronika denkt sich: *Warum sagt er nicht einfach, dass er mich eigentlich nicht dabei haben will?*

Ludwig denkt sich: *Es war so eine nette Idee von ihr mitzugehen. Aber warum macht sie es immer so kompliziert?*

Unterscheidet sich die Art, wie Frauen sprechen, wirklich so stark von der Art, wie Männer sprechen?

Wie Frauen sprechen

„Frauensprache", darin sind sich die meisten Untersuchungen einig, ist indirekter. Indirektes Sprechen gilt in unserer Kultur als Ausdruck der Unterlegenheit, wohingegen direktes Sprechen mit Dominanz gleichgesetzt wird. Indirektes Sprechen zeigt sich in Formulierungen wie: „Ich glaube, dass ..., „Ich würde gerne ..., „vielleicht", „irgendwie", „anscheinend". (Die Linguisten nennen solche Ausdrücke „Hedges" oder Unschärfemarkierer.)

172

> **Tipp** Unschärfemarkierer schwächen eine Aussage ab. Ihre häufige Verwendung lässt auf Unsicherheit schließen. Wenn Ihnen etwas wichtig ist, sollten Sie es direkt formulieren.

Veronikas Frage: „Hättest du gerne, dass ich mitkomme?" lässt sich kaum eindeutig interpretieren. Geht sie nur mit, wenn Ludwig es möchte? Oder traut sie sich nicht zu sagen, dass Sie gerne mitkommen will?

Aber das indirekte Sprechen hat auch sein Gutes: Die vage Ausdrucksweise lässt dem anderen mehr Reaktionsmöglichkeiten.

Die Harmonie ist wichtig

Im Gesprächsstil gibt es zwischen Frauen und Männern ebenso Unterschiede. Frauen wird nachgesagt, dass sie andere eher bestätigen und die besseren (weil aktiveren) Zuhörer sind.

Angeblich fällt es Frauen leichter, eine positive Gesprächsatmosphäre herzustellen. Frauen betonen im Gespräch eher die Gemeinsamkeiten. Nähe, Akzeptanz und das Gefühl der Verbundenheit sind wichtige Gesprächsziele. Daher sprechen Frauen auch mehr über Beziehungen und Persönliches – das schafft wiederum Vertrauen und Sympathie.

Was Männer- und Frauensprache weiterhin unterscheidet, ist das emotionale Sprechen: Frauen neigen eher dazu, ihre Gefühle auszudrücken.

> **Tipp** Da Small Talk dem Beziehungsaufbau dient, ist es gut, sich beim Sprechen am weiblichen Stil zu orientieren.

Frauen setzen Sprache außerdem weniger als Machtinstrument ein. Machtorientiertes Sprechen zeigt sich etwa darin, dass man sich ständig das Rederecht nimmt. Tatsächlich lassen sich Unterschiede zwischen Männern und Frauen feststellen, was Unterbrechungen in Gesprächen betrifft:

Es gibt zwei Arten von Unterbrechungen: Solche, bei denen jemand das Rederecht beansprucht, ohne dass der andere zu Ende gesprochen hat. Dann gibt es aber auch Unterbrechungen, die als Überlappungen zu bezeichnen sind. Sie haben rückmeldende Funktion. Überlappungen unterstützen, was der Sprecher gerade sagt.

Schauen Sie sich einmal eine Fernsehdiskussion an. Sie werden feststellen, dass Frauen öfter von Männern das Rederecht streitig gemacht wird als umgekehrt. Sprechen Frauen miteinander, kommt es öfter zu Überlappungen, als wenn Männer sich unterhalten.

Bei der Gesprächssteuerung sind Frauen defensiver – und Männer aggressiver: Wenn Frauen in einer Gesprächsrunde ein Thema einzubringen versuchen, wird dies weniger oft angenommen als bei Männern. Greift ein Mann kurz darauf dasselbe Thema auf, scheint es auf einmal wichtig geworden zu sein. Dies ist leider kein seltenes Phänomen: Sprachwissenschaftler haben empirisch festgestellt, dass zwar Frauen häufiger Themen anschlagen als Männer, doch beim „Durchbringen" weitaus weniger Erfolg haben. Wer einmal aufmerksam gemischte Gesprächsrunden beobachtet, wird dies vielleicht schon festgestellt haben.

Aus wissenschaftlichen Untersuchungen weiß man außerdem, dass Frauen weniger auf Konfrontation aus sind: Sie halten sich in Diskussionen deutlicher zurück als Männer; ihre Redebeiträge sind im Durchschnitt auch nur halb so lang wie die ihrer männlichen Diskussionspartner.

Wie Männer sprechen

Männer benutzen Gespräche, um zu verhandeln, ein Problem zu analysieren und zu lösen, die eigene Position zu verbessern. Sie kommen oft schneller zur Sache und sind auch knapper im Stil. Die Kommunikation auf der Sachebene steht dabei im Vordergrund. Die emotionale Seite ist weniger wichtig. Sich zu profilieren, seine Machtposition auszubauen, andere zu übertrumpfen, seine Kräfte zu messen, einen Platz in der Hierarchie zu erobern – all dies sind Verhaltensweisen, die typisch für die männliche Kommunikation sind. Außerdem fluchen Männer häufiger und benutzen mehr derbe Ausdrücke (im Small Talk natürlich selten angebracht).

Männer neigen auch anders als Frauen dazu, Unsicherheit und Zweifel zu verschweigen – denn das könnte ihnen als Schwäche ausgelegt werden. Dafür fällt es Männern leichter als Frauen, ihre Erfolge zu verkaufen.

Stereotyp?

Es gibt viele Stereotype (vereinfachte Urteile) über Männer- und Frauensprache: Männer setzen sich in Gesprächen eher durch, Frauen reden über ihre Gefühle. Männer sprechen nur über Autos und Fußball. Frauen tratschen. Männer produzieren sich im Gespräch. Frauen sind höflich und nett u. v. m.

Wir wissen natürlich, dass jedes Gespräch geprägt wird durch seine Teilnehmer, deren soziale Beziehungen und den Rahmen, in dem es sich abspielt. Dennoch: Manche Stereotype existieren – und sie bleiben nicht ohne Wirkung. Neuere Forschungen innerhalb der „Gender Studies" zeigen, dass wir uns an sprachlichen Geschlechter-Stereotypen orientieren, wenn wir uns als Mann oder als Frau darstellen oder andere als Mann oder Frau wahrnehmen. (Anja Gottburgsen, Stereotype Muster des sprachlichen *doing gender*, Wiesbaden, 2000.)

Worauf Sie im Small Talk achten sollten

Frauensprache – Männersprache; betrachten Sie beides als unterschiedliche Gesprächsstile. Mit anderen Worten: Auch ein Mann kann einen „weiblichen Stil" haben und eine Frau sich eines „männlichen Stils" bedienen.

Tipps für Männer

- Verwenden Sie keine frauenfeindlichen Ausdrücke, Sprüche oder Witze. Das kommt übrigens auch bei Männern nicht gut an!
- Vermeiden Sie Sexismus in Ihrer Sprache. Setzen Sie Frauen und ihre Leistungen nicht herab, machen Sie sie nicht lächerlich, erkennen Sie ihre Interessen und Bedürfnisse an. Vermeiden Sie Stereotype.
- Verwenden Sie die weibliche Berufsbezeichnung: Kauffrau, Controllerin, Betriebswirtin.
- Im Geschäftsleben machen Sie Frauen möglichst keine Komplimente für ihr Aussehen. Denn damit können Sie unter Umständen Hierarchien betonen oder Statusunterschiede unterstreichen. Auch lässt sich hinter einem Kompliment eine Absicht vermuten, nach dem Motto: „Er sagt mir etwas Nettes, weil er etwas von mir will." Komplimente sind also nicht unbedingt Ausdruck von echter Anerkennung. Überlegen Sie: Würden Sie auch einem Mann ein ähnliches Kompliment machen?

Tipps für Frauen

- Formulieren Sie Ihre Bedürfnisse deutlich, klar und direkt, vor allem, wenn Sie mit einem Mann sprechen.
- Lassen Sie sich im Gespräch nicht das Heft aus der Hand nehmen. Wehren Sie Unterbrechungsversuche ab: „Ich möchte das noch zu Ende führen" oder ignorieren Sie die Unterbrechung und sprechen Sie einfach weiter (nehmen Sie sich ein Beispiel an selbstbewussten Politikerinnen).
- Macht Ihnen ein Mann ein Kompliment, bedanken Sie sich kurz und gehen nicht weiter darauf ein. In manchen Fällen kann es gut sein, das Kompliment zurückzugeben: Die „Nettigkeiten" sind ausgetauscht und niemand ist dem anderen etwas schuldig.
- Anzüglichkeiten sind im Small Talk ein Problem. Je nach Situation sollten Sie entscheiden, ob Sie darüber hinweggehen, mit Ironie reagieren oder sich zur Wehr setzen wollen. Nehmen Sie Blickkontakt auf und rügen Sie das Verhalten unmissverständlich: „Ihre Anzüglichkeiten sparen Sie sich bitte." Am besten wäre natürlich eine schlagfertige Antwort.

Beispiel

Frau Mende versucht, einen dicken Stapel Papier in ihre Aktentasche zu packen, die auf dem Tisch steht. Neben ihr steht Herr Winter, ein fülliger Kollege, der seinen Minderwertigkeitskomplex gerne durch Anzüglichkeiten zu kompensieren versucht und sagt: „Im Liegen geht es vielleicht besser." Darauf Frau Mende: „Kommt darauf an, wie man gebaut ist."

Wie Sie Ihre Ausdrucksweise bereichern

Der Small Talk dient vor allem der gemeinsamen guten Unterhaltung. Und zu der können Sie viel beisteuern: durch lebendiges Erzählen und überzeugende Wortbeiträge.
Doch braucht man Rhetorik? Dazu möchten wir eine kleine Geschichte wiedergeben, die Karl Hugo Pruys in seinem lesenswerten Buch „Ich rede, also bin ich" beschreibt (siehe Anhang).

Beispiel

> Um zum Flughafen zu gelangen, nahm sich der Autor ein Taxi. Dabei kam er mit dem Fahrer ins Gespräch, einem jungen Mann und gebürtigem Iraner, der seit seiner Schulzeit in Deutschland lebt. Während ihrer Plauderei sprachen Sie zunächst übers Wetter, dann über die Politik und schließlich über die Religion, genauer den Koran. Da sagte der Taxifahrer „Wenn ich in dieses Buch (den Koran) aufschlage, überwältigen (!) mich zwei widerstreitende Empfindungen: Furcht und Liebe ... Furcht vor der Allmacht Gottes und zugleich Liebe zur Welt und den Menschen, die in ihr wohnen.'
> Es ließe sich gedankenreicher und wortmächtiger über Glaubensfragen sprechen, doch in dieser Kürze kaum schöner, besser, treffender zum Ausdruck bringen, was (...) über den Koran gesagt werden kann ..." schreibt Pruys.

Was die Geschichte zeigt: Wer von einer Sache überzeugt ist, wer sich auf sein Gefühl verlässt und authentisch ist, der findet auch die richtigen und überzeugenden Worte. Und muss nicht lange überlegen, wie er sich denn wohl am besten ausdrückt. Die Rede des Taxifahrers war, das ist jedoch der Witz, nicht „unrhetorisch". Der junge Iraner hat in seiner Äußerung den bildhaften Ausdruck „überwältigen" benutzt und einen wunderschönen Gegensatz zwischen „Furcht" und „Liebe" aufgebaut – bloß hat er darüber wahrscheinlich überhaupt nicht nachgedacht.
Im Folgenden finden Sie eine Liste wichtiger Stilmittel. Sicher setzen Sie das eine oder andere bereits unbewusst ein.

177

Einfache Stilmittel für den Small Talk

Stilmittel	Wirkung	Beispiel	Wann einsetzen?
Anapher (syntaktische Parallelschaltung)	Verstärkt, wirkt eindringlich.	Der Urlaub war günstig. Der Urlaub war abwechslungsreich. Nur eines war er nicht: erholsam.	Auch im Business Talk als Redeschluss.
Beispiel	Veranschaulicht.	Ein Umzug ist zum Beispiel ein Projekt: kommt oft vor und Sie müssen viel organisieren.	Wo immer es kompliziert oder abstrakt wird.
Hyperbel (Übertreibung)	Intensiviert.	Ich erzähle Ihnen jetzt die unglaublichste Geschichte, die ich je erlebt habe.	In unterhaltender Kommunikation. Im Business Talk nur, wenn Sie etwas auf den Punkt bringen oder andere erheitern wollen.
Klimax (Steigerung)	Steigert die Spannung, treibt eine Erzählung voran.	In der ersten Woche hat es öfter ein bisschen genieselt. In der zweiten fing es an sich einzuregnen. Und in der dritten Woche hat es geschüttet wie aus Kübeln, und zwar pausenlos.	Im Small und Business Talk, wenn es auf den Höhepunkt zugeht.
Litotes (Untertreibung)	Verharmlost, kann auch ironisch wirken.	Trainer Harry Södermann ist in seiner Branche kein Unbekannter.	Im Business Talk besser vermeiden.
Bilder, Metaphern (s. u.)	Unterstützen die Merkfähigkeit, veranschaulichen.	Er redet wie ein Wasserfall. Die Rede war ein Donnerschlag. Ich bin hier wohl der einsame Rufer in der Wüste?	Wo immer es kompliziert/abstrakt oder zu langweilig wird.
Vergleiche (s. u.)	Verdeutlichen, veranschaulichen.	Er freut sich wie ein kleines Kind an Weihnachten.	Wenn es kompliziert oder abstrakt wird.
Zitate	Belehren oder unterhalten.	„Die Welt, durch Vernunft dividiert, geht nicht auf." *Johann Wolfgang von Goethe*	Wenn Sie andere überzeugen wollen, zur Auflockerung.

> **Tipp** Stellen Sie sich eine kleine Liste Ihrer Lieblingszitate zusammen. Streuen Sie Zitate im Small Talk aber nur sparsam ein. Vor allem ernste Zitate empfinden viele als belehrend. (Zitate-Literatur finden Sie im Anhang.)

Sprechen Sie in Bildern!

Angenommen, Sie haben einen Beruf, der sich nicht einfach erklären lässt. Was tun Sie? Sie können zu einem Vergleich (oder einer komplexeren Analogie) oder einer Metapher greifen. Im folgenden Beispiel erklärt jemand auf bildhafte Weise seine Tätigkeit als Softwareentwickler:

Beispiel: Analogie
> „Eine Software ist ein wenig wie ein Gebäude. Ein Architekt (Programmierer) baut es. Doch er tut es nicht zum Selbstzweck, sondern für die Bewohner (Anwender). Alle Bedürfnisse der Bewohner müssen erfüllt werden, daher gibt es ein Bad, eine Küche, ein Schlafzimmer etc. (das Programm erfüllt verschiedene Funktionen). Ohne Statik wird das Haus nicht lange stehen (das Programm muss stabil laufen). Das Haus muss auch gefallen (die Oberfläche muss benutzerfreundlich sein)".

Vergleiche funktionieren ganz einfach nach der Regel: X ist wie Y.

Beispiel: Vergleich
> „Ein Fragebogen muss wirken wie ein Bumerang – kommt er zurück, war der Wurf gut."

Sie erinnern sich bestimmt an den „Ähnlichkeitsfaktor" (Seite 80) aus unserer Themenlektion. Um eine Analogie zu finden, fragen Sie einfach: Womit lässt sich diese Sache vergleichen? Gibt es in anderen Bereichen ein ähnliches Phänomen? Gibt es etwas, das ein Merkmal des Ausgangsobjekts besitzt oder das ähnlich funktioniert?
Bei Ihrer Suche nach einer passenden Analogie können Sie in ganz unterschiedlichen Bereichen fündig werden:
- Natur
- Technik
- Kunst
- Wissenschaft

Lektion 6: So werden Sie zum Small-Talk-Profi

- Sport
- Freizeit und Spiele
- soziale Systeme (Familie, Dorfgemeinschaft, Unternehmen ...)
- Alltagskultur und vieles mehr.

Übung 51: Analogien bilden

Nehmen Sie sich für diese Übung etwas Zeit.
Ihre Aufgabe ist es, zu einem System und einem Prozess eine Analogie zu bilden. Formulieren Sie Ihre Analogien schriftlich aus. Im nächsten Schritt halten Sie darüber eine kleine mündliche Rede, die Sie auf Minidisk oder Kassettenrekorder aufnehmen. Wenn Ihnen ad hoc nichts einfällt, nehmen Sie sich ein Lexikon zur Hand und stöbern Sie ein wenig.
1. Versuchen Sie zu erklären, wie eine bestimmte Organisationseinheit (Team, Abteilung oder ganzes Unternehmen) funktioniert. Es bieten sich Analogien aus dem Bereich der Natur (etwa Tierstaaten) oder aus dem Sport (die Mannschaft und ihr Trainer) an.
2. Beschreiben Sie die Entwicklung eines Produkts oder die Pflege und Weiterentwicklung einer Produktfamilie. Die Entwicklung lässt sich mit anderen kreativen Prozessen vergleichen oder mit dem Wachstum einer Pflanze, die Produktpflege mit der Kinderpflege bzw. mit der Aufzucht von Jungen in der Tierwelt.

Tipp Wenn Sie Vergleiche oder Analogien benutzen, muss keine hundertprozentige Ähnlichkeit vorhanden sein. Es genügt, wenn ein Merkmal ähnlich ist. Schließlich geht es nur darum, durch ein einfaches Bild abstrakte Zusammenhänge anschaulich zu machen.

Metaphern – das Stilmittel für echte Profis

Auch Metaphern sind bildhafte Ausdrücke. Hier wird der Vergleich im Gegensatz zur Analogie direkt auf einen Sachverhalt übertragen („das Gold ihrer Haare" anstatt „Haare wie Gold"). Manchmal erfährt man erst aus dem Kontext, was eigentlich verglichen wird.
Vermeiden Sie abgedroschene Metaphern (etwa „Es ist fünf vor zwölf."), aber auch negative Übertragungen, die Sachverhalte so reduzieren, dass eine Gruppe diskriminiert wird (etwa „kollektiver Freizeitpark"). Weitere wenig zu empfehlende Metaphern finden Sie unter www.unwortdesjahres.org.

> **Beispiel: Gebräuchliche Metaphern**
> Er ist ein alter Hase im Geschäft.
> Er ist der Konkurrenz um eine Nasenlänge voraus.
> Wir liegen auf der Zielgeraden.

Eingängige sprachliche Bilder wie Analogien, Vergleiche und Metaphern erleichtern das Verständnis komplexer Zusammenhänge. Sie sichern aber auch die Aufmerksamkeit des Zuhörers, weil sie lebendiger sind. Außerdem steigern Sie mit diesen rhetorischen Figuren Ihre Überzeugungskraft.

Übung 52: Einprägsame Bilder suchen

Finden Sie einprägsame Vergleiche oder Bilder für folgende Sachverhalte:

1. Die Beziehung zwischen Unternehmen und einem zuverlässigen Dienstleister.

___

2. Ein gesundes Unternehmen.

___

3. Was ein gutes Logo ausmacht.

___

4. Was ist zuverlässiger Kundenservice?

___

5. Ein Sieger-Team.

___

(Vorschläge im Lösungsteil.)

Übung 53: Alltägliches lebendiger erzählen

Auf Seite 153 haben wir in einem Beispiel einen „Personaler" beschrieben, der sich seiner Gesprächspartnerin vorstellt – und sie dabei mit Fremdwörtern abschreckt. Sehen Sie sich das Beispiel noch einmal an. Ihre Aufgabe ist nun, diese Vorstellung möglichst anschaulich, dabei aber auch spannend und lebendig zu gestalten. Benutzen Sie dazu geeignete rhetorische Stilmittel. Formulieren Sie die „Vorstellung" schriftlich aus. Tragen Sie sie dann mündlich vor.
(Vorschlag im Lösungsteil.)

Lektion 7:
Wie Sie eine gute Figur machen

In dieser Lektion lernen Sie, wie Sie erfolgreich auftreten.
Denn beim Small Talk wirken Sie zuallererst durch
Ihr äußeres Erscheinungsbild. Dabei spielt eine entscheiden-
de Rolle, was Sie anderen durch Ihre Körpersprache
signalisieren. Sie lesen, auf welche Konventionen Sie achten
müssen und wie Sie Haltung, Gestik und Mimik bewusster
einsetzen. Anschließend geben wir Ihnen Tipps, wie Sie
die Körpersprache Ihrer Gesprächspartner besser verstehen.

Der erste Eindruck zählt

Wenn Sie einem Menschen erstmals begegnen, bewertet er innerhalb weniger Sekunden Ihr Aussehen und Ihr Verhalten: Wie treten Sie auf? Wie bewegen Sie sich? Was sprechen Ihre Augen? Welche Signale senden Sie aus? Augenblicke genügen und wir haben uns unbewusst ein Bild von einem Menschen gemacht.

Kein Wunder also, dass wir bei gesellschaftlichen Anlässen ständig dem prüfenden Blick der anderen ausgesetzt sind. Und so entscheidet der erste Eindruck vielleicht schon darüber, ob sich jemand mit uns unterhalten will oder nicht. Möchten wir unsere Chancen auf ein Gespräch erhöhen, müssen wir also das „richtige" Erscheinungsbild präsentieren:

Beispiel

Die Journalistin Helene ist mit ihrer Freundin Luise, einer Literaturagentin, auf einem Empfang eingeladen. Man trägt elegantes Schwarz. Da schießt ein Herr auf die beiden zu. Er trägt eine grüne Hose, Turnschuhe und ein kariertes Hemd. Durch eine alte Pilotenbrille blinzeln aufgeregte Augen. Helene hat die Befürchtung, dass es sich um einen untalentierten Autor handelt, der um eine Buchrezension bitten möchte. Doch als sie sich wegdrehen will, flüstert ihr Luise rasch zu: „Warte mal, das ist doch Urs Rütli." Helene stutzt: „Der Rütli?" „Genau, der Literaturkritiker." Na, den will Helene natürlich kennen lernen.

Das Beispiel zeigt, dass der erste Eindruck von den Erwartungen, Konventionen und Spielregeln abhängig ist, die in der jeweiligen Situation gelten.

Ein Bild, das sich schnell festsetzt

Wie entsteht eigentlich der erste Eindruck? Nach einer Studie der University of California wirken unsere äußere Erscheinung und unsere Körpersprache zu 55 %, der Klang unserer Stimme zu 38 % und der Inhalt, also das, was wir sagen, nur zu 7 %.
Im weiteren Verlauf der Begegnung(en) wird die sprachliche Kommunikation dann immer wichtiger. Das klingt logisch: Je besser wir einen Menschen kennen, umso vertrauter und selbstverständlicher erscheint uns sein Äußeres und seine Körpersprache, etwa die ihm eigene Gestik und Mimik. Ist der erste Eindruck negativ, geben wir dem anderen oft keine Chance mehr, ihn näher kennen zu lernen.

Kleider machen Leute

Die Kleiderfrage sollten Sie nie unterschätzen, wenn Sie sich aufs gesellschaftliche Parkett begeben. Viele Menschen legen auf das Äußere großen Wert. Und sie strafen unpassend oder schlecht gekleidete Personen mit nachhaltiger Missachtung. Auch wenn Sie jetzt sagen: Auf solche Bekanntschaften kann ich verzichten – passend gekleidet zu sein, verleiht Selbstsicherheit und kann Ihnen beruflich von großem Nutzen sein.
„Passend gekleidet" heißt nicht, dass Sie keinen eigenen Stil zeigen dürfen. Eine persönliche Note sollten Sie sogar haben. Es genügt ein hübsches Accessoire, ein extravaganter Schnitt, der gut zu Ihrer Figur passt, oder Farben, die Ihren Typ perfekt unterstreichen. Wer selbstbewusst genug ist und um jeden Preis auffallen will, darf sich natürlich auch komplett über die Erwartungen oder die Kleiderordnung hinwegsetzen – aber muss sich dann auch die entsprechenden kritischen Blicke gefallen lassen.

Was gilt bei Geschäftskontakten?

Bei Geschäftskontakten haben Sie weniger Freiheiten. In der Regel wird hier ein dezentes Business-Outfit erwartet. Auffallende, bunte Kleidung ist zumindest in den meisten Branchen unangebracht, in manchen sogar definitiv nicht erwünscht (etwa in der Finanzbranche).

Apropos Branche: Hier gibt es natürlich unterschiedliche Kleiderregeln. Aber wenn Sie z. B. als IT-Fachmann oder -frau einen Termin bei einem neuen Kunden haben, sollten Sie die in der Computerbranche übliche legere Kleidung gegen einen Anzug, Hemd und Krawatte bzw. ein Business-Kostüm eintauschen. Im geschäftlichen Kontext verwenden Männer ein dezentes Rasierwasser, Frauen verzichten auf auffälliges Parfüm, starke Schminke und den Minirock. Bei einer Vernissage würde es hingegen nicht negativ auffallen, wenn Sie als Mann einen modischen Anzug und als Frau ein extravagantes Kleid tragen.

Kleiner Kleidungs-Check für gesellschaftliche Anlässe
Geschäftlicher oder privater Charakter?
Enthält die Einladung Hinweise zur Kleiderordnung? Dann sollten Sie diese auch beachten.
Mittags oder abends? Abends ist eine festlichere Garderobe, mittags eher das Business-Outfit angemessen (z. B. abends Fliege statt Krawatte und Cocktailkleid statt Kostüm).
Welcher Anlass? Eher informell oder hochoffiziell?
Keine Anhaltspunkte? Überlegen Sie, was bei vergleichbaren Anlässen getragen wurde, sprechen Sie sich mit Kollegen/Freunden ab oder fragen Sie die Gastgeber.
In welchem Kreis findet die Sache statt? Sind die Anwesenden überwiegend konservativ, leger oder „bunt"? Wer gibt den Ton an? Werden wichtige Leute, z. B. Honoratioren anwesend sein?
Worin fühlen Sie sich wohl? Tragen Sie nach Möglichkeit nichts, worin Sie sich steif, unbeweglich und fremd fühlen.
Passt das, was Sie tragen wollen, auch zusammen (Farbe, Stil, Grad der Eleganz)? Unterstreicht es auch Ihren Typ und Ihre Stimmung?
Worauf Sie außerdem bei offiziellen Anlässen Wert legen sollten, sind eine saubere, unbeschädigte Kleidung, geputzte Schuhe, eine ordentliche Frisur, ein angenehmer Duft und als Mann eine gute Rasur.

Übung 54: Die äußere Wirkung prüfen
Ein gutes Gefühl, wie Sie in verschiedenen Kleidungsstilen auf andere wirken und wie sich selbst dabei fühlen, können Sie entwickeln, wenn Sie in der Öffentlichkeit öfter mit Ihrem Outfit experimentieren. Ziehen Sie sich in vergleichbaren Situationen (und wenn es auf nichts ankommt) einmal ganz nachlässig, einmal ganz verrückt und einmal sehr schick an (zum Beispiel wenn Sie durch die Fußgängerzone, in ein Geschäft, in ein Café, einen Club oder in ein Restaurant gehen, wo man Sie nicht kennt.)

Versuchen Sie dann einen Small Talk zu beginnen. Wie verhalten sich die Leute, bevor sie mit Ihnen sprechen? Verändert sich etwas, nachdem sie mit Ihnen gesprochen haben?

Wenn Sie mutig sind, können Sie auch ganz bewusst mit Kontrasten experimentieren und zu bestimmten Anlässen overdressed bzw. underdressed erscheinen: Reservieren Sie etwa einmal – wenn es geht über eine Sekretärin – einen Tisch in einem teuren Restaurant. Wenn Sie einen Titel haben, soll die Sekretärin ihn erwähnen. Gehen Sie dann in Jeans und T-Shirt oder vergleichbar lässiger Kleidung hin. Was passiert? Wie reagieren die Kellner, wie die anderen Gäste? Wie geht es Ihnen selbst bei diesem Versuch? Umgekehrt können Sie auch im eleganten Businessdress eine Diskothek oder eine Studentenkneipe aufsuchen usw.

Körpersprache im Small Talk mit der „Hablas"-Formel

Ihrer Körpersprache sollten Sie als erfolgsorientierter Smalltalker unbedingt Ihre volle Aufmerksamkeit schenken.

Wer weiß, wie Körpersprache funktioniert, kann sie bewusst einsetzen. Wenn Sie sich gerne mit der Dame an der Bar unterhalten wollen, sollte Ihre Körpersprache Gesprächsbereitschaft signalisieren. Wenn Sie jemanden trösten wollen, muss sich Ihre Anteilnahme in Ihrem Gesicht spiegeln. Und Sie müssen erkennen können, ob Ihr Gegenüber gerade offen ist für ein Gespräch.

Natürlich gibt es keine Patentrezepte für eine „erfolgreiche" Körpersprache. Außerdem ist es schwierig, jedes Körpersignal eindeutig zu interpretieren, von ritualisierten Gesten einmal abgesehen (etwa dem Händeschütteln). Eins ist aber klar: Negative Gesten haben keinen Platz im Small Talk (siehe Seite 204).

Wir haben für Sie sechs Regeln formuliert, die Sie sich mit der Formel „Hablas" leicht merken können. (Eine Eselsbrücke: *hablas* heißt auf Spanisch „du sprichst".) Diese Punkte sind aus unserer Sicht das „nonverbale" Fundament, auf denen ein gelungener Small Talk ruht.

Körpersprache im Small Talk – die Hablas-Formel

- Haltung: Eine souveräne Ausstrahlung spiegelt sich in einer aufrechten, unverkrampften Haltung, sowohl im Stehen, Gehen wie auch im Sitzen wider.
- Abstand: Abstand und Körperzuwendung signalisieren anderen gegenüber Respekt, Kontaktbereitschaft und unsere Bereitschaft zu Nähe, etwa auch, wie weit wir sie einbeziehen wollen.
- Blick: Häufiger Blickkontakt zeigt, dass Sie die nötige Offenheit und Aufmerksamkeit für Ihre(n) Gesprächspartner mitbringen.
- Lebendigkeit: Wenn Ihre Worte durch eine lebendige Gestik und Mimik unterstrichen werden, können Sie andere fesseln und überzeugen.
- Anteilnahme: In Ihrer Mimik und Gestik signalisieren Sie Ihrem Gesprächspartner Anteilnahme und Zuwendung (Empathie).
- Signale verstehen: Wenn Sie die nonverbalen Signale anderer richtig deuten, kommt es zu weniger Missverständnissen.

Zunächst beschäftigen wir uns mit einer guten Haltung, dem richtigen Abstand zum Gesprächspartner, dem Blickkontakt sowie mit einigen Tabus beim Small Talk.

Haltung, Abstand, Blickkontakt

So stehen Sie aufrecht

Achten Sie einmal auf die Menschen um Sie herum: Welchen Eindruck macht jemand auf Sie, der eine aufrechte Haltung hat, gerade sitzt, seinen Kopf oben hält? Wie hingegen wirkt es, wenn jemand gebückt läuft, den Kopf einzieht oder die Schultern hängen lässt? Unbewusst schließen wir von der Körperhaltung auf Charakter und Geisteshaltung.

Dennoch, eine wirklich gute Haltung haben die wenigsten – das liegt einfach an den modernen Arbeitsbedingungen. Besonders Menschen, die im Beruf viel vor dem Bildschirm oder im Auto sitzen (und keinen Ausgleichssport treiben), haben oft eine zu schwach ausgebildete Rücken- und Bauchmuskulatur. Die Folge: Es fällt schwer, den Rücken gerade zu halten, der Brustkorb sinkt ein. Auch große Menschen neigen nicht selten zu einer schlechten Haltung, weil sie sich gerne kleiner machen, als sie sind – abgesehen davon, dass sie sich definitiv öfter bücken müssen als andere. Wieder andere versuchen krampfhaft, gerade zu stehen, wobei sie die Brust herausdrücken und dabei ins Hohlkreuz fallen. Auch steif wie ein Stock zu sitzen oder zu stehen, entspricht nicht der natürlichen Haltung.

Haltungsfehler führen letztlich zu Fehlbelastungen (der Wirbelsäule, des Beckens etc.) und zu Beschwerden, die oft an der falschen Stelle „herauskommen".

Was Sie langfristig tun können

Einseitige Tätigkeiten, vor allem langes Sitzen, Bewegungsmangel und die Vernachlässigung der im modernen Arbeitsalltag wenig beanspruchten Rumpfmuskulatur wirken wie ein schleichendes Gift auf unseren Bewegungsapparat. Lange merkt man nichts – bis der Körper plötzlich streikt, im schlimmsten Fall mit einem Bandscheibenvorfall. Solange sollten Sie jedoch nicht warten. Neben regelmäßigem Sport (bei dem sowohl Ausdauer und Kraft als auch Beweglichkeit trainiert werden sollten) ist der Besuch einer Rückenschule allen zu empfehlen, die dauerhaft etwas für ihren Körper und ihre Gesundheit tun wollen. Eine gute Haltung fördern außerdem Yoga, die asiatischen Kampfsportarten, Tai Chi oder Qi Gong. Auch im Gesangsunterricht (bzw. durch Atemtechniken und Stimmbildung) können Sie viel über eine gute Haltung lernen.

Die folgenden Übungen – vorausgesetzt, Sie machen Sie regelmäßig – können Ihnen dabei helfen, Ihre Haltung zu korrigieren und zu verbessern.

Übung 55: Der aufrechte Stand

Stellen Sie sich seitlich vor einen Ganzkörperspiegel. Nehmen Sie Ihre normale Haltung ein. Dann richten Sie sich auf folgende Weise von unten nach oben auf:

1. Die Füße stehen möglichst parallel nebeneinander, maximal auf Hüftbreite. Belasten Sie beide Beine gleichmäßig, die Zehen sind gerade nach vorne oder etwas nach außen gerichtet.

2. Geben Sie in den Knien nach. Lassen Sie dabei das Gesäß leicht nach unten sinken, als ob Sie sich auf einen hohen Hocker setzen wollten; das Becken schiebt sich dabei leicht nach vorne. (Das können Sie überprüfen, indem Sie beide Hände auf den unteren Rücken, etwa links und rechts neben das Steißbein legen.) Bei dieser Bewegung müsste sich Ihre Wirbelsäule strecken.

3. Nun richten Sie das Brustbein auf. Legen Sie dazu eine Hand auf die Mitte Ihrer Brust zwischen die oberen Rippen, etwa eine Handbreit unter Ihrem Hals. Wenn Sie es richtig machen, macht die Hand bei der Aufrichtung eine Bewegung schräg nach oben. Wichtig: Drücken Sie weder die Brust heraus noch das Kreuz durch. Nun müssten die Schultern automatisch nach unten und ein Stück zurückgehen – können Sie das beobachten? Die Arme lassen Sie locker herabhängen, die Ellbogen sind eher leicht ausgestellt.

4. Zum Abschluss richten Sie den Kopf auf: Die ideale Stellung erreichen Sie, indem Sie das Kinn leicht gegen die Brust ziehen. Stellen Sie sich dann vor, an Ihrem Scheitel oben in der Mitte sei ein Faden angebracht, der Sie wie eine Marionette nach oben zieht. Dabei sollten Sie deutlich spüren, wie sich die ganze Wirbelsäule streckt. Zur Kontrolle: Ihre hinteren Halsmuskeln müssten sich dabei leicht dehnen.

Üben Sie diese Aufrichtung öfter vor dem Spiegel und achten Sie im Alltag darauf, beim Stehen eine aufrechte Haltung einzunehmen, ohne sich dabei zu verkrampfen.

Übung 56: Rückenmuskeln stärken

Sie brauchen bequeme Kleidung und sollten sich aufgewärmt haben.

1. Setzen Sie sich auf den Boden, strecken Sie die Beine aus und drücken Sie die Knie durch. Atmen Sie aus und richten Sie bei der nächsten Einatmung Ihren Rücken gerade auf. Oberkörper und Beine sollten möglichst einen rechten Winkel bilden. Verlagern Sie dabei Ihr Gewicht auf die Sitzhöcker, die Knorpel im Gesäß.

2. Legen Sie nun Ihre Hände (eventuell Fäuste machen) seitlich neben den Körper und stemmen Sie sich mit Hilfe der Arme etwas hoch, sodass Ihr Gesäß leicht vom Boden abhebt. Nun lassen Sie sich langsam wieder auf den Boden sinken und bemühen sich gleichzeitig, Ihren Kopf auf der erreichten Höhe zu lassen, damit der Rücken lang wird. Stellen Sie sich vor, Ihr Kopf wird am Faden gehalten wie in der vorigen Übung.

3. Strecken Sie im Sitzen Ihre Arme nach oben, als ob Sie mit den Händen in den Himmel greifen wollten. Bringen Sie die Arme möglichst nah an den Kopf. Halten Sie sich mit Hilfe Ihrer Rückenmuskeln in dieser Position, so lange Sie können (die Knie bleiben am Boden). Vermeiden Sie dabei, im Lendenwirbelbereich einzuknicken, schieben Sie das Gesäß eher etwas zurück. Atmen Sie bei der Übung ruhig durch die Nase ein und aus.

4. Dann lassen Sie wieder locker, indem Sie die Beine entspannen und den Rücken leicht runden.

Machen Sie diese Übung jeden Morgen zweimal hintereinander und steigern Sie allmählich die Haltedauer.

Eine leichtere Variante:
Setzen Sie sich auf den Boden, ziehen Sie die Knie an, bis die Fersen etwa 20 bis 30 cm vom Gesäß entfernt parallel fest auf dem Boden stehen. Umfassen Sie beide Knie mit den Händen. Atmen Sie aus und ziehen Sie sich bei der nächsten Einatmung mit Ihren Armen leicht nach vorne. Dabei richtet sich Ihr Rücken auf. Unterstützen Sie die Bewegung mit Kraft aus dem unteren Rücken. Den Kopf halten Sie gerade mit dem Scheitel Richtung Himmel. Halten Sie diese Stellung ein paar Atemzüge lang und lassen Sie dann wieder los. Dabei sinkt der Rücken nach hinten. Wiederholen Sie die Übung fünf bis zehn Mal.

Bodenhaftung und Beweglichkeit

Vielleicht kennen Sie Menschen, die beim Gehen „tänzeln". Das wirkt so, als ob sie nicht mit beiden Beinen im Leben stünden. Auch ein unbeholfener, tapsiger oder trampelnder Schritt fällt uns negativ auf. Beeindruckend sind Menschen, die eine aufrechte Haltung haben und fest mit beiden Beinen auf dem Boden stehen. Doch wie kann man das erreichen?
Neben einer stabilen psychischen Verfassung ist ein guter Bodenkontakt und die richtige Atmung (dazu mehr in der nächsten Lektion) wichtig.

Übung 57: Bodenkontakt und Bodenhaftung

Stellen Sie sich vor einen Ganzkörperspiegel. Halten Sie aus dem Stegreif eine kleine Rede (erzählen Sie z. B. vom letzten Urlaub oder reden Sie über ein Fachthema, in dem Sie sich auskennen). Versuchen Sie, Ihren Vortrag in allen vier Übungsschritten möglichst lebendig zu gestalten und dabei auch Gestik und Mimik einzusetzen.
1. Zuerst stellen Sie sich auf die Zehenspitzen und reden.
2. Dann stellen Sie sich auf ein Bein und reden weiter.
3. Nun stellen Sie sich auf beide Füße, belasten aber nur ein Bein, das andere knicken Sie ab.
4. Schließlich stellen Sie Ihr Gewicht auf beide Füße, die Beine stehen etwa hüftbreit, die Knie sind locker.
In welcher Stellung konnten Sie am besten lebendig und überzeugend sprechen?

Sich gerade zu halten bedeutet nicht, dass Sie Ihren Oberkörper in einer Stellung „einfrieren" – vielmehr sollten Sie auch in einer aufrechten Haltung beweglich und locker bleiben. Hier können wir von den östlichen Bewegungslehren lernen (etwa dem Tai Chi oder Qi Gong), in denen sich immer zwei Prinzipien paaren, Anspannung und Entspannung, Kraft/Energie und Gelassenheit.

Die folgende Übung verbessert nicht nur Ihre Haltung, sondern stärkt auch Ihre Mitte, das Qi oder die Lebensenergie, wie es bei den Chinesen heißt.

Übung 58: Der Bambus
Machen Sie diese Übung barfuß.
1. Stellen Sie sich aufrecht hin, die Füße stellen Sie parallel, etwa hüftbreit. Die Knie lassen Sie locker. Achten Sie darauf, dass Sie mit den Füßen guten Bodenkontakt haben und das Gewicht auf beiden gleich verteilt ist. Krallen Sie sich mit den Zehen ein wenig fest, um den Boden überall unter Ihren Fußsohlen zu spüren. Verlagern Sie Ihr Gewicht so lange, bis Sie einen festen Stand gefunden haben. Gleichzeitig richten Sie Ihren Rücken auf und lassen das Gesäß etwas nach unten sinken. Das Kinn ziehen Sie etwas zur Brust, die Arme fallen etwas nach außen locker herab, wobei Sie sich vorstellen können, einen Tennisball unter Ihren Achseln zu haben.
2. Schließen Sie dann die Augen und atmen Sie ruhig ein und aus. Stellen Sie sich vor, Ihre Füße sinken in den Boden ein, als ob Sie in einer Lehmkuhle stehen.
3. Beginnen Sie nach einer Weile, sich leicht mit dem ganzen Körper hin und herzuwiegen, wie ein Bambus, der im Wind schwankt. Der Oberkörper bleibt dabei gerade, die Fußsohlen weiterhin fest auf dem Boden. Biegen Sie sich nach rechts und links, vor und zurück. Spüren Sie, wie sich Ihr Körpergewicht bei der Vorwärtsbewegung stärker auf die Fußballen, bei der Rückwärtsbewegung auf die Fersen, bei den Seitwärtsbewegungen auch auf den Innen- bzw. Außenrist verlagert.
4. Lassen Sie Ihren Körper anschließend um seine Längsachse kreisen, mal rechts, mal links herum.
5. Kommen Sie dann langsam wieder in die Mitte. Öffnen Sie nach ein paar Atemzügen die Augen.

Diese Übung stärkt Ihr Gleichgewicht, wirkt positiv auf die Haltung und Atmung. Wenn Sie im Alltag in einer schwierigen Situation sind, sollten Sie öfter versuchen, daran zu denken, über Ihre Füße festen Bodenkontakt aufzunehmen.

Wie Sie den richtigen Abstand zum Gesprächspartner finden

Je nach Kulturkreis wahren Menschen eine bestimmte körperliche Distanz zu anderen. Beim Small Talk in Deutschland etwa einen halben Meter. Zuviel Nähe empfindet unser Gegenüber als Grenzüberschreitung – so wie wir es selbst auch unangenehm finden, wenn uns jemand zu sehr auf „die Pelle rückt".

Beispiel

Auf einer Feier. Ein flüchtiger Bekannter stürzt auf Sie zu, schüttelt Ihnen die Hand und redet sofort auf Sie ein. Doch damit nicht genug: Er kommt Ihnen immer näher, mehr als Ihnen lieb ist. Sie wissen sich nicht anders zu helfen, als einen Schritt zurückzuweichen. Doch schon macht Ihr Gegenüber wieder einen Schritt auf Sie zu. Sie weichen erneut zurück, er rückt nach – und so geht das, bis Sie mit dem Rücken zur Wand stehen. Jetzt können Sie sich nur noch mit einem „Entschuldigen Sie mich einen Augenblick" und dem Rückzug auf die Toilette retten.

Wie Sie Distanz herstellen

- Weichen Sie nicht zurück, sondern verteidigen Sie Ihr Revier. Blicken Sie nicht am anderen vorbei, sondern sehen Sie ihm gerade in die Augen. Wenn Sie mit den Blicken flüchten, meint er womöglich, Sie sind nicht bei der Sache – und wird eher noch näher kommen. Verschränken Sie die Arme vor der Brust. Heben Sie den Kopf etwas, sodass Sie ihn von oben herab anschauen. Diese Haltung wirkt drohend, ablehnend.
- Recken Sie die Arme zuerst zur Seite und dann etwas nach vorne, als ob Sie verspannt wären und sich strecken wollten. Dabei gehen Ihre Ellenbogen nach außen in Richtung Kinn des anderen. Sagen Sie dazu etwas wie: „Ah, hier ist es eng, ich brauche etwas Luft." Vielleicht versteht Ihr Gegenüber jetzt und lässt Ihnen mehr Raum.
- Wollen Sie das Gespräch ohnehin beenden, erklären Sie: „Entschuldigen Sie mich, ich möchte jetzt noch andere Gäste begrüßen. Auf Wiedersehen."
- Wenn ein Freund oder Bekannter Ihnen zu nahe kommt, sprechen Sie Klartext: „Du rückst mir immer so nahe, aber ich verstehe dich auch so sehr gut."

Wie finden Sie den richtigen Abstand?

Wie finden Sie den angemessenen Abstand zu einem Small Talk-Partner? Jeder hat seine eigenen Vorstellungen davon, wie nahe ihm ein anderer kommen darf (Individualabstand). Im Small Talk muss der Abstand auf jeden Fall größer sein, als wenn Sie sich mit Ihrem Partner oder einer vertrauten Person unterhalten. Doch die Distanz darf wiederum nicht zu groß sein, sonst gibt es unter Umständen akustische Verständigungsprobleme oder Sie signalisieren: „Ich mag dich nicht!" Der angemessene Abstand ist zudem von der jeweiligen Situation abhängig: davon, ob Sie sitzen oder stehen, wie hoch der Lärmpegel ist, wie viele Menschen im Raum sind etc.

Tipp Stehen Sie sich beim Small Talk gegenüber, sollte der Abstand zum anderen mindestens einen halben, besser noch einen Meter betragen (das entspricht ungefähr der Länge eines ausgestreckten Arms). Weniger als 50 cm ist schon ein recht intimer Abstand – so nahe treten sollten Sie anderen z. B. auch im Geschäftsleben nie. Stehen Sie nebeneinander in einer Runde, sollte der Abstand zu Ihren Nachbarn rechts und links so groß sein, dass Sie alle drei „Ellbogenfreiheit" haben und sich bequem umdrehen können, ohne den anderen zu stoßen. Im Zweifelsfall lassen Sie lieber einen größeren Abstand – und überlassen es Ihrem Gesprächspartner, ihn zu verringern.

Übung 59: Abstand austarieren
Gehen Sie durch die Fußgängerzone oder eine belebte Straße, denken Sie sich ein imaginäres Ziel aus und fragen Sie mehrere Personen nach dem Weg. Versuchen Sie dabei, mindestens drei Personen in ein etwas längeres Gespräch zu verwickeln, zum Beispiel so: „Entschuldigen Sie, wissen Sie wo die Schillerstraße liegt? Sie muss hier ganz in der Nähe sein, bei einem großen Kaufhaus. Kennen Sie eines hier?"
Bei der ersten Person halten Sie Abstand wie sonst auch. Beim nächsten Mal gehen Sie noch deutlich mehr auf Distanz und weichen auch zurück, wenn sich der oder die Angesprochene Ihnen nähert. Beim letzten Mal treten Sie der fremden Person etwas zu nahe. (Bleiben Sie immer sehr freundlich und vergessen Sie nicht, sich nach jeder Auskunft höflich zu bedanken.)
Beobachten Sie die unterschiedlichen Reaktionen der anderen und Ihre Empfindungen.

Natürlich spielen wir auch mit dem Abstand zu unseren Gesprächspartnern: Wenn Sie zum Beispiel etwas Vertrauliches mitzuteilen haben, dürfen Sie Ihrem Gesprächspartner ruhig etwas näher kommen. Und innerhalb des gehaltenen Abstands sind immer noch weitere Nuancen möglich (durch Vorbeugen, Zurücklehnen, „Zusammenrücken" etc.)

Tipp Wenn Sie jemanden zu einem Gespräch an einen anderen Ort führen, sollten Sie einen Platz aussuchen, der ausreichend Bewegungsfreiheit bietet. In einer Runde lassen Sie genügend „Luft", damit andere noch dazustoßen können.

Blickkontakt und Sprache der Augen

Über unsere Augen können wir eine Menge mitteilen, nicht nur Gefühle. Blickt uns jemand offen, auffordernd oder verstohlen an? Wirft uns jemand einen überheblichen Blick zu oder einen unterwürfigen? Durchleuchtet er uns, übersieht er uns? Alle diese Signale senden wir nicht allein mit den Augen aus, sondern im Zusammenspiel mit unserer Mimik und anderen Körpersignalen.

Die „Augensprache" können Sie steuern über

- die Dauer des Blicks, von einem flüchtigen Blickkontakt bis zum Anstarren,
- die Richtung des Blicks – von unten, von oben, von der Seite, wobei auch Ihre Körperzuwendung und -haltung eine Rolle spielt,
- den Fokus: Sie können jemanden direkt oder mit „leerem Blick" ansehen,
- die Öffnung der Augenlider: Aufreißen („große Augen machen") oder Zusammenkneifen der Augen,
- über Blinzeln und Zuzwinkern,
- über Bewegungen der Augenbrauen u. a. m.

Das Wichtigste, was Sie für den Small Talk wissen müssen: Den anderen immer wieder anzusehen bzw. seinen Blick zu suchen ist ein Zeichen der Aufmerksamkeit. Wollen Sie Kontakt halten, sehen Sie den anderen kurz und nicht mit starrem Blick an.

Lektion 7: Wie Sie eine gute Figur machen

 Tipp Wenn Sie auf der Straße oder in Gesellschaft jemandem signalisieren möchten: „Ich habe dich wahrgenommen", sehen Sie nur so lange hin, bis Sie Blickkontakt aufgenommen haben. Anschließend sehen Sie wieder weg. Wenn Sie hingegen gezielt jemandes Aufmerksamkeit für ein Gespräch gewinnen möchten, dürfen Sie die betreffende Person immer wieder ansehen bzw. wiederholt den Blickkontakt suchen und halten.

Auch auf die folgenden Punkte sollten Sie achten:
- Bei der Begrüßung sehen Sie Ihrem Gegenüber fest in die Augen.
- Während der Unterhaltung nehmen Sie immer wieder Blickkontakt auf, insbesondere wenn Sie den Ball von Ihrem Gesprächspartner zugespielt bekommen (wenn das „Rederecht" an Sie übergeht). In der Regel wird dies beim Sprecherwechsel geschehen, wenn Sie also etwas gefragt werden oder Ihre Meinung zum Gesagten kundtun.
- Wenn Sie selbst etwas sagen wollen, nehmen Sie Blickkontakt auf.
- In der Zwischenzeit blicken Sie in die Richtung Ihres Gegenübers, sehen z. B auf sein Gesicht. Starren Sie aber nicht minutenlang auf den gleichen Punkt.
- Wenn Sie ein Publikum haben, etwa einer größeren Runde etwas erzählen oder sogar eine Rede halten, stellen Sie Blickkontakt zu (verschiedenen) Menschen aus dem Publikum her.
- Andere Kulturen, andere Sitten: In vielen asiatischen und moslemisch geprägten Ländern wird ein längerer Blickkontakt als unhöflich empfunden. Wenn Sie also Geschäftskontakte mit ausländischen Partnern haben, achten Sie darauf, längere direkte Blicke mit Ihren Gesprächspartnern zu vermeiden. Bei Frauen aus diesen Ländern dürfen Sie (vor allem auf der Straße) keinen direkten Blickkontakt herstellen.

 Tipp Nur nicht zu schüchtern! Der Blickkontakt ist ein positives Signal und sollte umso öfter gesucht werden, je mehr Beteiligung und emotionale Anteilnahme Sie signalisieren wollen. Auch wenn Sie das Gespräch abbrechen möchten, blicken Sie Ihr Gegenüber an und sprechen dabei freundliche, höfliche Abschiedsworte.

Körpersprache – andere verstehen ohne Worte

Wir haben über Ihre eigene Körpersprache gesprochen. Aber wie steht es um die Körpersprache der anderen? Es wäre unrealistisch, einen Katalog von Körpersignalen zu erstellen und diese eindeutig zu interpretieren. Denn die Körpersignale wirken stets im situativen Zusammenhang. Allerdings gibt es einige typische Verhaltensmuster, die sich leicht „übersetzen" lassen:

Übung 60: Eindeutige und uneindeutige Gesten
Stellen Sie sich vor, Sie sind auf einer Konferenz eingeladen. Sie kommen in den Vortragsraum, in dem bereits viele Menschen in Grüppchen herumstehen. In einer Viertelstunde beginnt die Konferenz. Da entdecken Sie von Weitem einen Bekannten, der sich gerade mit einer Ihnen unbekannten Person unterhält. Sie blicken sich weiter um und sehen nach einer Weile wieder zu den beiden hin. Jetzt spricht gerade die andere Person.
Vorausgesetzt, Sie würden sich gerne mit Ihrem Bekannten unterhalten, wie schätzen Sie die folgenden Situationen ein und auf welches Signal würden Sie wie reagieren?
1. Ihr Bekannter sieht zufällig zu Ihnen herüber, lächelt fast unmerklich und nickt Ihnen kurz zu. Dann wendet er seinen Blick wieder ab.
Ihre Einschätzung/Ihre Reaktion:

2. Ihr Bekannter sieht Sie nicht. Er nickt beim Zuhören immer wieder mit dem Kopf, wobei er seinen Gesprächspartner ansieht. Redet er selbst, gestikuliert er stark.
Ihre Einschätzung/Ihre Reaktion:

3. Ihr Bekannter sieht Sie, schaut wiederholt in Ihre Richtung und hebt, vom Gesprächspartner unbemerkt, leicht die Arme und Schultern. Dazu macht er ein etwas verzerrtes Gesicht.
Ihre Einschätzung/Ihre Reaktion:

4. Ihr Bekannter sagt etwas zu seinem Gegenüber, wobei er mit dem Kopf leicht in Ihre Richtung nickt, und hebt die Hand.
Ihre Einschätzung/Ihre Reaktion:

Neben diesen relativ leicht zu interpretierenden Körpersignalen gibt es aber auch ganz individuelle. Jeder Mensch verfügt über sein eigenes mimisches und gestisches Repertoire.

Beispiel
Klassentreffen – viele sehen sich nach 20 Jahren das erste Mal wieder. Als sich Lena mit Hans in einer offenen Runde unterhält, kann Anna sich nicht mehr zurückhalten: „Wahnsinn, immer noch die gleiche Geste wie früher!" und imitiert lachend die Bewegung, mit der sich Lena die Haare zurückstreicht.

Wenn Sie sich mit einer fremden Personen unterhalten, wissen Sie natürlich nichts über deren „Angewohnheiten". Das kann zu Missverständnissen führen.

Tipp Die Vieldeutigkeit und Individualität der Körpersprache sollten Sie beim Small Talk immer berücksichtigen. Verlassen Sie sich also nicht auf den (ersten) äußeren Eindruck. Verschränkt jemand die Arme vor der Brust, muss das nicht „Abwehr" bedeuten. Achten Sie immer auf den Gesamtkontext, in dem das Gespräch stattfindet!

Andere Kulturen, andere Körpersignale

Jede kulturelle Gemeinschaft hat ihr eigenes Repertoire an körpersprachlichen Ausdrucksformen. Dasselbe Körpersignal kann in verschiedenen Kulturen verschiedene Bedeutungen haben – was bei Kontakten mit ausländischen Geschäftspartnern nicht selten zu Missverständnissen führt. Rituale, wie etwa die Begrüßung, aber auch der Individualabstand und die Bedeutung der Körpersprache ganz allgemein können sehr unterschiedlich ausgeprägt sein (siehe Literatur).

Beispiele

Italiener gestikulieren sehr viel stärker als Deutsche. In Indien bedeutet das Pendeln des Kopfes Aufmerksamkeit, während es bei uns mit Ablehnung assoziiert ist. In China ist man mit der Mimik und Gestik äußerst sparsam, denn hier zeigt man seine Gefühle nicht.

Die Körpersprache anderer wahrnehmen

Sie können lernen, die Körpersignale anderer bewusst wahrzunehmen. Ziel ist, dass Sie Ihr Einschätzungsvermögen kontinuierlich verbessern. Am besten beginnen Sie mit Videoaufnahmen. Fernsehsendungen, wie etwa Talkshows, sind hierfür besonders gut geeignet. Allerdings gibt die Kameraführung immer eine bestimmte Perspektive und einen begrenzten Ausschnitt vor. Betreiben Sie Ihre Studien daher auch in der Öffentlichkeit.

Beobachten Sie bei allen Übungen:
- die Haltung, die die Personen in verschiedenen Positionen (sitzend, stehend) einnehmen,
- die Kopfhaltung und -bewegungen,
- die Mimik,
- die Gestik,
- Bewegungen des ganzen Körpers,
- den Abstand, den die Personen zueinander haben und wie Sie sich aufeinander zu oder voneinander wegbewegen.

Übung 61: Körpersprache beobachten

Diese Übung ist etwas zeitaufwändiger, aber sie lohnt sich.
Suchen Sie sich aus dem Fernsehprogramm eine Talkshow heraus und nehmen Sie sie auf, ohne sie anzusehen. Dann suchen Sie sich eine dialogische Szene von ca. fünf Minuten heraus und sehen sie zunächst ohne Ton an. Notieren Sie, was Ihnen an der Körpersprache der Beteiligten auffällt. Schauen Sie sich die Szene anschließend noch ein paar Mal an. Notieren Sie unter dem ersten Eindruck, was Ihnen jetzt noch auffällt.
Wichtig: Überlegen Sie, in welcher Weise über etwas gesprochen wird – um welches Thema es geht, ist zweitrangig.
Dazu ein paar Leitfragen:
- Ist die Szene kontrovers oder freundschaftlich?
- Besteht Distanz oder Nähe zwischen den Beteiligten?
- Wie stehen die Beteiligten zueinander? Ist Sympathie oder Antipathie erkennbar?

Lektion 7: Wie Sie eine gute Figur machen

- Können Sie ein bestimmtes Machtgefüge erkennen?
- Ist die Situation durch Sachlichkeit oder durch Emotionalität geprägt?
- Wenn Emotionen im Spiel sind, welche können Sie erkennen?
- Was fällt Ihnen sonst noch auf?

Dann schalten Sie den Ton dazu und überprüfen Ihre Beobachtungen. Machen Sie das Gleiche noch mit ein paar anderen Sequenzen.

Beginnen Sie mit Dialogen, an denen nur zwei Personen beteiligt sind. Später beobachten Sie eine größere Runde. Wenn Sie diese Übung zu zweit oder mit mehreren machen, können Sie Ihre Beobachtungen vergleichen und merken, was Ihnen entgangen ist.

Übung 62: Gruppenspezifische Körpersprache erkennen

Auf ähnliche Weise versuchen Sie, gruppenspezifische Körpersprache zu erkennen. Schalten Sie zum Beispiel die Bundestagsdebatte an. Beobachten Sie, ebenfalls ohne den Ton zuzuschalten, wie sich verschiedene Politiker auf der nonverbalen Ebene ausdrücken. Kommen bestimmte Gesten gehäuft vor?

Oder konzentrieren Sie sich auf Interviews mit männlichen Spitzenmanagern (in Wirtschaftssendungen oder den Nachrichten etc.) oder auf Interviews/Gespräche mit Jugendlichen. Können Sie typische Gesten oder Haltungsmuster erkennen?

Übung 63: Körpersprache der Männer, Körpersprache der Frauen

Warten Sie öfter allein am Flughafen, an einer Bushaltestelle oder in einer Einkaufsschlange? Dann nutzen Sie diese Zeit, um geschlechtsspezifische Körpersignale zu erkennen: Welche Beinhaltung beim Sitzen können Sie bei Frauen oft beobachten? Wie stehen Frauen? Wie sitzen und stehen Männer? Können Sie bestimmte Gesten ausmachen, die Sie überwiegend bei einem Geschlecht finden?

Übung 64: „Strategische" Körpersprache

Versuchen Sie, typische Situationen zu vergleichen, in denen eine Person eine andere lenkt oder mehr Macht über andere hat. Nehmen Sie dazu die vorhandenen Videoaufnahmen, die Sie durch Beobachtungen im Fernsehen oder in der Öffentlichkeit ergänzen können.

Hierzu ein paar Beispiele:

- Begrüßungen mit Anzeige der Rangstellung: Achten Sie darauf, wie ein Moderator im Fernsehen oder ein Konferenzleiter bzw. ein Veranstalter Gäste begrüßt. Können Sie je nach Rang unterschiedliche Verhaltensweisen erkennen?

- Abbruch eines Gesprächs: Wie verhält sich ein Showmaster, wenn er schnell einen Gast verabschieden muss, z. B. weil die Sendezeit zu Ende geht bzw. schon der nächste Gast wartet?
- Verweigerung: Welche körperlichen Signale beobachten Sie, wenn in einem Interview der Befragte keine Stellung nehmen oder eine bestimmte Frage nicht beantworten will? Wie reagiert der Interviewer darauf? Lassen sich Unterschiede je nach Rang der Person feststellen? Können Sie Ähnliches in Ihrer Arbeit beobachten?
- Andere überzeugen: Mit welchen Gesten werden Überzeugungsversuche häufig unterstrichen? Wie wirken diese Gesten auf Sie?

Gesprächsbereitschaft erkennen und signalisieren

Bevor Sie sich in ein Gespräch stürzen, sollten Sie prüfen, ob Ihr Gegenüber auch gesprächsbereit ist.

> **Tipp**
>
> Gesprächsbereitschaft erkennen Sie durch:
> - Blickkontakt: Gelingt es Ihnen leicht, Blickkontakt aufzunehmen, wenn Sie auf die Person zugehen?
> - Lächelt die Person zurück, wenn Sie sie anlächeln?
> - Ist ihre Körperhaltung eher offen? (Verschränkte Arme müssen allerdings nicht zwingend eine ablehnende Haltung bedeuten.)
> - Wendet sich die Person ab, wenn Sie sie ins Visier nehmen?
> - Was drücken Gesicht und Haltung aus?
> - Steht die Person allein, gelangweilt oder etwas verloren herum? Dann ist sie sicher dankbar für ein Gespräch.
> - Sieht sich die Person nach jemandem um, ist sie auf jemand anderen fixiert?

Wenn Sie Kontakt aufnehmen, aber nicht selbst die Initiative ergreifen wollen, dann versuchen Sie Folgendes: Sobald Sie den Blickkontakt hergestellt haben, lächeln Sie die Person an. Halten Sie Ihren Kopf ganz einfach entspannt gerade. Wenden Sie Ihren Körper in Richtung der Person. Grüßen Sie sie – unter Umständen nur mit einem freundlichen Kopfnicken, wenn sie zu weit weg steht.
Probieren Sie auch diesen kleinen Kniff: Sehen Sie die Person mit einem aufmunternd fragenden Blick an, der signalisieren soll: „Kennen wir uns?" Üben Sie diesen Blick vor dem Spiegel.

Wenn Sie das Gefühl haben, jemand, der (schräg) hinter Ihnen steht, möchte Sie ansprechen, wenden Sie sich mit dem ganzen Körper um. Drehen Sie nicht nur den Kopf herum. Sonst signalisieren Sie nur kurzzeitige Aufmerksamkeit.

Tipp Sprechen Sie niemanden von hinten an. Ist dies aus räumlichen Gründen jedoch notwendig (etwa, wenn jemand auf dem Weg vor Ihnen etwas verloren hat), dann berühren Sie die Person zunächst leicht am Arm oder an der Schulter.

Wollen Sie zu einer Gruppe dazustoßen? Dann prüfen Sie anhand der Körpersignale, welche Gruppe sich dafür eignet. Wirkt eine Gruppe eher offen oder geschlossen? Führt einer der Beteiligten die Gruppe an und die anderen hören nur zu – oder ist jeder gleich oft am Gespräch beteiligt? Wo viele zuhören, können Sie sich dazugesellen!
Beobachten Sie, ob sich eine Lücke auftut oder ob jemand mit Ihnen Blickkontakt aufnimmt. Stellen Sie sich dann mit einem Lächeln dazu und hören Sie erst einmal zu. Knüpfen Sie an das Gesagte nur an, wenn Sie sicher sind, alles zum Thema mitbekommen zu haben: „Ich habe gerade gehört, dass es um das neue Firmengebäude geht. Wussten Sie schon, dass ..."

Tipp Dringen Sie nicht in einen Kreis ein, in dem gerade über Dinge gesprochen wird, die nicht für jedermanns Ohren bestimmt sind. Hierüber gibt Ihnen die Körpersprache Auskunft: Stehen die Beteiligten nahe beieinander? Ist der Kreis geschlossen? Stecken die Gesprächspartner im wahrsten Sinne die Köpfe zusammen? Berührt man sich? Wird leise geredet? Dann sind vielleicht keine anderen Zuhörer erwünscht.

Ist Ihr Gegenüber noch beteiligt?

Auch während des Gesprächs verfolgen Sie die Körpersignale Ihres Gegenübers – vor allem, wenn die Unterhaltung länger dauert. Die Körpersprache wird Ihnen nämlich Auskunft darüber geben, ob Ihr Gegenüber noch „bei der Sache ist". Nimmt Ihr Gesprächspartner auch emotional Anteil an dem, was Sie sagen? Oder ist er desinteressiert, gelangweilt und innerlich schon „auf dem Absprung"?

Natürlich sind sprachliche Rückmeldungen ein guter Indikator für Aufmerksamkeit und innere Anteilnahme – aber ein wiederholtes „Hm" oder „Mhm" kann auch sehr mechanisch geäußert werden, wie wir schon beim aktiven Zuhören festgestellt hatten. Achten Sie also auf beides – die sprachliche und die körpersprachliche Beteiligung. Beides muss zusammenpassen!

Körpersprachliche Zeichen für rege Beteiligung können sein:
- regelmäßiger Blickkontakt,
- offener und konzentrierter Blick,
- „gespiegelte" Emotionen/Ausdruck des Mitfühlens im Mienenspiel,
- Kopfnicken oder Kopfschütteln (an passender Stelle),
- „antwortende" Gesten, z. B. ein „Hand auf den Mund schlagen", wenn Sie von einer Panne oder Ähnlichem erzählt haben.

Zeichen für fehlende Anteilnahme können sein:
- längerer starrer Blick ins Leere, auf einen Gegenstand,
- wenig Blickkontakt,
- schweifende Blicke,
- eingefrorene Mimik,
- keine „antwortenden" Gesten,
- mechanisches Nicken,
- Herumspielen mit einem Gegenstand,
- müder Blick,
- Gähnen.

Tipp Wenn Sie solche Signale bemerken, dann prüfen Sie: Ist Ihr Gesprächspartner noch bei der Sache? Machen Sie eine Pause und warten Sie, was passiert. Oder stellen Sie eine (indirekte) Frage, natürlich keine, die ihn bloßstellen könnte.

Beispiel

Frau Lambert trifft auf einem Meeting Herrn Busch, der früher in ihrer Abteilung gearbeitet hat. Es sind gerade 15 Minuten Pause, und auf die Frage, wie es denn jetzt in der Abteilung läuft, erzählt Frau Lambert ausführlich von zwei neuen Mitarbeitern, den laufenden Projekten und ihrem Verhältnis zum Chef. Doch Herr Busch will sich auch noch mit anderen unterhalten. Da es etwas schwierig ist, Frau Lamberts Redefluss zu unterbrechen, lässt er den Blick lange durch den Raum schweifen. Frau Lambert hat das Gefühl ins Leere zu sprechen und reagiert sofort: „Aber jetzt halte ich Sie nicht länger auf, Sie wollen ja sicher auch noch ein paar andere hier begrüßen."

Wie gelingt es Ihnen die Aufmerksamkeit des Gesprächspartners zurückzugewinnen? Versuchen Sie es am besten mit einem raschen Themenwechsel! Übrigens: Legt Ihr Gesprächspartner Ihnen seine Hand auf den Arm (was eher passiert, wenn Sie sich schon etwas besser kennen), kann dies bedeuten: „Höre auf zu reden, ich möchte dir etwas mitteilen."

Mit Gestik und Mimik bewusster umgehen

Ein Top-Signal, mit dem Sie in der Regel immer Pluspunkte sammeln, ist ein humorvolles Lächeln. Vorausgesetzt, das Lächeln wirkt nicht aufgesetzt, sondern ist ehrlich gemeint und kommt von Herzen.

Beispiel

Sie besuchen einen Excel-Kurs. So schwierig hatten Sie sich das nicht vorgestellt. Sie haben das Gefühl, alles falsch zu machen. Da tritt die Kursleiterin auf Sie zu und sagt mit einem Lächeln: „Aber das schaffen Sie doch. Warten Sie, ich zeige es Ihnen noch einmal ..." Sie fühlen sich mit einem Mal entspannt und sind zuversichtlich, dass Sie es lernen werden.

Manchen Menschen fällt es schwer zu lächeln. Vielleicht sind Ihre Lebensumstände nicht danach. Vielleicht haben Sie sich eine Haltung angewöhnt, die ein Lächeln nicht zulässt. Wie steht es mit Ihnen? Machen Sie einmal den folgenden Test.

Test: Körpersprache und Gefühle

Ziehen Sie die Augenbrauen zusammen. Machen Sie ein richtig finsteres Gesicht. Gehen Sie so ein paar Minuten schlurfend im Raum herum. Machen Sie sich dabei richtig klein. Lassen Sie die Schultern nach unten hängen und richten Sie den Blick auf den Boden.
Wie geht es Ihnen dabei?
Dann richten Sie sich gerade auf und heben den Kopf hoch. Lassen Sie Ihre Schultern locker hängen. Entspannen Sie Ihr Gesicht. Lächeln Sie – nicht breit, sondern ganz locker. Gehen Sie in dieser aufrechten Haltung im Raum umher.
Welche Veränderung können Sie feststellen?

> **Tipp** In aufrechter Haltung und vor allem bei einem bewussten Lächeln entwickeln die meisten Menschen positive Gedanken und es stellt sich eine gute Stimmung ein. (Das Phänomen der Affirmation.) Probieren Sie es aus und machen Sie die Übung vor Ihrem nächsten Small Talk!
> Schenken Sie Ihrem Gegenüber öfter ein Lächeln. Verhalten Sie sich dabei natürlich. Es sollte immer einen Grund für Ihr Lächeln geben. Lächeln Sie also nicht, wenn der andere von einem Missgeschick erzählt!

Lassen Sie Ihr Lächeln nicht zur Maske werden

Vielleicht kennen Sie Frauen, die immer lächeln. Selbst wenn sie über ernstere Dinge reden. Was auf den ersten Blick sympathisch wirkt, erscheint jedoch nach einer Weile aufgesetzt und unecht. Ein Dauerlächeln bringt zum Ausdruck: „Bitte tut mir nichts!" Lassen Sie sich als Frau nicht auf dieses „Ich bin ganz nett, dann tust du mir auch nichts"-Spiel ein.

Gesten, die Sie im Small Talk meiden sollten

In der folgenden Tabelle nennen wir Ihnen Verhaltensweisen, die Sie in Gesprächen vermeiden sollten. Versuchen Sie diese ins Positive zu wenden.

Lektion 7: Wie Sie eine gute Figur machen

Positive Ausstrahlung und Körpersprache	
Anstatt ...	besser ...
nervös, hektisch, fahrig	lebendig
aufgeregt	energiegeladen
phlegmatisch	gelassen
abwesend, gelangweilt	in sich ruhend
aufdringlich	interessiert
zu laut	bestimmt
zu leise	ruhig
abweisend	rücksichtsvoll

Und noch ein Wort zu absolut unerlaubten Gesten: Alle Gesten, die anstößig sind, den anderen bloßstellen oder sich gegen Dritte richten, sind tabu. Dazu zählen ausnahmslos alle Gebärden aus dem obszönen Bereich, aber auch abfällige Gesten. Der erhobene Zeigefinger ist zwar nicht anstößig, wirkt aber belehrend. Vermeiden Sie außerdem auf andere zu zeigen. Lieber erklären Sie in Worten, wo sich eine gesuchte Person gerade aufhält, oder zeigen mit einer unauffälligen Kopfbewegung die Richtung an. Außerdem sollten Sie nicht mit den Fingern nervös an Ihren Haaren oder Ihrer Kleidung herumzupfen.

Tipp Vermeiden Sie bei förmlichen Anlässen ausladende, auffällige Gesten. Hier ist auch von körpersprachlicher Seite her „Understatement" gefragt.

Und wie sieht es aus mit Berührungen? Abgesehen vom Handschlag sollten Sie Ihr Gegenüber im Small Talk prinzipiell nicht anfassen – die meisten werden es als unangenehm empfinden. Nur vertraute Menschen dürfen Sie anfassen. Andere Kulturkreise sehen das ein wenig anders, bei uns ist jedoch immer Vorsicht geboten, vor allem auch bei Hierarchieverhältnissen und zwischen den Geschlechtern.

Entwickeln Sie Ihre eigene Körpersprache!

Körpersprache lässt sich nicht planen, sie erfolgt unbewusst, intuitiv und spontan. Insbesondere unsere Mimik. In diesem Zusammenhang ist interessant, was Forschungen gezeigt haben: Danach dient unsere Körpersprache vor allem dazu, die Emotionen anderer zu regulieren und zu wecken. Das heißt konkret: Wenn wir bestimmte Emotionen bei unserem Gegenüber wahrnehmen, beginnen wir, diese Emotionen zu spiegeln. Das geht so weit, dass wir ähnliche Gesten verwenden oder die Mimik unseres Gegenübers imitieren. Dass Körpersprache also primär *unsere wahren Gefühle* zeige, wie es so oft heißt, erweist sich damit als fragwürdig.

Übung 65: Spiegelung
Erzählen Sie Ihrem Partner eine traurige Geschichte, die Sie sehr mitgenommen hat. Was zeigt seine Mimik? Erzählen Sie dann eine lustige Geschichte und prüfen Sie, was sich in seiner Mimik verändert. Fordern Sie ihn umgekehrt auf, ebenfalls zwei unterschiedliche Geschichten zu erzählen. Fragen Sie ihn anschließend, was ihm an Ihrer Mimik aufgefallen ist.
Sie können auch einmal in Gruppen oder bei zwei Gesprächspartnern beobachten, ob bestimmte Gesten symmetrisch verlaufen (Beine übereinander schlagen, zurücklehnen, lächeln, Hände falten etc.) Was passiert, wenn Konsens, was, wenn Dissens herrscht?

Macht es vor diesem Hintergrund überhaupt Sinn, nonverbales Verhalten zu trainieren? Können wir Gesten einstudieren? Können wir authentisch lächeln, obwohl wir uns gerade schlecht fühlen? Schauspieler studieren Ihre Gestik und Mimik ja auch bis zur Perfektion ein. Aber: Wollen wir anderen etwas vorspielen?
Sicher ist: Körpersprache ist nicht erlernbar wie zum Beispiel eine Fremdsprache. Aber Sie können Ihre körpersprachlichen Ausdrucksformen erweitern. Begehen Sie dabei nicht den Fehler, sich Gesten abzuschauen. Dass man so manche körpersprachliche Verhaltensweise eines nahestehenden Menschen übernimmt, ist – denken Sie an das Spiegeln – fast nicht zu verhindern. Verzichten Sie aber auf Gesten, die nicht zu Ihnen gehören. Bleiben Sie sich treu!

Beispiel

Krause bekommt einen neuen Chef. Er kommt hervorragend mit ihm aus und macht für ihn sogar freiwillig Überstunden. Frau Janke und Frau Zöllner bleibt das nicht verborgen: „Haben Sie schon bemerkt? Krause redet jetzt auch dauernd in dieser aufgesetzten Managersprache."

„Ja, das stimmt! Er äfft den Chef richtig nach. Ist Ihnen schon aufgefallen, dass er sich die Haare auch schon so theatralisch zurückstreicht?"

„Ja, unglaublich! Und wenn er zu mir ins Büro kommt, setzt er immer diesen ernsten Blick auf und sagt: ‚Frau Janke, das ist jetzt ganz, ganz wichtig für uns.' Genau wie der Chef!"

Gehen Sie immer von dem aus, was Sie gerade ausdrücken möchten – und welcher Gesten Sie sich normalerweise bedienen. Dann werden Ihre Ausdrucksformen immer zu Ihnen passen. Die Pantomime ist übrigens sehr gut geeignet, das körpersprachliche Repertoire zu erweitern:

Übung 66: Pantomime (Partnerübung)

In dieser Übung stellen Sie vor Ihrem Partner/Ihrer Partnerin etwas pantomimisch dar, d.h. Sie dürfen nicht sprechen. Ihr Partner beobachtet Sie; Sie können ihn aber auch als „lebende Puppe" in Ihre Pantomime einbeziehen.

Einige thematische Anregungen finden Sie am Ende der Übung. Achten Sie darauf, dass das Thema nicht abstrakt ist – kleine Geschichten aus dem Alltagsleben sind gut geeignet.

Ablauf:

Überlegen Sie zuerst, was Sie darstellen wollen.

1. Schritt: Stellen Sie sich voreinander hin. Beginnen Sie mit Ihrer Vorführung und bringen Sie sie ohne Unterbrechung zu Ende.

2. Schritt: Danach versucht Ihr Partner in Worten nachzuerzählen, was er verstanden hat. Stimmt es nicht, sollten Sie Ihre Vorführung wiederholen und versuchen, eindeutiger zu werden.

Wenn diese Aufgabe zu schwierig ist, darf Ihr Partner während der Vorstellung Verständnisfragen stellen, die Sie mit Kopfschütteln oder Nicken beantworten (einigen Sie sich vorher auf eine begrenzte Zahl von Fragen, etwa drei, damit es nicht zu leicht wird). Trainieren Sie danach aber auf jeden Fall die Variante, bei der nichts gesprochen wird.

Anschließend tauschen Sie die Rollen.

Ein mögliches Thema für Ihre Pantomime

Sie fahren mit dem Auto zum Einkaufen in einen großen Supermarkt. Sie haben einen langen Einkaufszettel dabei. Sie wühlen sich also eifrig durch die vielen anderen Feierabendeinkäufer – doch als Sie an der Kasse stehen und alle Waren schon auf dem Band liegen, stellen Sie mit Schrecken fest, dass Sie Ihr Geld vergessen haben. Sie haben keinen Cent in der Tasche und natürlich liegt die EC-Karte zu Hause. Hinter Ihnen hat sich schon eine lange Schlange gebildet und die Ersten beginnen zu murren. Sie entschuldigen sich, auch bei der Kassiererin, laden alle Waren wieder in den Einkaufswagen und hasten los, um schnell Ihr Geld zu holen. Auf der Rückfahrt geraten Sie in einen Stau. Die Zeit wird knapp. Gerade als Sie am Supermarkt ankommen, werden die Türen geschlossen. Sie betteln den Verkäufer hinter der Glastür an, Sie noch reinzulassen. Da erkennt Sie die Kassiererin und macht Ihnen auf – gerettet!

Weitere Themen:
- Eine Kunde beschwert sich über ein kaputtes Gerät.
- Wie Sie Ihre/n Partner/in kennen gelernt haben.
- „Das tapfere Schneiderlein" oder andere bekannte Märchen.
- Weitere Hinweise zu möglichen Themen finden Sie in Lektion 3.

Varianten
1. Sie spielen Ihrem/r Partner/in Emotionen vor, die er/sie erraten muss. Anschließend tauschen Sie die Rollen.
2. Sie imitieren abwechselnd Typen, die der andere erraten muss. Überzeichnen Sie die Figuren. Vorschläge: der/die Romantische, der gewiefte Verkäufer (und ein gutgläubiger Kunde); der agile Politiker; der smarte Manager, der coole Typ aus der In-Bar, der in seinen Körper verliebte Sportler.

> **Tipp** Wenn Sie Gelegenheit haben, die Übungen mit einer Videokamera aufzuzeichnen, sollten Sie dies unbedingt tun. Es gibt übrigens Gesellschafts- bzw. Partyspiele, in denen pantomimische Darstellungen gefordert sind (z. B „Tabu Body Talk", „Activity"). Kaufen oder leihen Sie eins und laden Sie zu einem Spieleabend ein!

Das Gesagte unterstreichen

Professionelle Redner setzen Gesten und Mimik gezielt ein, um ihren Worten mehr Gewicht zu verleihen. Hier eine Auswahl aus ihrem Repertoire:

Unterstreichende Gesten und Mimik für den Small Talk
- „Erstens ... Zweitens ... Drittens ...": Mit den Fingern etwas aufzählen.
- „Sehr gut": Zeigefinger und Daumen einer Hand werden zu einem Kreis gerundet und hochgehoben, Daumen nach oben.
- „Schlecht, durchgefallen": Daumen nach unten.
- „Schmeckt toll": Daumen, Zeigefinger und Mittelfinger werden geschlossen an den Mund geführt, leicht „geküsst" und dann in einer leichten Bewegung geöffnet nach vorne weggestreckt.
- „Ich habe keine Ahnung": Achselzucken mit einer leichten Bewegung der Hände nach vorn, Handflächen zeigen nach oben.
- „Moment, ich bin noch nicht fertig": eine Hand zeigt in Richtung Gesprächspartner, Handflächen zeigen nach außen.
- „Das hoffen wir inständig": Hände in Gebetsstellung.
- „Zweifel": Augenbrauen hoch, Stirnrunzeln.
- „Konzentration": Augenbrauen und/oder Augen leicht zusammenkniffen.
- „Verwunderung, Überraschung": Augen werden aufgerissen.

 Tipp Sicher verfügen Sie bereits über ein breites Gestik- und Mimik-Repertoire, mit dem Sie nur bewusster arbeiten müssen. Vielleicht haben Sie einmal die Gelegenheit, Videoaufnahmen von einem Gespräch zu machen, an dem Sie beteiligt sind. Beobachten Sie, wie Sie Körpersprache unterstützend einsetzen.

Hier eine weitere Übung, mit der Sie Ihre körpersprachliche Ausdrucksfähigkeit fördern:

Übung 67: Gesagtes mit Körpersprache unterstreichen

Führen Sie diese Übung mit Partner durch oder alleine vor einem großen Spiegel. Tauschen Sie, wenn Sie zu zweit sind, die Rollen.
Überlegen Sie sich eine kleine Geschichte wie in Übung 11. Stellen Sie sich dann vor Ihren Partner bzw. Spiegel. Präsentieren Sie Ihre Geschichte nun in drei Varianten:
1. Erzählen Sie die Geschichte in Worten, so wie Sie sie im Small Talk erzählen würden.
2. Dann erzählen Sie das Gleiche noch einmal pantomimisch.
3. Schließlich präsentieren Sie das Ganze noch einmal mit Worten und mit Körpersprache.
Anschließend gibt der Partner Rückmeldung: Wie kamen die drei Vorstellungen an? Was hat sich konkret verändert, insbesondere zwischen der ersten und dritten Vorstellung? Wie haben Sie sich selbst wahrgenommen?
Variante: Halten Sie beim ersten Erzählen (in Worten) die Hände auf dem Rücken verschränkt und bemühen Sie sich, wenig Mienenspiel einzusetzen. Wie wirkt diese Darstellung auf den Zuhörer? Wie fühlten Sie sich dabei? Konnten Sie die Körpersprache ausschalten?

Lektion 8: Das Networking beginnt!

Ohne Small Talk gibt es kein Networking. Lesen Sie in dieser Lektion, wo Sie Menschen kennen lernen, wie Ihre neuen Kontakte über das lockere Gespräch hinaus Bestand haben und wie man ein Netzwerk systematisch aufbaut und pflegt.

Was erfolgreiches Networking ausmacht

Ob Sie sich bewerben oder als Angestellter eine neue Aufgaben suchen; ob Sie in eine andere Stadt ziehen oder eine Wohnung suchen; ob Sie als Freiberufler neue Kunden gewinnen oder sich selbstständig machen wollen; ob Sie Gleichgesinnte, Freunde oder gar eine/n neuen Partner/in suchen – das Wichtigste sind Kontakte. Mit einem engmaschigen Geflecht von Beziehungen haben Sie es immer leichter. Und für Ihre Karriere sind gute Kontakte besonders wichtig, denn das zu Unrecht diffamierte „Vitamin B" bringt Sie weiter als hervorragende Zeugnisse. Doch nur irgendwelche Kontakte zu haben, ist noch kein Networking. Letztlich brauchen Sie verlässliche Beziehungen zu Menschen, die Ihr Engagement unterstützen und die Sie fördern – oder die ihrerseits über gute Kontakte verfügen.

Das Zwiebelschalenprinzip

Jeder Mensch bewegt sich in einem individuellen sozialen Umfeld, hat ein kleines oder weiteres Netz von Beziehungen. Stellen Sie sich einfach eine Zwiebel vor. Die äußerste Schale der Zwiebel bildet den Kreis Ihrer flüchtigen Bekanntschaften: Gesichter, die man grüßt und mit denen man vielleicht auch schon ein paar Worte gewechselt hat, zum Beispiel Freunde von Freunden. Die nächste Schale ist der weitere Bekanntenkreis, Nachbarn, Kollegen, Mitarbeiter, Geschäftspartner – Kontakte, die Sie schon aktiver pflegen, entweder auf der beruflichen Ebene oder privat, oder auch beides. Dann folgt die Schale mit dem Kreis Ihrer engeren Freunde – denen Sie mehr anvertrauen, die Sie besser kennen, mit denen Sie viel teilen. Und vielleicht können Sie davon sogar noch einen kleineren Kreis mit ganz engen Freunden unterscheiden: meist nicht mehr als eine Handvoll Menschen, die Ihnen sehr wichtig sind und mit denen Sie ein tiefes Vertrauensverhältnis verbindet. Auch Ihre Familie gehört in einen dieser letzten Bereiche

(Eltern, Kinder, Geschwister). Und das Herz der Zwiebel schließlich sind Sie und Ihr Partner bzw. Ihre Partnerin. Am äußeren Rand der Zwiebel machen wir Small Talk. Im inneren Kern pflegen wir die Freundschaften und die erotische Beziehung.

Nun steht aber jeder dieser Menschen, die Sie kennen, selbst auch im Mittelpunkt einer solchen „Zwiebel". Lernen Sie jemanden Neues kennen, „docken" Sie sozusagen an der braunen, dünnen Schale an. Verstehen Sie sich mit Ihrem Gegenüber, haben Sie die Chance, den Kontakt zu intensivieren. Und vielleicht rücken Sie bald in den nächst engeren Kreis auf, blättern die erste Zwiebelschale ab, dann die zweite – durch gegenseitiges Interesse, Gemeinsamkeiten, Sympathie.

„Ich kenne jemand, der kennt jemand, der kennt jemand … – und der sucht einen wie Sie!" Durch jeden Kontakt gewinnen Sie mehr Möglichkeiten, können in neue Gebiete vorstoßen. Wie konzentrische Kreise, die sich überschneiden, werden die Schnittpunkte immer mehr. Networking ist ganz einfach, wenn Sie es nur richtig anpacken. Und denken Sie daran: Auch Personen, die Sie zunächst nicht interessieren, können Ihnen irgendwann einmal nützlich sein.

Voraussetzungen für erfolgreiches Networking

- Wer auf andere zugehen kann und kommunikationsfähig ist, hat es leicht. Networking erfordert soziale Kompetenzen, Eigeninitiative und kluges Selbstmarketing. Aber auch eine gesunde Selbsteinschätzung: Nur Vitamin B und ein freches Auftreten mögen zwar für manche Karriere schon ausgereicht haben, echte Anerkennung und Freundschaften aber werden Sie nach unserer Überzeugung dadurch nicht gewinnen.

- Machen Sie einen Schritt nach dem anderen: Bevor Sie jemanden überzeugen, müssen Sie sein Interesse geweckt haben. Bevor Sie jemanden um einen Gefallen bitten, sollten Sie ihm Achtung entgegenbringen. Bevor Sie jemanden Ihren Freund nennen können, müssen Sie sein Vertrauen erworben haben.

- Geben Sie ein konsistentes Bild von Ihrer Persönlichkeit ab. Achten Sie, wie bei einer guten Produktmarke, auf den Wiedererkennungswert: Das gilt für Äußerlichkeiten wie Stil und Kleidung, aber auch für Ihre Einstellungen. Bleiben Sie konsequent, ohne zum Prinzipienreiter zu werden. Drehen Sie Ihr Fähnchen nicht nach dem Wind. Wenn Sie authentisch und sich selbst treu bleiben, werden Sie damit keine Schwierigkeiten haben.

Lektion 8: Das Networking beginnt!

- Networking funktioniert in der Regel durch gegenseitiges Geben und Nehmen. Manchmal passiert es auch, dass einer mehr gibt, als der andere zurückgeben kann. Wichtig in solchen Fällen ist, Dankbarkeit zu zeigen.
- Wer durch Kontakte weiterkommt, sollte auch selbst Kontakte vermitteln. Irgendwann sind auch Sie in einer Position, in der Sie anderen helfen können.
- Niemand darf sich im Nachhinein überrumpelt, benutzt oder ausgenutzt fühlen. Verfolgen Sie Ihre Ziele beim Networking ohne Manipulation. Bleiben Sie aufrichtig.

Beispiel

Auf einer Betriebsfeier lernt Herr Nachtweih die Frau seines Vorgesetzten, Frau Mertens kennen. Frau Mertens genießt den Ruf, im sozialen Bereich sehr engagiert zu sein. Und sie hat finanzielle Möglichkeiten.

Herr Nachtweih verwickelt sie in ein Gespräch über Hilfsorganisationen und lässt seinem Unmut Luft, wie häufig doch bei der Verwendung von Spendengeldern unlautere Praktiken anzutreffen seien. Dabei argumentiert er stets aus der Sicht des Spendenden, der ja kaum Möglichkeit habe, sich einen Einblick zu verschaffen. Dann lobt er eine Organisation, von der er schon viel Gutes gehört habe, gerade im Hinblick auf die direkte Verteilung der Hilfen. Doch kürzlich, so erzählt er, habe er erfahren müssen, dass sich ausgerechnet diese Organisation finanziell fast am Rande des Ruins befände, aufgrund einer Verkettung unglücklicher Umstände. Frau Mertens deutet an sich engagieren zu wollen und lässt sich ein paar Informationen geben.

Einige Tage später recherchiert Frau Mertens im Internet und stößt auf die genannte Organisation, fest entschlossen, ihr eine größere Spende zukommen zu lassen. Da entdeckt sie, dass im Vorstand Renate Nachtweih sitzt – die Verbindung zu dem Mitarbeiter Ihres Mannes ist offensichtlich. Dass Herr Nachtweih nicht erwähnte, dass seine Frau dort engagiert ist, irritiert Frau Mertens außerordentlich.

Kontakte aufbauen und pflegen

Irgendwo müssen Sie anfangen. Beginnen Sie bei Ihrer Karriere, und zwar zuerst im eigenen Unternehmen. Suchen Sie Kontakt zu wichtigen Personen – wer hat Einfluss, wer kann Sie fördern?

Selten werden Sie gleich Kontakt zu dem idealen Mentor knüpfen können. Überlegen Sie sich eine sinnvolle Hierarchie: Wenn der Kontakt zu A nicht zu realisieren ist, dann vielleicht zu B, wenn dies nicht klappt, dann vielleicht zu C usw. Womöglich geht es auch „von unten": über D kommen Sie an C, über C an B und über B schließlich zu A:

- Der ideale Mentor: Wer hat Einfluss, ist Ihnen gewogen und hat wirkliches Interesse sowie die (zeitliche) Kapazität, Sie zu fördern? (Kategorie A)
- Der Einflussreiche: Wer ist der wohl wichtigste Mensch, quasi die „Schaltstelle", für Ihren nächsten Karriereschritt? (A)
- Der Mittler: Wer kann Ihnen nicht unmittelbar weiterhelfen, verfügt aber über hervorragende Kontakte und/oder die Fähigkeit, andere Menschen zusammenzubringen? (Kategorie B)
- Das Vorbild: Von wem möchten Sie aufgrund seiner Fähigkeiten etwas lernen und gefördert werden? (Kategorie C)
- Der Freund: Mit welcher Führungskraft, die keinen direkten Einfluss hat, „können" Sie gut? Mit wem lässt sich ein Kontakt erst einmal leicht herstellen? (Kategorie D)

Realisieren Sie dann Ihren ersten Kontakt. Bei der nächsten guten Gelegenheit (die Sie vielleicht selbst schaffen müssen) beginnen Sie einen Small Talk mit den Ihnen nun schon bekannten Strategien.

Das Netzwerk erweitern

Wie erweitern Sie dann Ihr Netzwerk? Drehscheibe für Geschäftskontakte außerhalb des Unternehmens sind z. B. Messen, Fachtagungen oder Seminare. Typische Events, um etwa Kunden und Dienstleister besser kennen zu lernen, sind Büroeinweihungen, Werksbesichtigungen, Jubiläen und Firmenfeiern. Aber auch über Berufs- und Branchenverbände, über Institutionen wie die Handelskammer, über Weiterbildungsinstitute, Managerclubs oder andere Netzwerke können Sie interessante Kontakte knüpfen. Schon ans Internet gedacht? Bietet sich vielleicht ein Fachchat zur Teilnahme an?

Lektion 8: Das Networking beginnt!

 Tipp Sehen Sie sich zunächst alles einmal wertneutral an und entscheiden Sie dann, wo Sie Ihre Prioritäten setzen. Verzetteln Sie sich nicht mit den Veranstaltungen: Gehen Sie dorthin, wo das Vergnügen und der persönliche Nutzen gleichermaßen garantiert sind.

Privat gute (Geschäfts-)Kontakte schließen

Im Bereich Freizeit gibt es Tausende von Möglichkeiten, Menschen kennen zu lernen. Ist dies Ihr primäres Ziel, organisieren Sie Ihre Zeit gut und lassen Sie sich von Ihren Interessen leiten: vom Verein oder vereinsähnlichen Einrichtungen wie Sportclubs und Fitnesscentern über die Volkshochschule, den Gemeindechor und den Segelclub bis hin zum Hasenzüchterverein – überall können Sie Gleichgesinnte finden. Vielleicht kommen auch Kirchengemeinden, karitative Einrichtungen oder Bürgerinitiativen für Sie in Frage.

Wenn Sie gezielter in einen bestimmten Kreis aufgenommen werden wollen, sollten Sie sich die entsprechenden Plattformen suchen. Wie wäre es zum Beispiel mit dem Lions Club, Rotary oder einem Business Club?

Die Revierstrategie

Wenn Sie in einem Ort neu sind und Freunde suchen oder wenn Sie ein Geschäft eröffnen wollen, können Sie mit der Revierstrategie den Grundstein für Ihr Netzwerk legen. Dabei erobern Sie Ihren Stadtteil (Dorf, Kleinstadt), indem Sie sich ein „Revier" abstecken. Sie sollten alles bequem zu Fuß erreichen können. Beginnen Sie zum Beispiel damit, ein Restaurant, ein Café oder eine Bar ausfindig zu machen, die Sie zu Ihrer Stammkneipe „ernennen". Wichtig: Sie müssen sich wohlfühlen, der Ort muss zu Ihnen passen und es ist klug, regelmäßig hinzugehen.

Dann erobern Sie nach und nach mehr Terrain – und lassen sich auch hier von Ihren Interessen leiten: Vielleicht gibt es eine kleine Buchhandlung mit einem Programm nach Ihrem Geschmack oder einen idyllischen Biergarten um die Ecke. Natürlich gehen Sie auch immer zum selben Gemüsehändler, in den gleichen Supermarkt, in Ihre Stammbäckerei. So werden Sie mit den Menschen in Ihrem Viertel vertraut, den Inhabern von Geschäften, den Nachbarn, aber auch Unbekannten, die an diesen Orten ebenfalls regelmäßig verkehren.

Beispiel

Lorenz, der gerade seine Grafikschule beendet hat, zieht in die Innenstadt. Eines Abends entdeckt er eine nette Pianobar, die er in der Folge oft besucht. Allmählich kennt er einige Leute, die dort öfter verkehren, vom Sehen. Auch die Musiker sind ihm bald vertraut. Eines Tages, beim Gemüsehändler, steht neben ihm ein Mann in seinem Alter, der ihn anlächelt. Da fällt es Lorenz wieder ein:

„Hallo. Irgendwoher kenne ich Sie doch; gehen Sie nicht auch öfter in die Pianobar am Goetheplatz?"

„Ja, da bin ich ein paar Mal schon gewesen. Ich dachte mir auch schon, dass ich Sie von irgendwoher kenne, aber ich kam nicht drauf. Wohnen Sie hier in der Nähe?"

„Ja, in der Goethestraße 15", entgegnet Lorenz. „Und Sie?"

„Ich habe mein Büro hier um die Ecke."

Und schon entspinnt sich ein Gespräch, bei dem sich herausstellt, dass Lorenz' Gesprächspartner eine kleine Werbeagentur hat. Und zufällig ist in seinem Büro auch ein Raum frei. Ob Lorenz nicht jemanden wüsste, der es anmieten will...?

Schalten Sie eine Anzeige

Eine weitere Möglichkeit Leute kennen zu lernen, sind Anzeigen. Viele Menschen suchen sich heute ganz selbstverständlich über die Tageszeitung Menschen, die mit ihnen wandern, Musik machen, Squash spielen, einen Tanzkurs besuchen. Kontaktanzeigen sind übrigens eine gute Möglichkeit Ihre Selbstdarstellung zu trainieren.

Wie würden Sie sich präsentieren, wenn Sie „networken"? Und was wäre Ihr Ziel?

Übung 68: „Suche Gleichgesinnte"

Auch wenn Sie keine Anzeige aufgeben wollen: Erstellen Sie eine für sich zur Übung.

Schreiben Sie zunächst Ihre Mini-Vita: Wer sind Sie? Was machen Sie? Wie definieren Sie sich? Wie sehen Sie sich? Dann formulieren Sie Ihre Bedürfnisse: Was suche ich? Wer soll der andere sein? Welche Rolle soll er spielen – soll er intellektueller Ansprechpartner sein? Freund? Geschäftspartner? Wie soll er sein? Suche ich eine Person mit z. B. ähnlicher Lebenseinstellung oder suche ich jemanden, der mich ergänzt? Was wünsche ich mir von dieser Person? Was kann ich ihr bieten?

Tipp Bilden Sie Ihr Netzwerk mit System. Sie sollten Menschen aus den unterschiedlichsten Kreisen kennen: Denken Sie an Menschen, die Ihnen Türen öffnen. Denken Sie an Menschen, deren Know-how Sie brauchen. Denken Sie an Menschen, die „die Szene" kennen. Denken Sie an Menschen, die wandelnde Lexika sind. Aber vor allem: Denken Sie an Menschen, die Mittler sind. Es gibt sie nämlich, die geborenen „Kontakter", bei denen so viele Fäden zusammenlaufen wie im Pentagon. Wenn Sie einer Person immer wieder in ganz verschiedenen Zusammenhängen begegnen, könnte es sich um einen solchen Mittler handeln.

Legen Sie eine Kontaktdatenbank an

Sehr wichtig ist, dass Sie sich die Namen Ihrer neuen Kontakte gut merken (siehe Seite 121). Visitenkarten haben Sie immer (sauber, nicht geknickt) bei sich – geschäftliche, eventuell auch eigene private (im professionellen Stil).

Beim Austausch der Visitenkarten lesen Sie als erstes die Visitenkarte Ihres Gegenübers, sprechen den Namen noch mal aus, bedanken sich freundlich und stecken das Kärtchen sorgfältig ein – nicht irgendwo zwischen Papiere oder in die Hosentasche, sondern lieber in Ihr Adressbuch oder in Ihre Geldbörse. Beachten Sie noch einmal die Anmerkungen zu einem höflichen Closing des Gesprächs (Seite 114f.). War die Person für Sie wichtig, sollten Sie Perspektiven für ein nächstes Treffen aufzeigen.

Nutzenorientierung ist nun mal das A und O für erfolgreiches Networking. Deshalb pflegen Sie zu Hause die neu gewonnenen Kontakte in Ihren Organizer, Smartphone oder in Ihr Outlook-Adressbuch ein, am besten noch am gleichen Tag. Dann ist Ihnen noch präsent, mit wem Sie gesprochen haben. Notieren Sie sich einige Informationen zu Ihrer neuen Kontaktadresse, ruhig auch assoziativ und ins Unreine geschrieben:

- Wer ist die Person?
- Wo und wann haben Sie sie kennen gelernt?
- Was an ihr war auffällig (als Erinnerungsstütze)?
- Was macht sie (beruflich)?
- Welche interessanten Menschen kennt sie?
- In welcher Hinsicht vor allem ist sie interessant für Sie, wobei könnte sie Ihnen helfen?

Umgekehrt haben Sie vielleicht schon eine Idee, was Sie dieser Person bieten könnten. Stufen Sie zum Schluss noch die Qualität des Kontakts ein. Notieren Sie dann in Ihren Kalender, welcher Schritt bei der Pflege des Kontakts als nächstes ansteht. Merken Sie außerdem vor, wann Sie die Person z. B. selbst einladen könnten.

Beispiel

Herr Schmidt, kennen gelernt beim Neuromarketing-Kongress am 5.5.2011. Junger Mann, sehr aufgeschlossen, auffällig dunkle Locken. Arbeitet als freier Journalist für das Männermagazin „Moritz" sowie als PR-Berater. Kennt auch Wirtschaftsredakteur der Tageszeitung „Morgenblatt". Sollte einen Artikel über mein neues Buch platzieren! Er hätte Lust, einmal mit mir Segeln zu gehen. Superkontakt! Kalendereintrag: 12.5.2011: Mein erstes Buch an Jürgen Schmidt schicken sowie Textprobe des neuen.

Bringen Sie Menschen zusammen!

Nach dem Erstkontakt haben Sie die Chance aktiv zu werden. Gibt es keinen direkten Anlass für ein Treffen, sollten Sie Ihre Beziehungen regelmäßig pflegen, durch Geburtstagsgrüße, Telefonate, Mails. Sprechen Sie spontan hin und wieder Einladungen aus und bringen Sie Menschen zusammen.

Beispiel

Monika und Joachim sind gerade aufs Land gezogen. Sie wohnen in einem kleinen Dorf. Jeden Abend kommt das Paar erst nach zwei Uhr nach Hause. Das wird den Dorfbewohnern langsam verdächtig. Was ist da faul? Was sind das für Leute?, fragen Sie sich. Und was arbeiten die denn? Dass die beiden ein paar Nachbarorte weiter eine Kneipe eröffnet haben, hat sich offenbar noch nicht herumgesprochen.

Durch so viel Misstrauen alarmiert, beschließen Monika und Joachim, einen Empfang zu geben. Sonntags nach der Kirche laden sie alle ein: den Bürgermeister, den Apotheker, den Metzger, den Hausarzt, den Tierarzt, die Bauern von nebenan. Und erzählen, was sie so machen. So gelingt es ihnen nicht nur, Spekulationen und Klatsch abzublocken, sondern sie gewinnen auch ein paar neue Kunden.

Überlegen Sie nun zum Abschluss, wie Sie mit Ihren Small-Talk-Kenntnissen die folgenden Begegnungen gestalten könnten.

Übung 69: Abschlusstraining
Wie können Sie in den folgenden Situationen vorgehen? Notieren Sie sich ein paar Stichpunkte dazu und die entsprechenden Gesprächstechniken.
1. Sie begegnen einem neuen Vorgesetzten, der den ersten Tag in der Firma ist, am Faxgerät. Sie müssen dringend etwas faxen.
2. An der Straßenbahnhaltestelle. Eine alte Frau rutscht aus und fällt hin.
3. Sie sollen eine ausstehende Rechnung anmahnen. Den Kunden, einen kleinen Zwei-Mann-Betrieb, kennen Sie kaum.
4. Der Chef hat heute Ihre Kollegin, Frau Müller, privat eingeladen. Eine Anerkennung für ihre guten Leistungen in einem Projekt. Sie wissen nicht, ob noch weitere Kollegen eingeladen sind. Da fragt eine neugierige Kollegin Sie: „Sagen Sie, was ist denn mit dem Chef los? Der hebt die Müller in den Himmel, als ob sie hier alles allein stemmen würde."
5. Sie gehen mit einem Dienstleister in die Betriebskantine. Da steht ausgerechnet Ihr Lieblingsfeind vor Ihnen und nörgelt laut über die heute angebotenen Gerichte. Sie wissen, dass das Essen für eine Großküche wirklich in Ordnung ist.
(Vorschläge im Lösungsteil.)

Und jetzt smalltalken Sie!

Wir hoffen, dass Ihnen die Lektüre dieses Buches Spaß gemacht hat. Sie haben viel gelernt. Vielleicht denken Sie jetzt: Wenn ich doch nur schon ein paar gute Small Talks geführt hätte! Wenn ich doch nur schon die richtigen Leute kennen würde. Vergessen Sie das kleine Wörtchen „Wenn". Dieses Wort hält Sie nur davon ab, gute Erfahrungen zu machen. Trauen Sie sich! Beherzigen Sie die Tipps und Strategien aus diesem Buch, die Ihnen liegen, mit denen Sie sich wohlfühlen. Bleiben Sie dabei ganz Sie selbst. Wir versichern Ihnen: Sie werden amüsante, anregende und Gewinn bringende Gespräche führen!

Anhang

Lösungen

Übung 1: Welche Chancen birgt ein Small Talk?

1. *... zwischen Lieschen Müller und Otto Taub beim Warten auf den Bus:* Kennenlernen einer netten Person, Feststellung von Verbindungen („Sie wohnen in der Orchideenstr. 13? Ach, dann kennen Sie vielleicht..."), angenehmer Plausch im Bus, Entwicklung einer Bekanntschaft oder gar Freundschaft, Austausch von Neuigkeiten aus dem Stadtviertel u. v. m.

2. *... mit einem Fremden, dem Sie auf einer Party begegnen:* Sie lernen einen interessanten Gesprächspartner kennen und über ihn womöglich andere interessante Menschen, knüpfen einen Kontakt, der Ihnen irgendwann nützlich ist, Sie erfahren mehr über den Gastgeber oder andere Gäste etc.

3. *... mit einem flüchtigen Bekannten, den Sie auf der Straße treffen:* Sie erfahren Neuigkeiten über gemeinsame Bekannte, Sie erinnern sich an gemeinsame, schöne Erlebnisse und intensivieren den Kontakt wieder; Sie wissen, warum die Bekanntschaft auch in Zukunft flüchtig bleibt.

4. *... mit dem Vorgesetzten Ihres Vorgesetzten, der in der Kantine neben Ihnen in der Schlange steht:* Sie stellen sich vor; Sie erwähnen (nebenbei) a) lobend Ihren Vorgesetzten/Mitarbeiter, von dem Sie viel halten, b) Ihr Team, das gerade so erfolgreich zusammenarbeitet, c) wie nett doch die letzte Betriebsfeier war etc.

Übung 2: Vorurteile entkräften

1. *„Small Talk ist oberflächlich!"* Richtig ist vielmehr: Small Talk ist oft der Einstieg in sehr interessante Gespräche.

2. *„Small Talk ist nur höfliche Konversation, die andere Absichten verdeckt."* Höflichkeit ist nur ein Aspekt von Small Talk, viel stärker ist er eine Geste der Freundlichkeit. Und was spricht gegen ein freundliches Gespräch? Was die verdeckten Absichten betrifft: die schwingen eher in anderen Gesprächen mit (z. B. Verkaufsgespräch).

3. *„Mit Small Talk lernt man niemanden wirklich kennen."* Das ist insofern richtig, weil man mit Menschen smalltalkt, die man nicht oder nicht sehr gut kennt und zu denen eine gewisse Distanz besteht. Wer wäre da nicht vorsichtig? Lernen Sie Ihre(n) Gesprächspartner dann näher kennen, gehen Sie allmählich über den Small Talk hinaus. Denken Sie einmal darüber nach, wie Sie gute Freunde oder Bekannte kennen gelernt haben!

4. *„Small Talk ist vertane Zeit."* Small Talk ist immer sinnvoll. Denn er stellt den ersten Kontakt zu anderen Menschen her. Insofern ist diese Zeit nicht vertan.

Anhang

Übung 6: Small Talk im privaten Alltag

Einstiegssätze für den Small Talk:

Postbote/Wetter: „Bei diesem schönen Wetter fällt das Arbeiten leicht, oder?" / „Na, haben Sie es bald geschafft für heute? Bei dem Regen macht es ja wenig Spaß."

Verkäuferin/Schuhkauf: „Von der Kleidermode habe ich dieses Jahr noch gar nicht so viel mitbekommen. Welche Trends gibt es denn momentan?" / „Sie tragen einen schönen Rock. Darf ich fragen, wo Sie ihn gekauft haben?" / „Was trägt man denn für Farben dieses Jahr? Ich muss mir nämlich einen Anzug kaufen."

Bahnhof/Wartende in der Schlange: „Ist um diese Zeit immer so viel los?" / „Heute dauert es ja ganz schön lang. Ob das wohl an dem neuem Preissystem liegt?"

Wartezimmer/Patient: „Wissen Sie, ob man hier lange warten muss?" / „Wissen Sie, ob es in dieser Praxis normal ist, dass man vier Wochen auf einen Termin warten muss?"

Taxifahrer: „Na, haben Sie bald Feierabend oder hat die Schicht erst begonnen?" / „Jetzt zur Messezeit ist sicher viel los bei Ihnen."

Übung 7: Negative Erwartungen durch positive Vorstellungen ersetzen

„X ist viel redegewandter als ich."	„Ich gehe die Dinge eben anders an als X." „Hier kocht auch jeder nur mit Wasser."
„Ich weiß nicht, was ich mit den anderen reden soll."	„Ich rede mit, wenn ich etwas zu sagen habe." „Ich bin gespannt, wer da ist und welche Gespräche sich ergeben."
„Alle schauen mich an, wenn ich etwas sage."	„Die Leute schauen mich an, weil Sie sich für meinen Vortrag interessieren."
„Wenn ich nicht brilliere, werde ich sicher nicht mehr eingeladen."	„Es wird nicht erwartet, dass ich brillant, sondern dass ich nett bin."
„Man wird gleich merken, dass ich von Kunst/Oper/... keine Ahnung habe."	„Ich bin bereit, etwas Neues zu lernen." „Ich bin neugierig auf das, was andere erzählen oder zu sagen haben."

„Niemand wird mich ansprechen."	„Sicher gibt es Leute, die sich freuen, wenn ich sie anspreche."
„Ich werde sicher steckenbleiben, wenn ich etwas erzähle."	„Es geht um Small Talk, niemand erwartet von mir einen Vortrag." „Andere hören mir gerne zu."
„Wenn ich etwas sage, entsteht eine peinliche Gesprächspause."	„Was soll an ein paar netten Worten peinlich sein?" „Ich bestreite das Gespräch alleine."
„Später wird mir wieder peinlich sein, was ich alles erzählt habe."	„Wenn ich mich wohl gefühlt und nett unterhalten habe, gibt es nichts, was ich mir vorzuwerfen hätte." „Nur ich empfinde es als peinlich, weil ich zu selbstkritisch bin. Andere analysieren sich nicht ständig."
„Ich kann nicht mitreden, weil ich niemanden kenne, über den geredet wird."	„Es wird sich eine Gelegenheit ergeben, das Gespräch auf andere Themen zu lenken."
„Ich werde mich blamieren."	„Wer freundlich und höflich ist, blamiert sich nicht."

Übung 9: Situationsbrücke I

1. *In einem Verlag. Ein neuer Mitarbeiter aus der Herstellung stellt sich vor.* Ein Redakteur: „Guten Tag, Herr Müller. Künzel mein Name. Ich mache so schöne Ratgeber wie diesen hier. (Hält ein Buch hoch). Da haben wir sicher noch viele Gelegenheiten, uns auszutauschen. Haben Sie schon eine Wohnung hier gefunden?"

2. *Ein Kunde wird herumgeführt:* „Grüß Gott Herr Riebel, ich bin Frau Wilkum, wir kennen uns ja bisher nur vom Telefon. Schön, Sie einmal persönlich kennen zu lernen. Schade, wir haben ja jetzt leider nicht mehr viel miteinander zu tun. Bleiben Sie heute länger im Haus?"

3. *Der Abteilungsleiter und der Praktikant:* „So, schön dass Sie da sind, Herr Abel. Mein Name ist Huber und ich werde Ihnen in den nächsten zwei Stunden etwas über unsere Arbeit hier erzählen. Aber darf ich Ihnen erst einmal etwas zu Trinken anbieten? Sie studieren Kommunikationswissenschaften hier in München, habe ich gehört. Wie weit sind Sie denn schon?"

Übung 10: Situationsbrücke II

„Bahnhof" – „Zwei Reisende am Bahnsteig". – „Warten Sie auch auf den Zug aus Dortmund?"

„Mallorca" – „Ein neuer Tischnachbar setzt sich zum Frühstück hin." – „Guten Morgen, darf ich mich vorstellen, Hansi Pfleger. Ich bin das erste Mal hier – wissen Sie, ob man Getränke am Büffet bekommt?"

„Zu Hause" – „Party, ein neuer Gast kommt." – „Hallo, Peter. Schön, dass Du gekommen bist. Du warst ja noch nie hier."

Übung 12: Über das Wetter sprechen

1. „Pünktlich zu Eurem Fest ist das Gewitter vorbei. Wie habt Ihr das nur geschafft?"

2. „Geben Sie die Hoffnung nicht auf. Wie heißt die alte Bauernregel: Ein nasser April verspricht der Früchte viel. Außerdem muss es ja irgendwann wieder schön werden."

3. „Petrus will uns wohl abhärten. Na, hoffentlich gibt es dann bei den Eisheiligen nicht noch mal so einen dicken Frost."

4. „Vergessen Sie die Wetterberichte. ‚Ab Mittwoch wieder leichte Erwärmung und am Wochenende trocken und warm' – von wegen. Es wird von heute an exakt noch sieben Wochen regnen. Oder glauben Sie nicht an die alte Siebenschläfer-Regel?" (Das Ganze müssen Sie natürlich mit einem ironischen Unterton vortragen.)

Übung 15: Lebensverhältnisse erkunden

1. *„Wissen Sie, ich mache gerade ein berufsbegleitendes Fernstudium als Wirtschaftsingenieur."*
„Ich finde es toll, wenn man so was neben seinem Job schafft. Jetzt sagen Sie bloß, Sie haben auch noch Familie?"

2. *„Ich gehe jetzt immer morgens joggen, denn am Abend finde ich es noch viel zu heiß. Da versuche ich lieber, noch schnell nach der Arbeit zum Schwimmen zu gehen."*
„Da tun Sie also täglich etwas für Ihre Fitness. Dazu gehört viel Disziplin, oder?

3. *„Ich gehe gerne ins Museum. Am liebsten unter der Woche, wenn es nicht so überfüllt ist."*
„Unter der Woche finde ich auch sehr angenehm. Aber bei mir geht das natürlich nur in den Ferien."

4. *„Ach, Sie kommen aus Tölz? Da habe ich mal Urlaub gemacht, mit meiner damaligen Freundin. Wir waren bei Hubers unten an der Isar, in einer sehr süßen Ferienwohnung."*
„Ach wie nett. Die Hubers kenne ich auch flüchtig, die vermieten immer noch. Die Freundin gibt es nicht mehr?"

Lösungen

5. „Ich überlege, ob ich nächstes Jahr wieder auf die Messe komme. Diesmal hat es nicht so viel gebracht – und die Hotels sind ja auch immer sehr teuer." „Das stimmt. Von wo reisen Sie denn immer an?"

Übung 18: Das Verbindende suchen

1. *Segeln – Schrebergarten:* Wer segelt und im Schrebergarten gärtnert, wird gerne im Freien sein, Tätigkeit ist vom Wetter abhängig, kann gesellig sein (mit Freunden), man kann dabei abschalten, ist aber trotzdem aktiv.

2. *Klavierspielen – Handwerk:* Es ist Fingerfertigkeit verlangt.

3. *Tanzen – Klettern:* Sportliche Tätigkeit, Beweglichkeit erforderlich, oft sind Tänzer und Kletterer muskulöse und durchtrainierte Menschen, daher eventuell auch Ernährung als verbindendes Thema.

4. *Komplexe Rätsel lösen – Ahnenforschung:* Tüftelei, es ist Ausdauer nötig; man muss recherchieren, will man Erfolg haben und sich einarbeiten in sein Thema; spannender Moment, wenn es zur Auflösung kommt.

5. *Fußball – Schach:* Spiel mit Regeln, Strategien und Taktik, starke und schwache Stellung.

6. *Kochen – Malen:* Kreativität erforderlich, stimmige Kompositionen, Beschäftigung mit sinnlichen Dingen, Entspannungsfaktor.

7. *Bogenschießen – Yoga:* Konzentration auf das Innere, richtige Atmung ist wichtig, der Weg ist das Ziel, Berührungspunkte zu asiatischen Philosophien.

8. *Golf – Bergwandern:* Bewegung im Grünen, zu Fuß unterwegs sein.

9. *Angeln – Triathlon:* Outdoor-Sport, macht mehr Spaß bei gutem Wetter.

10. *Alte Filme – Krimis:* Klassische Krimi-Verfilmungen.

Übung 20: Tabu-Thema?

1. *Ein führender Politiker bemängelt, dass in Deutschland eine Zweiklassenmedizin herrsche.* Dies ist ein politisches Thema, das mit Sicherheit zu einer kontroversen Diskussion führen wird. Daher tabu für den Small Talk.

2. *Ronald McDonald tourt mit einem Umweltbildungsauftrag durch die Kindergärten.* Ein Thema, das nur auf den ersten Blick gut, auf den zweiten grenzwertig erscheint. Denn dass eine Fastfood-Kette mit diesem Engagement keine werblichen Absichten verfolgt, dürften viele anzweifeln. Das Thema wird zu unterschiedlichen Stellungnahmen reizen. Hier kommt es auf die Präsentation an.

3. *George Clooney soll 1000 Frauen nahegekommen sein – so die Legende.* Ein Thema, das zum üblichen Promiklatsch zählt. Und der ist im Small Talk völlig in Ordnung. Alles, was Ihnen passieren kann, ist, dass ein Intellektueller über das Thema die Nase rümpft.

4. *In China wurde ein wichtiger regimekritischer Intellektueller verhaftet.* Ein Thema, das Betroffenheit auslöst und womöglich eine Diskussion über die richtige Außenpolitik anstößt – daher für den Small Talk nicht geeignet.

5. Soll man Schuluniformen einführen, um dem Markenwahn an den Schulen sowie bauchfreien T-Shirts den Kampf anzusagen? Ein geeignetes Thema für den Small Talk, denn es betrifft die ganze Gesellschaft. Es kann in ganz verschiedene Richtungen gelenkt werden (Wandel von Werten, Verhalten in der eigenen Jugend etc.) Vermeiden Sie hier, auf die politischen Implikationen abzuheben. Sie können etwa darüber sprechen, welche Erfahrungen in Ländern vorliegen, bei denen Schuluniformen üblich sind.

6. Einem Ärzteteam im Wiener Allgemeinen Krankenhaus ist es in einer spektakulären Operation erstmals gelungen, eine menschliche Zunge zu verpflanzen. Für Spezialisten ein hochinteressantes Thema, im Small Talk aber mit Vorsicht zu genießen. Hier kommt es darauf an, wo die Geschmacksgrenzen der Teilnehmer liegen. Für manche dürfte die Vorstellung einer solchen Operation schlichtweg unappetitlich sein. Vom rein wissenschaftlichen Aspekt und unter dem Gesichtspunkt der menschlichen Möglichkeiten jedoch durchaus interessant. Hat außerdem etwas Sensationelles. Wenn Sie so etwas erzählen, denken Sie daran, die menschlichen Seiten nicht zu vergessen.

7. Schon über eine Million Frauen und Mädchen spielen in Vereinen Fußball. Ein schönes Thema, zumal es Männer und Frauen zusammenbringen könnte. Mit der Einschränkung, dass sich manche Menschen für Sport überhaupt nicht interessieren und manche Herren der Schöpfung womöglich die Meinung vertreten, Fußball sei nur was für Männer.

8. Nach wissenschaftlichen Untersuchungen des Dialektforschers Bernhard Stör ist der bayerische Dialekt in der jungen Generation der unter 25-Jährigen in der Münchner Sprachregion fast ausgestorben. Ein schönes Thema für den Small Talk, das einen überraschenden Moment beinhaltet. Je nach regionaler Herkunft der Gesprächspartner sollte es möglicherweise auf eine allgemeine Ebene gehoben werden.

9. In Geldern am Niederrhein hat ein siamesisches Hängebauchschwein eine Kuh gebissen und eine andere zu Tode gehetzt. Gut geeignet für den Small Talk, kann zur Anekdote ausgebaut werden. Versuchen Sie, den witzigen Aspekt zu betonen oder der Geschichte einen positiven Dreh zu geben.

10. In den letzten Jahren sind die Strafen für Verkehrssünder in Deutschland immer härter geworden. Erscheint auf den ersten Blick geeignet für den Small Talk, da Autofahren und Verkehrssicherheit viele Menschen betreffen. Doch da es wenig amüsant erscheint, ist es sicher nicht das Idealthema. Vorsicht ist auch geboten, wenn jemandem in der Runde der Führerschein schon einmal entzogen wurde, etwa wegen zu schnellen Fahrens. Problematisch wird es auch dann, wenn das Gespräch zu sehr ins Politische abgleitet. Das wäre etwa der Fall, wenn die Runde darüber zu diskutieren beginnt, ob Verschärfungen von Gesetzen generell geeignet sind, die Sicherheit der Bevölkerung zu erhöhen.

Lösungen

Übung 21: Gesprächsstart mit Icebreaker-Floskeln

1. Vortrag:
„Wie man Folien auflegt, lernt der Redner wohl nicht mehr, was meinen Sie?"
„Wäre die Rede schwungvoller, würde man ihm das nachsehen. Aber so sehnt man sich doch langsam nach einem Ende."
2. Projektbesprechung:
„Noch fünf TOPs stehen auf dem Programm, oder?"
„Hallo. Ach, die kurze Pause tut gut, um den Kopf durchzulüften."

Übung 24: Indirektes Sprechen

1. *„Wie heißt der da drüben noch mal?"*
„Können Sie sich an den Namen des Herrn da drüben erinnern?"
Oder: „Ach, jetzt kann ich mich gar nicht mehr an den Namen des Herrn da drüben erinnern."
2. *„Wie alt sind Sie?"*
„In Ihrem Alter spielt ja ... noch keine so große Rolle."
3. *„Wo haben Sie diese Weisheit her?"*
„Sicher haben Sie dafür auch eine Quelle."
4. *„Können Sie mir bitte den Kontakt zu Herrn/Frau X verschaffen?"*
„Es wäre schön, wenn Sie mich Herrn/Frau X vorstellen könnten. Meinen Sie, dazu gibt es einmal Gelegenheit?"
„Herrn/Frau X würde ich gerne einmal kennen lernen."
5. *„Ich finde dieses neue Programm völlig unbrauchbar."*
„Ich weiß nicht so recht, was uns das neue Programm bringen soll."
6. *„Diesen Film muss man gesehen haben."*
„Dieser Film soll ja sehenswert sein. Schauen Sie ihn an?"

Übung 32: Bei Pannen richtig reagieren

1. *Geschäftsessen.* „Womit stoßen wir denn jetzt auf unseren Geschäftserfolg an? Da bestelle ich doch gleich mal einen Sekt!"
2. *Zug:* „Das ist natürlich nicht so schön. Aber vielleicht fällt uns ja noch etwas ein, wie wir diese Zeit sinnvoll überbrücken können. Was meinen Sie?"
3. *Im Vortragssaal:* „Die wollen wohl sichergehen, dass Sie wir alle hellwach sind."
4. *Bei Tisch:* Sie nehmen die Entschuldigung an. Dann fügen Sie hinzu: „Halb so schlimm. Als alter Fußballer bin ich nicht zimperlich."

Übung 35: Drücken Sie es anders aus!

Anders ausdrücken können Sie Ihre Kritik durch ironische Bemerkungen:
1. „Herr Wimmer ist sehr sorgfältig. Geben Sie ihm heute Ihre Zahlen, und schon nächstes Jahr bekommen Sie einen Bericht."

2. „Frau Kegel hat bei der Abschiedsfeier vom Vorstand etwas zu tief ins Glas geschaut. Aber wer will ihr das verdenken? Wir alle weinen doch unserem Patriarchen nach."

3. „Herrn Hansen könnte man mal darauf hinweisen, wie er noch besser verkauft – sollen wir ihn mal dezent auf das Knigge-Seminar hinweisen?"

4. „Bei unserem Lehrmädchen ist immer Hochsommer, könnte man meinen."

5. „Das ist das Schöne bei Frau Müller. Sie lässt sich von unserer Hektik nicht anstecken."

Übung 36: Schlagfertig reagieren

1. „Was für ein mieser Service. Hier wartet man ja ewig auf sein Essen."
Reaktion: „Was lange währt, wird endlich gut. Jetzt warten Sie doch erst einmal ab, sonst bereuen Sie am Ende noch, dass Sie keine Geduld hatten."

2. „Ach, Sie sind auch da? Haben Sie sich von dem gescheiterten Projekt schon erholt?"
Reaktion: „Oh ja, und beim nächsten werde ich Sie ins Boot holen, dann geht garantiert nichts mehr schief."

3. „Was Sie da sagen, ist ja blanker Unsinn."
Reaktion: „Wer im Unsinn keinen Sinn zu erkennen vermag, der war nie Kind, sagte schon ... *(und dann nennen Sie den Namen Ihres Großvaters)."* Fragt ihr Gegenüber wer denn ... sei, sagen Sie. „Ein großer Philosoph meiner Heimatstadt."

4. „Nun kommen Sie mal auf den Punkt. Sonst stehen wir morgen noch da."
Reaktion: „Ich hatte den Eindruck, dass ich es Ihnen noch einmal erklären muss."

5. „Was hat denn die da Grässliches an? Die sieht ja aus wie eine Vogelscheuche!"
Reaktion: „Jeder zieht mal was Falsches aus der Schublade."

Übung 39: Jobbeschreibung – leicht verständlich

„Ich bin ein Kollege von Hans. Ich arbeite in der Personalabteilung. Da gibt's ne Menge Sachen, um die ich mich kümmere. Ich leite zum Beispiel die Auswahlverfahren für alle, die in unserer Firma Karriere machen wollen. Dann muss ich aber auch qualifizierte junge Leute von der Uni für unser Unternehmen gewinnen. Das ist spannend. Aber auch nicht leicht, wie Sie sich sicher vorstellen können. Denn an den wirklich guten Leuten sind natürlich noch viele andere Firmen interessiert. Und leider gehört auch was Langweiliges zu meinem Job, die Personalkennziffern. Das sind eine Menge Daten und Zahlen, die in der Personalabteilung gesammelt werden. Mit diesen Ziffern kontrollieren wir, ob auch alle gut arbeiten ..."

Lösungen

Übung 48: Wertschätzung zeigen

1. *Dem Kollegen/der Kollegin:* „Sie haben mit dieser Produktlinie aber auch eine enorme Verantwortung übernommen, mal ganz zu schweigen von der vielen Arbeit. Ich finde das wirklich toll, wie Sie das schaffen."

2. *Dem/r Sekretär/in /Assistenten/in:* „Ich wollte Ihnen schon immer mal sagen, wie sehr es mir hilft, dass Sie die Termine so zuverlässig managen. Es ging ja wirklich sehr turbulent zu in der letzten Zeit. Vielen Dank!" (Und dann überreichen Sie vielleicht noch eine kleine Aufmerksamkeit.)

3. *Der Putzfrau:* Wenn Sie schon mal mit ihr gesprochen haben, können Sie sich nach ihrer Familie erkundigen „Wie geht es Ihren Kindern?" Oder Sie sagen einfach anerkennend: „Sie sind ja wieder fleißig heute. Wir sind wirklich froh, dass wir Sie haben."

4. *Dem/r Vorgesetzten/Projektleiter/in:* „Die Sitzung lief sehr gut. Ich hätte nicht gedacht, dass man für das Projekt alle gewinnen kann. Da haben Sie viel erreicht."

5. *Dem Mitarbeiter/der Mitarbeiterin:* „Ich freue mich immer, wenn ich von Ihnen Berichte bekomme – schön griffig formuliert. Und bei den Zahlen macht Ihnen ohnehin niemand etwas vor."

Übung 52: Einprägsame Bilder suchen

1. *Beziehung Unternehmen – Dienstleister:* Symbiotische Beziehung in der Tierwelt, Fuß und passender Schuh.

2. *Ein gesundes Unternehmen:* Lebender Organismus, gesundes Biotop, eine der Umwelt optimal angepasste Pflanze, Zahnrad (ein Rädchen greift ins andere), Dampflok.

3. *Was ein gutes Logo ist:* ein Markenzeichen, ein Wahrzeichen (wie der Eiffelturm), eine einprägsame Melodie.

4. *Was ist zuverlässiger Kundenservice?* Feuerwehr, Retter in der Not, die Perle im Haushalt.

5. *Ein Sieger-Team:* eine Fußballmannschaft; ein Orchester, in dem jeder seinen Beitrag zu einem gelungenen Konzert leistet.

Übung 53: Alltägliches spannend erzählen

„Ich bin ein Kollege von Hans. Ich arbeite in der Personalabteilung. Ich würde Ihnen ja gerne erzählen, wie wir Bewerber durchchecken. Aber ich kümmere mich um die eher spröden Seiten der Personalarbeit: die Personalkennzahlen. Ich werte Daten aus – und nur um zu prüfen, ob auch alle im Unternehmen schön brav arbeiten. *(lacht)*. Manchmal ist meine Arbeit aber auch richtig spannend: Ich muss an allen Unis in Deutschland um die besten Abgänger werben. Wie Sie sich vielleicht vorstellen können, bin ich nicht der einzige Head-

227

hunter. Ich muss diese Überflieger überzeugen, dass sie bei uns am besten aufgehoben sind – wo ich doch selbst im Studium nicht der Schnellste war ..."

Übung 69: Abschlusstraining

1. *Vorgesetzter am Faxgerät:* Sie bitten ihn nicht, ob Sie zuerst faxen dürfen. Vielmehr wechseln Sie ein paar nette Worte. Setzen Sie hier einen Aufhänger ein: So könnten Sie ihn fragen, ob er sich schon auskennt mit dem Gerät und, falls dies nicht der Fall ist, Ihre Hilfe anbieten. Während das Fax arbeitet, stellen sich vor.

2. *Straßenbahnhaltestelle, eine alte Frau fällt hin:* Hier ist praktische Hilfe und Anteilnahme angesagt. Nach der Frage, ob sie sich verletzt hat, drücken Sie Ihre Anteilnahme aus und können dann vielleicht auch noch einen netten Small Talk beginnen.

3. *Ausstehende Rechnung:* Das Gespräch beginnen Sie mit einer Begrüßung und Vorstellung, eventuell bringen Sie in Erinnerung, wer Sie sind und wann Sie sich das letzte Mal gesprochen haben. Ein Small Talk als Einstieg ist in dieser Situation weniger angebracht. Kommen Sie besser höflich zum Eigentlichen, reden Sie nicht lange um den heißen Brei herum. Danach können Sie aber einige entlastende Worte anschließen, um das unangenehme Gespräch harmonischer zu beenden. Entlastend wäre eine Bemerkung wie diese: „In einem kleinen Betrieb ohne Buchhaltung ist es sicher nicht so leicht, alles im Blick zu haben." Damit äußern Sie Ihr Verständnis, ohne aber die Erinnerung an die Zahlung zurückzunehmen.

4. *Chef und Frau Müller:* Sie lassen sich auf das Gespräch, nicht aber auf einen negativen Klatsch ein. Sagen Sie zum Beispiel, dass der Chef zufrieden sei mit Frau Müllers Leistung im Projekt. Oder werden Sie ironisch: „Ist Ihnen ein nörgelnder Chef lieber?"

5. *Mit einem Dienstleister und dem Lieblingsfeind in der Betriebskantine:* Beklagen Sie sich nicht über Ihren Lieblingsfeind. Auch ein offener Schlagabtausch wäre in Anwesenheit eines Außenstehenden unangebracht. Entweder überhören Sie das Genörgel und schneiden ein ablenkendes Thema an oder Sie flüstern Ihrem Dienstleister zu: „Leider hat unser Drei-Sterne-Koch gekündigt. Ich hoffe, dass Sie nicht allzu enttäuscht sind." Diese leichte Ironie wird er verstehen.

Literatur

Bruno, Tiziana/Adamczyk, Gregor: Körpersprache – Best of Edition. Planegg b. München, 2009

Goleman, Daniel: EQ. Emotionale Intelligenz. München, 1997

Hamann, Claudia: Stimme. Mehr Ausdruck und Persönlichkeit. München, 2000

Leinfellner, Elisabeth: „Die redselige Frau, der schweigsame Mann und andere sprachliche Stereotypen"; aus: Baier, Wilhelm/Wuketits, Franz (Hg.), Mann und Frau – Der Mensch als geschlechtliches Wesen. Graz, 2002

Lermer, Stephan/Meiser, Hans Christian: Gemeinsam bin ich besser. Win-Win-Strategien für Partnerschaft und Beruf. Frankfurt a. Main, 1999

Lermer, Stephan: Power-Relaxx 2.0. Entspannung als Kraftquelle. Audio-CD, München, 2010

Levinson, Stephen C.: Pragmatik. Tübingen, 1990

Nöllke, Matthias: Schlagfertig – Best of Edition. Planegg b. München, 2007

Oppel, Kai: Business-Knigge international: Der Schnellkurs. Planegg b. München, 2008

Pruys, Carl Hugo: Ich rede also bin ich. Sprache ohne Sprüche. Berlin, 2000 (vergriffen)

Die verwendeten Zitate stammen aus folgenden Quellen:

Seite 11f. (Suzanne Leduc): „Die Zeit", 27.12.1996 Seite 38 (Nicolas Cage): „Mediatainer", 13.03.2003

Seite 39 (Robert Atzorn): www.tatort-fundus.de

Seite 83: Anekdote nacherzählt nach: Les Woodland, Halbgötter in Gelb. Das Lesebuch zur Tour de France, Bielefeld 2003

Seite 84 (Johannes Rau) zitiert nach „taz" vom 8.1.2002, Seite 19

Seite 177: Carl Hugo Pruys: Ich rede also bin ich. Sprache ohne Sprüche. Berlin, 2000, Seite 14

Das Gedicht auf Seite 145 ist entnommen: Kaléko, Mascha: Feine Pflänzchen. Eremiten Presse, Düsseldorf, 1976

Anregungen für Ihren Small Talk

Bryson, Bill: Eine kurze Geschichte von fast allem, München 2005

Drösser, Christoph: Stimmt's? Das große Buch der modernen Legenden, Reinbek bei Hamburg, 2010

Duden – Was jeder wissen muss: 100.000 Tatsachen der Allgemeinbildung, Mannheim, 2007

Fischer, Peter: Die andere Bildung. Was man von den Naturwissenschaften wissen sollte, München, 2003

Friedell, Egon: Kulturgeschichte Griechenlands. Nachdruck, München, 1994

Friedell, Egon: Kulturgeschichte der Neuzeit. 2. Auflage, München, 2007

Ich stelle fest, ich bin einzig: Die Großen der Geschichte in Anekdoten. Ditzingen, 2007

Köhler, Peter (Hrsg.): Donnerwetter! Da hab ich mich umsonst besoffen: Dichter-Anekdoten. Ditzingen, 2010

Krämer, Walter/Götz Trenkler: Lexikon der populären Irrtümer. 500 kapitale Missverständnisse, Vorurteile und Denkfehler von Abendrot bis Zeppelin. 5. Aufl., München, 2006

Nöllke, Matthias: Von Bienen und Leitwölfen: Strategien der Natur im Business nutzen. Planegg b. München, 2008

Nöllke, Matthias: Small Talk – Die besten Themen: Das Ideen-Buch für Fortgeschrittene. Planegg b. München, 2007

Schwanitz, Dietrich: Bildung. Alles, was man wissen muß. Frankfurt am Main, 2010

Internet

An dieser Stelle kann nur eine kleine Auswahl nützlicher Links für Small-Talk-Themen gegeben werden. Empfehlenswert sind außerdem die Online-Angebote großer Tageszeitungen, Wochen- und Monatszeitschriften. Hier sind vor allem Rubriken wie „Panorama" oder „Gesellschaft" eine Fundgrube für Geschichten.

Biographien und Jahrestage
http://www.br-online.de/bayern2/kalenderblatt
Texte und Archiv der Fünf-Minuten-Sendung „Kalenderblatt" des Kultursenders des Bayerischen Rundfunks. Hier werden Geschichte und Biografien auf amüsante Art aufbereitet.
http://kalenderblatt.de/
Auf der Website der Deutschen Welle finden Sie ein Kalenderblatt mit den wichtigen Jahres- und Gedenktagen sowie Geburtstagen berühmter Persönlichkeiten.

Film
http://www.imdb.de
Die Internet Movie Database enthält ein großes Filmarchiv.

Literatur
http://gutenberg.spiegel.de/
Das Projekt Gutenberg-DE von Spiegel Online Kultur enthält klassische Literatur aus zweieinhalb Jahrtausenden: Romane, Erzählungen, Novellen, Dramen, Gedichte und Sachbücher. Die Online-Bibliothek wird ständig erweitert.

Länder- und Reiseinformationen
http://www.weltalmanach.de/
Der Fischer Weltalmanach im Netz bietet übersichtliche Länderkunde.
http://www.auswaertiges-amt.de
Das Portal des Auswärtigen Amts bietet in den „Länderinformationen" ständig aktualisierte Basisinformationen über alle Länder der Erde sowie Reiseinformationen

Wetter
http://www.dwd.de
Die offizielle Seite des Deutschen Wetterdienstes

Die Autoren

Dr. Stephan Lermer

(Jg. 1949) arbeitete nach seiner Ausbildung als BWL-Systemanalytiker in der Elektronik-Industrie. Anschließend studierte er Psychologie und Philosophie und promovierte an der Fakultät für Theoretische Medizin. Er ist Gründer des „Instituts für Persönlichkeit und Kommunikation" in München. Vorwiegend führt er Einzel-Coachings durch, hält Vorträge und leitet Erfolgstrainings (z. B. „future-skills"). Stephan Lermer ist Dozent am Zentrum für Weiterbildung und Wissenstransfer der Universität Augsburg und Co-Autor von mehreren Wirtschaftssachbüchern sowie Autor von Wirtschaftshörbüchern. Mehr über den Autor unter www.lermer.de.

Dr. Ilonka Kunow

Studium der Romanistik, hat über Alltagsgespräche promoviert. Seit über 15 Jahren ist sie als freiberufliche Texterin, Lektorin und Autorin für Verlage, Unternehmen und Institutionen tätig. Ihre Schwerpunkte liegen in den Bereichen Soft Skills, Wirtschaft, Beruf und Karriere. Co-Autorin des Haufe Taschen-Guides „Projektmanagement – Best of".